마약의
사회사

마약의 사회사

가정상비약에서 사회악까지, 마약으로 본 한국 근현대사

조석연 지음

현실문화

| 차례 |

일러두기

– 외래어의 표기는 국립국어원 외래어표기법을 원칙으로 하되, 일부는 해당 시기의
  관행을 따르기도 했다.
– 단행본과 실록, 연감, 장편소설에는 『 』를, 논문과 기사, 법령, 단편소설에는 「 」를,
  신문과 잡지에는 《 》를 사용했다.

오늘날 우리는 '마약'이라는 용어를 부정적인 의미로 인식하고 있다. 그도 그럴 것이 '마약'은 의학적인 정의가 아니라 생산과 사용에 있어 국가의 통제가 반드시 필요한 모든 약품을 지칭하는 법률적인 정의여서, '마약'이라는 표현 속에 이미 '위법성'이 잠재되어 있는 것이다.

하지만 마약은 질병 치료와 외과적 의료 행위에서 중요한 역할을 담당해왔고, 인류의 의학 발전에 엄청난 공헌을 해온 도구이기도 하다. 사실 사회에서 마약이 빚는 여러 가지 문제의 원인은 대부분 마약 자체에 있다기보다 그것을 사용하는 사람에게 있다. 즉 마약은 인간의 활용에 따라 완전히 다른 모습을 보여줄 수 있는 양면성을 지닌 도구라고 할 수 있다. 따라서 마약을 사용하는 문제는 일찍이 국가적·사회적으로 중요한 문제였고, 근대국가의 탄생 이후에는 국가에 의해 반드시 통제되어야 할 대상으로 인식되었다.

흥미로운 사실은 마약을 긍정적으로 활용할 수 있는 기회가 많아질수록 그로 인해 사회가 입은 피해의 크기도 동시에 증가해왔다는 점이다. 의료적 목적으로 천연 마약을 정제·가공해 개발한 조제 마약들은 기존의 천연 마약보다 기능이 월등히 증대된 탓에 원래의 개발 목적에서 벗어나 환각과 쾌락을 주는 도구로 악용되며 중독 피해를 심화시켰다. 또 사용법이 손쉬워지고 종류가 다양해지면서 선택의 기회와 범위가 넓어졌고, 그에 따라 사용자 수가 크게 늘었다. 제조·유통 권한이 제한되면서는 자연스레 환금성이 높아져 상업화가 심해지기도 했다. 그 과정에서 마약은 점차 경계와 통제의 대상이 되며 불법화되었고, 소지 자체가 금기시되는 등 근본적인 사회 인식도 변화해갔다.

전통사회에서 천연 마약을 자생적으로 재배하고 사용하는 것은 민간에서 누려온 자연스러운 권리였다. 당시 한국의 농가에서는 가정상비약이었던 아편을 채취하기 위해 양귀비를 재배하는 광경을 흔히 볼 수 있었다. 하지만 근대화를 거치며 이러한 민간의 권리는 보건·후생이라는 명목 아래 국가의 권한으로 재설정되었다. 국민국가가 형성되고 민간이 '국민'이라는 이름의 새로운 권리를 부여받게 되면서 이 같은 변화는 더욱 가속화되었다. 시간이 흐르며 농가의 아편 채취와 사용은 정부의 통제 대상이 되었고,

필요에 따라 양귀비를 재배하는 행위 역시 개인의 권리를 넘어선 '범죄'로 인식되었다.

최근까지도 한국은 마약에서 비교적 안전한 국가로 분류되어 왔다. 오늘날 언론을 통해 마약과 관련한 국내 사건·사고들이 보도될 때마다 경각심이 환기되곤 하지만, 이는 다른 사회문제에 비해 상대적으로 주목도가 낮았던 것이 사실이다. 하지만 마약문제는 결코 우리 사회의 주변적 사안이 아니다. 마약은 한국 근현대사의 주요 사회적 현안들과 깊이 연동되어 있으며, 한국 사회에서 드러난 마약문제에는 각 시기의 사회상이 투영되어 있다. 때로는 정부 당국의 필요와 목적에 따라 보건 문제를 넘어 정치적인 문제로 부각되기도 했고, 또 어떤 시기에는 경제 문제로 인식되기도 했으며, 사회 분위기에 따라서는 하나의 문화현상으로 이해되기도 했다. 따라서 한국에서 마약이 어떻게 인식되고 통제되어왔는지를 역사적으로 고찰해본다면 우리의 근현대사를 더 잘 이해할 수 있을 것이다.

해방 후 현재까지 한국의 거의 모든 정부는 각각 당대에 가장 시급하게 근절해야 할 사회문제들을 이른바 'ㅇ대 사회악'으로 규정하고, 그에 대한 사회적 경계와 비판적 인식을 대중에 각인시켜왔다. 각 시기 사회악은 당면한 국가적 과제나 시대적 목표에 정면으로 대치되는 이미지로 그려져온 것이다. 그리고 역대 정부가 당대 사회악으로 가장 꾸준하게 지목해온 사안이 바로 마약이었다. 그 결과 우리는 자연스럽게 마약을 '반사회적'인 것으로 인식하게 되었다.

그간 국내에서 이루어진 마약에 대한 선행 연구들은 대부분 마약의 성분 검토나 중독자 치료·구제 방안, 오남용 피해 현황 등 주로 현재적 차원에서 실용성을 갖는 자연과학과 사회과학 분야의 연구가 대부분이다. 반면에 이 문제에 대한 인문학적 연구 성과는 매우 부족하다. 게다가 대부분은 한국에서 벌어진 마약과 관련한 문제들을 문학이나 종교 등 특정 분야의 주제 분석에 있어 하나의 상황적 요소로만 다루었으며, 이 문제를 식민지와 해방, 정부수립과 전쟁, 경제개발로 이어지는 한국 근현대의 역사적 맥락과 적극적으로 연결하는 연구는 없었다. 해방과 함께 우리 앞에 펼쳐진 마약문제의 현실은 그간 정치사에 편중되어온 한국 현대사 연구에서 전혀 주목받지 못했던 주제다.[1]

이러한 이유로 필자는 해방 후 한국 사회와 마약의 관계에 대한 관심을 구체화해 2012년부터 몇 편의 학술논문을 발표했다. 그 연구 성과들을 토대로 단행본에 맞게 다시 쓴 결과물인 이 책은 한국 사회에서 마약이 부정과 범죄의 영역에 속하게 된 과정을 추적해보는 것을 목적으로 출발한다. 먼저 근대의 각 시기에 마약이 사회문제화되는 양상과 정부가 마약을 바라보는 관점의 변화를 당대의 역사적 상황과 연결해 살펴볼 것이다. 그럼으로써 주로 동시대의 현황 면에 집중됐던 지금까지의 마약 연구를 보완하는 동시에, 우리 사회에서 마약이 사용되고 통제되면서 현재에 이르게 된 과정을 더욱 입체적으로 드러낼 수 있을 것이다. 이를 통해 근대 국가권력이 마약을 체제 정당성 확보와 집권 유지, 국민동원 등을 위해 어떻게 이용해왔으며, 그 결과 마약에 대한 우리의 인식과 태도는 어떻게 변화하게 되었는지 보다 구체적으로 살펴볼 수 있을 것이다.

이 책에서 필자가 추적하고자 한 것은 크게 두 가지다.

첫 번째는 각 시기 유행했던 마약류를 규명하고 그것이 널리 퍼지게 된 시대적 원인을 분석하는 것이다. 한국에서 유행했던 마약은 시대에 따라 종류를 달리한다. 전통사회에서부터 사용된 생아편을 비롯해 일제강점기부터 1950년대까지는 그것을 정제한 모르핀과 헤로인 등 주로 아편계 마약이 유행했다. 이후 1960년대부터는 아편계 마약의 남용이 비로소 감소하고 메사돈 등의 합성 마약이 등장해 새로운 피해를 발생시켰다. 1970년대에는 대마초의 사용이 급격히 확산되었고, 1980년대에는 각성제류인 필로폰이 한국 사회에서 주요한 마약류로 사용되었다. 각 시대에 유행했던 마약류를 들여다보면 해당 시기의 시대성과 사회상을 포착할 수 있다. 그에 따라 당국의 통제 대상에 속하지 않았던 비非마약이 '마약화'되기도 했고, 때로는 국내에 수요가 거의 없던 마약류가 특별한 시대 분위기나 환경적 요인을 만나 급격히 확산되기도 했다.

주목해야 할 것은 시대마다 마약 사용을 사회문제로 파악하는 이유와 관점이 모두 달랐다는 점이다. 이것이 두 번째 분석 대상이다. 즉, 각 시기 마약 사용에 대한 당국의 문제 인식을 살펴보고, 그러한 당국의 시각과 태도가 대중의 마약 인식에 어떤 영향을 미쳤는지 분석했다. 이를 통해 한국 사회의 변화와 마약 인식 간 상관관계가 더욱 입체적으로 그려질 수 있기를 기대한다.

구체적인 분석 대상을 설정할 때 현상적 측면에서는 마약 사범과 중독자 변화의 폭, 특정 마약류 사용 비율의 변화 등에 주목했다. 마약에 관한 통계상의 수치는 단속 강도나 표본 등 각종 변수에 영향을 받기도 하고, 당국의 단속 강화는 통계상의 수치를 실제보다 더욱 낮게 만들기도 한다. 이러한 변수들을 고려해 절대 수치에 의존하기보다는 증가율이나 감소 폭과 같은 추세와 경향성에 주목해 현상을 이해하고자 했다. 한편 마약에 대한 통계 체계가 자리 잡기 이전의 사료들은 대개 현재처럼 마약류를 세부적으로 구분하지 않거나, 때로는 모든 마약류를 '아편'으로 일반화해 표현한 경우도 있기에, 각 시기 사료에서 칭하는 '마약'의 범주를 해석할 필요가 있었다. 통제 과정의 측면에서는 각 시기 정부가 갖고 있던 마약 인식에 주목했다. 정부가 어떤 배경에서 이 문제를 인식하고 접근해갔는가를 분석하면 자연스레 당대 마약 정책의 방향과 성격이 드러날 수 있기 때문이다.

시간적 범위는 한국에 마약으로 인한 사회적 피해가 발생하기 시작한 개항기부터 그 피해가 확대된 일제강점기와 해방공간을 거쳐, 군사정부의 집권으로 국가의 사회통제가 강화되는 와중에도 마약류 소비의 계층과 범위가 점차 다양해진 1980년대까지다. 앞서 언급했듯이 이 책을 쓴 목적은 한국에서 자생적 마약의 재배와 사용이 개인의 권리에서 범죄 영역으로 이동하고 그것이 대중의 의식에 자리 잡게 된 과정을 추적하는 데 있다. 따라서 마약에 대한 인식이 확립된 권위주의 체제까지를 살펴보고자 한 것이다.

1980년대까지는 권위주의적 정부의 엄벌주의에 입각해 마약 문제에 강력한 처벌을 적용하는 공급 억제 정책을 실시하고 있었고, 예방과 치료를 담당하는 수요 억제 부문에서의 투자와 관심은 미비한 상황이었다.[2] 이는 마약으로부터 국민을 보호하는 국가의 책임보다 마약 사용을 자제해야 한다는 국민의 의무가 더욱 강조되어왔다는 사실을 반영한다. 정부가 비로소 두 방향의 통제에 대한 균형이 필요함을 인식하고 제도적 노력을 본격화하기 시작한 것은 1990년대의 일이다. 그 직전인 1987년에는 권위주의 정부가 후퇴하고 국민들의 사회적 역할이 강화되는 역사적 변혁 과정이 있었다. 이후 정부는 국민들을 권위로 제압하고 처벌을 강화하는 기존의 방식에서 한 걸음 나아가 마약 남용을 자제해야 할 필요성을 국민들에게 이해시키고 재발을 막는 방식으로 선회하려는 노력을 시작하게 되었다. 즉 1980년대는 한국의 마약 통제가 현대적 방식으로 전환되는 계기를 맞이하는 하나의 전환점이 되는 시기였다고 할 수 있다.

분단 이후의 시기부터는 공간적 범위를 남한 지역에 한정해 살펴보았다. 가장 큰 이유는 분단 이후 북한 사회 내에서 마약과 관련해 벌어진 일들과 그 원인을 구체적으로 분석할 수 있는 자료가 아직까지 매우 제한적이기 때문이다. 물론 남한과의 체제 경쟁 과정에서 대남공작 자금을 마련하기 위해서라든가 해외 자금 확보의 차원에서 마약을 사용한 흔적 등 일부 정보가 발견되기도 한다. 하지만 현재까지도 고도의 사회통제가 이루어지고 있는 북한의 특수성 때문에 그 내부에서 벌어지고 있는 사회현상, 그중에서도 마약문제라는 특정 사안을 살피는 것은 또 하나의 개별 연구 주제가 될 수 있다고 판단된다. 현재 북한의 마약문제는 매우 심각한 수준이라거나 실제보다 확대·과장되어 알려져 있다는 등 견해가 극단적으로 갈리고 있고, 이조차도 증언에 의지하고 있는 수준이다. 또 시장주의를 채택하고 있는 남한과 달리, 북한의 경우 마약 유통 자체가 정부 당국인 중앙당이나 최고 권력자의 의도에서 비롯되는 측면도 배제할 수 없기 때문에 자칫 그 현상에 대한 이해가 왜곡될 수 있다는 점도 간과할 수 없다. 따라서 이 문제에 대한 구체적인 연구는 향후의 과제로 남기고자 한다.

이 책은 개항기부터 1980년대까지 다음과 같은 순서로 구성되어 있다.

먼저 1부에서는 사료를 통해 전통사회의 아편 인식과 사용,

개항기 조선 사회에 대두된 아편 문제와 당국의 대응을 살펴본다. 그리고 일제강점기 일본의 동아시아 아편 정책 속에서 조선이 담당한 역할과 조선인 아편·모르핀중독자 증가 현상에 주목하면서 조선인들이 아편을 어떻게 인식하고 사용했는지, 식민 당국과 별개로 조선 민족 내부적으로는 아편 근절을 위해 어떤 노력을 했는지 살펴본다. 다양한 기존의 연구 결과물들을 토대로 『세종실록지리지』, 『성종실록』, 『헌종실록』 등 편년 자료와 당대 의학서에 보이는 마약 관련 기록들을 보면 전통사회에서 마약에 대한 인식과 사용이 어떻게 이루어졌는지 알 수 있다. 그리고 개항기부터 일제강점기까지의 사회 분위기를 보여주는 《제국신문》, 《황성신문》, 《공립신보》, 《대한매일신보》, 《신한민보》, 《동아일보》, 《별건곤》, 《국민보》, 《삼천리》 등의 언론 자료를 통해서는 당대 마약이 사회적으로 어떤 문제를 낳고 있었는지를 엿볼 수 있다. 한편 당국의 인식과 대응에 관해서는 『고종실록』과 개항기 무역 조항, 조선총독부 전매국이 출간한 『조선전매사』 속의 「아편·마약류편」, 《조선총독부 관보》 등의 정부 자료를 통해 살핀다.

2부에서는 해방 이후부터 정부의 통제가 본격적으로 제도화되기 시작한 1957년 「마약법」 제정까지 마약의 사용과 중독이 사회문제로 부상하는 과정을 들여다본다. 또 그 속에서 마약이 해방과 정부수립 과정에서 어떻게 형상화되고 규정되어갔는지, 1957년 「마약법」 제정의 배경과 의미는 무엇인지 분석한다. 이를 위해 해방 직후 행정권을 행사하던 미군정의 《군정청관보》나 군정청 법령 자료, 1948년 정부수립 이후 제헌의회 『국회속기록』, 1950년대 『국무회의록』 등을 참고하면서 마약의 사용과 중독이 사회문제로 부각되는 과정을 추적한다. 마약에 대한 국가·사회적 인식이 조성되어가는 모습은 당대 언론 자료인 《매일신보》, 《민주일보》, 《평화일보》, 《조선일보》, 《동광신문》, 《자유민보》, 《동아일보》, 《한성일보》, 《연합신문》 등을 통해 엿볼 수 있다. 그리고 「마약법」 제정을 둘러싼 국회 내 논의 과정이 담긴 제3대 국회의 『국회본회의 회의록』을 통해 마약문제에 대한 정부 당국의 입장과 규제 법규의 독립 과정을 따라가본다.

3부에서는 1961년 군사정변으로 등장한 군사정부의 마약 인식과 이후 전개된 마약 통제의 방향과 성격에 대해 다룬다. 1960년대 벌어진 대규모 마약 사건인 '메사돈 파동'에 주목해 당대 드러난 마약 통제의 한계와 허점을 짚고, 주한미군에서 주로 흡연되던 대마가 1970년대 한국 사회에 가장 주요한 마약류로 부상하게 된 현상과 정부의 규제 노력 및 목적을 파악한다. 군사정부의 마약 인식과 통제 방향에 대해서는 초기 국가재건최고회의가 발행한 공보지 『최고회의보』와 대외 연설문, 당대 언론 등을 통해 가늠해본다. 또 1955년부터 발행된 『보건사회통계연보』의 각 연도 기록을 종합해 당시 마약의 사용과 중독 현황을 살펴보고, 구술 자료와 검찰청 기록, 총무처 의정국 약정과 소장 기록물, 각 지자체의 현황 보고 기록물 등을 통해 마약 통제 범위의 확대와 벌칙 강화 과정을 추적한다. 1970년대 대마초 흡연이 사회문제로 부각된 원인을 분석하기 위해서는 통계청 자료와 대검찰청 통계, 의약 분야의 성분분석 자료 등을 활용한다. 그 밖에 법제처와 국가기록원 소장의 각종 법령 자료들을 통해 대마초 흡연이 확산되는 데 기여한 제도상의 원인을 분석하고, 「대마관리법」 실시로 완성되는 정부의 대응 과정을 짚어본다.

마지막으로 4부에서는 1980년대 이후 한국에서 남용 마약의 주류로 자리 잡게 된 필로폰의 국내 시장 유입과 확산 원인을 신군부의 등장, 올림픽 유치를 전후한 사회적 환경 변화와 연결해 살펴본다. 언론 자료를 통해 당대 필로폰 유입에 따른 사회 분위기를 점검하고, 대검찰청 통계와 보건사회부 현황 보고 자료 등을 살피며 필로폰이 확산되던 양상을 면밀히 검토한다. 그리고 그 원인을 분석하기 위해 외교부 외교사료관이 소장한 한일마약회의 관계 자료와 국가기록원, 대통령기록관 소장의 유흥·여가산업 확대 관련 자료, 당대 연구된 한국형사정책연구원의 보고 자료 등을 활용한다. 이 밖에 대통령 연설문, 『국무회의록』, 법제처 소장의 법령자료와 『관보』 등을 통해 필로폰 근절을 위한 정부의 대응도 살펴본다.

주제의 특성상 마약에 관한 자료는 체계적으로 모여 있지 않다는 어려움이 있음에도 언론 자료, 국가기록, 통계, 구술 자료, 해외 기록 등을 두루 살피고자 노력했다. 그중 마약과 관련한 통계의 경우, 핵심은 정부의 마약 관계기관이 생산한 자료들이다. 하지만 이 자료들은 상당히 조각나 있어, 시기에 따라 참고 대상과 방법을 달리했다. 해방 직후 시기의 경우 체계적인 조사를 거친 제대로 된 지표가 남아 있지 않았으나, 각 시기 당국자들의 발언과 언론 보도에 나타난 지표상 추이 등으로 대략적 수치를 유추할 수 있었다. 한편 정부수립과 전쟁 이후 1960년대까지의 경우, 각 연도의 보건사회부 조사 자료가 대략적인 지표를 제공해주었다. 1970년대 이후의 지표는 보건사회부의 이전 기록들을 토대로 하고 대검찰청의 정리 자료를 활용했다. 이처럼 시기별로 흩어져 있는 자료들을 대략적으로 복원해 보완적 의미에서 활용했다. 그리고 정확한 수치보다는 증감 추이와 전체적인 추세에 더욱 주목했다.

1부

조선, 아편과 만나다

1장
전통사회의 가정상비약

약재로 사용되던 양귀비

'마약'이라는 용어는 현대사회가 규정한 법률상의 정의를 담고 있다. 그리고 현재 우리는 마약을 사회적 '금기'를 대표하는 하나의 상징으로 인식하고 있다. '마약'이라는 용어와 그 정의가 존재하지 않던 전통사회에서는 그것을 재배하고 사용하는 일 자체가 모두 민간의 자연스러운 권리였다. 하지만 시간이 지나면서 우리는 마약 재배와 사용에 대한 권리를 차츰 잃어갔다. 우리는 왜, 어떤 과정을 거치면서 마약을 금기시하게 되었을까? 이 책은 이러한 문제의식에서 출발한다.

마약의 범주는 대표적으로 아편, 마리화나, 코카인 등과 같은 천연 마약을 비롯해 모르핀, 헤로인, 메스암페타민과 같은 합성 마약까지 다양한 종을 포괄한다. 그중 상당수 천연 마약은 전통사회 민간에서 약재의 개념으로 인식하고 사용해오던 가정상비약의 재료들이었다.

한국에 마약이 정확히 언제부터 사용되기 시작했는지, 어떻게 소개되었는지 등에 대한 기록은 찾을 수 없다. 다만 한국에 현존하는 가장 오래된 의서로, 당시 서민들이 주변에서 쉽게 구할 수 있었던 약재들과 그 사용법 등을 살펴볼 수 있는 『향약구급방鄕藥救急方』을 통해 민간에서 천연 마약을 어떻게 인식하고 사용했는지 엿볼 수 있다. 고려시대 편찬된 이 책은 전통사회 의학과 향약 연구에 있어 중요한 사료로 활용되는데, 그중 「방중향약목초부方中鄕藥目草部」에는 180여 종에 이르는 국내산 향약의 성질과 효능, 채취 방법 등이 수록되어 있다. 여기서 대마大麻의 씨앗인 '마자麻子'[1]의 기록은 확인되지만, 아편의 재료가 되는 '앵속罌粟'과 관련한 기록은 찾을 수 없다.

우리가 흔히 알고 있는 아편은 일명 '앵속'이라고 하는 양귀비의 과피에 상처를 낸 후 분비되는 유액을 모아 자연건조해 굳힌 덩어리를 말한다. 이것을 '생아편'이라고 한다. 양귀비의 재배에 대한 기록은 조선 초기 기록인 『세종실록』 「지리지地理志」에서 찾을 수 있다. 이를 통해 이미 그 이전부터 앵속 역시 약재로 인식되어 사용되고 있었음을 추측할 수 있다. 구체적으로 살펴보면, 조선 『세종실록』 제148~155권의 「지리지」에 '대마'와 함께 '앵속'이 약재로 재배되었다는 기록이 등장한다. 이 기록은 경기도, 충청도,

경상도, 전라도, 황해도, 강원도, 평안도, 함길도의 도별 생산 약재를 분류하고 있다. 각 고을의 풍토에 따라 경기도와 황해도의 경우 양귀비와 삼씨를 모두 약재로 사용했고, 경상도에서는 양귀비를, 강원도와 평안도에서는 삼씨를, 함길도에서는 대마의 꽃을 약재로 사용하고 있었다.[2] 충청도와 강원도에서는 재배 약재로 기록되어 있지는 않지만, '앵속각罌粟殼'이라고 부르는 양귀비 열매 껍질을 약재로 사용했다는 기록이 확인된다. 또 충청 이남 전역에서 직물용으로 생산되던 삼은 약재로도 사용되었고, 기후가 차가운 경기도, 황해도, 평안도 지역에서도 삼 씨앗을 구해 약재용으로 사용했다고 기록되어 있다.[3]

이와 함께 세종 15년(1433년) 완성된 『향약집성방鄕藥集成方』 제76~85권의 「향약본초鄕藥本草」에는 총 623가지 품종의 약재가 정리되어 있는데, 이는 모두 우리나라에서 산출되는 약재로 그 약재명과 향명鄕名, 약의 맛과 성질, 효능 등과 채취 시기 등이 기록되어 있다.[4] 「향약본초」 개론에는 마자와 앵속각이 수록되어 있으며, 각론에는 삼꽃가루인 마분麻蕡과 앵자속罌子粟이 포함되어 있다. 하지만 이 시기까지도 양귀비의 씨인 앵자속과 양귀비 열매의 껍질인 앵속각이 올라 있을 뿐 '아편'에 관한 직접적인 기록은 찾을 수 없다.

한편 『성종실록』에는 성종 5년(1474년) 조선이 일본에 양귀비씨를 보낸 기록이 등장한다. 1474년 조선은 일본 사절에게 답서와 더불어 예물을 보냈는데, 그 예물 항목에 각종 면포, 인삼 100근, 집비둘기 암수 2쌍, 꿩 암수 1쌍, 해바라기씨 1봉, 복숭아씨 1봉 등과 더불어 양귀비씨 1봉이 포함되어 있었다.[5] 이를 통해 당시 양귀비는 국가 간 예물에 포함될 정도로 그 효능이 입증된 귀한 약재 중 하나로 인식되었다고 추정해볼 수 있다. 그럼에도 그 외의 아편 및 대마와 관련한 교류는 확인되지 않는다.

아편에 대한 최초의 기록

조선시대 문헌 중 '아편阿片·鴉片'이라는 용어가 처음 등장한 곳은 광해군 2년(1610년) 완성되었다고 알려진 『동의보감東醫寶鑑』의 「탕액편湯液篇」이다. 이 책은 명나라의 『의림집요醫林集要』와 『의학입문醫學入門』을 인용해 '아편'의 약효와 제법을 다음과 같이 기재하고 있다. 이것이 '아편'을 소개하고 있는 최초의 한국 문헌이다.

아편은 일명 아부용이라 하기도 한다. 즉 양귀비꽃이 피기 전에 씨방을 대나무침으로 찔러 10여 곳에 구멍을 뚫어놓으면 진이 저절로 흘러나오게 된다. 다음날 진이 쌓일 때까지 기다렸다가 대나무 칼로 긁어내어 사기그릇에 담되 많이 채취하여 종이로 잘 막아두었다가, 14일 정도 볕에 말리면 아편이 된다. 이 약은 성질이 급하기 때문에 많이 쓰지는 말아야 한다. (…) 오래된 이질이 멎지 않는 것을 치료한다. 양귀비꽃이 지고 열매가 맺힌 지 15일 되는 날 오후에 큰 침으로 씨방의 푸른 겉껍질만 뚫어지게 10여 곳을 찔러 열어놓았다가 다음 날 아침에 흘러나온 진을 대나무 칼로 긁어 사기그릇에 담아 그늘에 말린다. 매번 팥알만 한 것 한 알을 빈속에 따뜻한 물에 풀어서 복용한다. 파·마늘·장수漿水를 먹지 말아야 한다. 만일 복용한 다음에 열이 나고 갈증이 날 때 는 꿀물로 풀어주어야 한다.[6]

전통사회에서 아편과 그 원료가 되는 앵속은 주로 농가에서 재배하는 약재로 여겨졌다. 따라서 민간의 가정상비약 재료 이외 에 다른 목적으로 이용된 사례는 찾아보기 어렵다.

아편을 태워서 연기를 흡입하는 것이 처음으로 우리나라 문 헌에 나타난 것은 1850년대 완성되었을 것으로 추정되는 『오주연 문장전산고五洲衍文長箋散稿』의 「아편연변증설鴉片煙辨證說」이라는 글이 다. 그리고 정사상 아편 흡연을 처음으로 기록하고 있는 것은 『헌 종실록』 헌종 6년(1840년) 3월 25일의 기사다. 이 기사에서는 청 국 연경燕京에 간 사신에 의해 아편전쟁 무렵 청국의 아편 흡연 해 독害毒을 다음과 같이 소개하고 있다.

중국에 들어온 서양 사람이 사교(邪敎)를 퍼뜨려 인심이 빠져들 고, 아편을 몰래 가져와 몸과 목숨을 상해하는데, 그 해독을 입은 어리석은 백성이 처음에는 남의 유혹을 받고 이어서 사설(邪 說)에 물들어 심하면 가산을 탕진하고 생명을 손상하기에 이르러 도 뉘우쳐 고칠 줄 모르므로, 황제가 진노하여 여러 번 유지(諭旨) 를 내려 엄히 금지하였다. 그래서 위로 조관(朝官)으로부터 아래 로 군민(軍民)에 이르기까지 이 때문에 죄받은 자가 수만 명에 밑 돌지 않는다.[7]

이처럼 조선은 당시 청국이 혼란을 겪는 원인을 서양인들이 들여온 아편 때문이라고 보았다.[8] 아편이 청국의 주민들에게 유입 되면서 엄청난 피해가 발생하는 것을 목격한 조선 정부는 청국의 아편 흡연 문제를 관망하면서 자연스럽게 그 피해에 대한 경계의 식을 가지게 되었다.[9] 이런 분위기는 국내에 아편 흡연이 전파될 우려가 있는 사건이 발생하자 강력한 조치로 대응했던 조선 정부 의 태도에서도 확인된다.

형조에 갇혀 있는 박희영(朴禧英)의 사형을 감면하여 추자도(楸子 島)에 보내어 종으로 삼으라고 명하였다. 박희영은 역관배(譯官輩) 인데 아편 연기를 빠는 기구를 가져오다가 만부(灣府: 평안북도 의 주)에서 잡혔으나 의거할 율문(律文)이 없으므로, 이 명이 있었던 것이다.[10]

헌종 시기 동지사冬至使의 화원畵員이었던 박희영은 청국에 다녀오면서 아편 흡연 기구를 국내에 들여오다 발각되었다. 당시 조선에는 이에 대한 단속 조항이 없었으나, 조정에서는 아편 흡연에 대한 경계의식을 고취하기 위해 그를 특별히 처벌하고자 했고, 결국 추자도로 유배해 평생 종으로 살도록 하는 형벌을 내렸다. 아편 흡연 전파에 대한 조선 정부의 경계의식을 단편적으로 보여주는 사건이었다.

이후 아편 흡연은 천주교의 전파를 금지하던 조선의 국가정책과 결부되어 엄중히 경계되었기 때문에 조선에 크게 번지지 않았다. 또 점차 외국과의 통상 등 관계가 강제되는 상황을 맞이하면서 조선 정부는 외지에서 들여오는 아편을 더욱 강력히 경계하기 시작했다.

개항기 청국에서 유입된 아편

아편은 19세기 제국주의 국가들의 해외 통상이 활발해지면서 국제적으로 상업화되기 시작했다. 영국은 마카오 등의 항구를 통해 청국에 아편을 유통시키면서 거액의 이익을 챙기기 시작했고, 미국 또한 터키, 이란 등으로부터 구입한 아편을 청국에 유통시켜 큰 이득을 챙겨나갔다. 그 결과 청국의 아편 흡연으로 인한 중독 피해는 급증해갔다. 1835년 청국의 아편 흡연 인구는 약

200만 명에 달하는 것으로 추정될 정도였다.[11] 결국 청국 정부는 1839년 영국 상인들의 아편을 불태워버리고 그들의 퇴거를 명령했고, 영국 정부는 보호무역을 내세워 청국에 함대를 파견하면서 아편전쟁이 벌어졌다. 아편전쟁 패배 이후 청국은 해외로부터의 아편 수입뿐 아니라 청국 내 양귀비 재배 또한 제한 없이 허용할 수밖에 없었다. 따라서 청국의 아편 소비는 더욱 늘어나게 되었고, 수백만 명의 중독자가 발생하면서 피해 또한 늘어갔다.

이러한 청국의 모습을 관망하면서 외지에서 유입되는 아편을 경계하던 조선 정부는 1876년 이후 일본을 비롯한 세계 각국과 개항을 통해 무역조약을 체결하면서 아편 수입을 엄격히 금지하는 조항을 삽입하고자 했다. 조선이 외국과 맺은 최초의 근대적 조약이라고 할 수 있는 1876년 2월의 「조일수호조규朝日修好條規」가 체결되는 과정에서 조선은 천주교와 같은 '서교西敎'의 전래와 함께 아편 수입금지 조항 추가를 강력히 요구했다.[12] 8월 이미 체결된 조규를 보충하는 성격의 부록과 통상장정인 이른바 '무역규칙'이 체결되면서 조선 항에서 일본인의 아편 판매 금지가 명시되었다.[13]

아편 수입금지 조항은 1882년 미국과 체결한 「조미수호통상조약朝美修好通商條約」 제7관에도 "조선 및 미국 상인이 아편을 구입·운반해 양국의 통상항구에 들여갈 수 없고, 아울러 이 항구에서 저 항구로 운반하는 경우에도 일체 매매할 아편을 무역할 수 없다. 양국 상인이 본국의 배나 다른 나라의 배를 고용하거나 본국

의 배를 다른 나라 상인에게 고용해주어 아편을 구입·운반한 자
에 대해 모두 각각 본국에서 영구히 금지 및 조사해 중벌에 처한
다"[14]라는 조항이 삽입되었다.

이 밖에 임오군란 이후 청국과 체결한 「조청상민수륙무역장
정朝淸商民水陸貿易章程」 제6조에도 양국 상인 간의 아편 거래를 엄히
처리하는 조항이 포함되었다. 이 조항은 조선과 청국 "양국 상인은
항구와 지방을 막론하고 모두 수입 아편과 토종 아편을 운반해
파는 것을 허가하지 않고, 이를 위반했을 시에는 엄한 처벌을 내
리도록 한다"[15]는 내용이었다. 하지만 다른 국가들과 달리 조선과
국경을 직접 맞대고 있고, 이미 국내적으로 아편이 만연한 청국과
의 조약에서 이러한 조항은 사실상 유명무실한 것이었다.

실제로 「조청상민수륙무역장정」에 삽입된 영사재판권 조항은
조선 내 아편의 유입과 확산에 크게 영향을 미치는 요소로 작용
했다. 즉 청국 상인에게 일방적으로 유리하게 체결된 이 조약은 조
선에서 청국 상인들이 범죄를 저질러도 제대로 처벌하기 어렵게
만들었다. 청국 상인들은 조선에서 불법적인 상행위를 크게 두려
워하지 않았고, 조선 정부는 이들이 조선의 법을 무시하고 아편을
수입하고 판매하는 행위를 원천적으로 차단할 수 없었다.[16]

청일전쟁 이후 1899년 대한제국과 청국 사이 체결된 「한청통
상조약韓淸通商條約」도 「조청상민수륙무역장정」과 비교해 불평등성은
완화되었지만, 영사재판권은 그대로 존속되었기 때문에 조계지 내

에서 청국 상인들의 아편 유통 및 흡연을 단속하는 것은 현실적으로 여전히 어려운 문제로 남았다. 또 2차 아편전쟁 이후 청국 내의 아편 수입 및 생산·유통·소비가 사실상 합법화됨에 따라 대한제국에서의 아편 금지에 대한 청국인들의 인식은 미약할 수밖에 없었다.[17] 그 때문에 대한제국에서의 아편 흡연자는 주로 청국인과 밀접한 관계를 맺고 있는 사람이 대부분이었다.

당대 언론 역시 국내에서 벌어지는 대부분의 아편 매매와 흡연으로 인한 문제들이 청국인에게서 비롯되거나 관계되어 있다고 보았다.[18] 1901년 《황성신문》에 따르면 한성 시내에는 40여 곳의 아편 판매소가 성업 중이었고, 《제국신문》은 1902년 6월 14일자 신문의 1면과 2면 전면을 할애해 청국인들로부터 유입되는 아편과 그 흡연으로 인한 대한제국 사회의 병폐를 상세히 보도할 정도였다.[19] 대한제국에서 아편 흡연 문제는 날이 갈수록 사회문제로 부각되었다.

조선과 대한제국에서 아편 흡연이 빠르게 번져나간 데에는 법을 집행하는 관리들조차 아편에 대한 인식이 부족했다는 점도 중요하게 원인을 제공했다. 앞서 보았듯 전통사회 농가에서 양귀비를 몇 포기씩 재배하는 것은 자연스러운 일이었고, 생아편은 대부분의 가정에서 가정상비약으로 사용돼왔다. 당시 국내에서 아편은 대부분 질병의 치료와 완화를 목적으로 사용됐기 때문에 순검들도 이를 단속해봐야 백성들에게 미움을 받을 것이라고 생각

해 단속을 등한시하기도 했다.[20]

이러한 상황에서 1894년 군국기무처는 법무아문을 통해 아편을 금지하는 법령을 조정에 제안했다. 법무아문을 통한 아편금지령 제안은 국권을 위협받고 있던 급박한 상황 속에서 외무아문을 통한 외국인 고문의 초빙 문제, 열악한 재정 문제를 극복하기 위한 탁지아문의 화폐 주조 문제 등과 함께 각 아문이 시급히 처리해야 할 사안으로 다루어졌다.[21] 당시 조선 정부도 아편으로 인한 피해를 매우 심각한 사회적 위협으로 느끼고 있었던 것이다. 이에 따라 조선 정부는 1894년 10월 1일 법무아문 고시를 통해 국내 최초의 아편금지 규정인 「아편연금계조례鴉片烟禁戒條例」를 제정해 아편연의 수입·제조·판매자에게는 3년, 아편 흡연 기구의 수입·제조·판매에 대해서는 2년의 징역형에 처하도록 하고, 이를 방치하거나 장소를 제공한 자에게도 100냥 이상 200냥 이하의 벌금을 부과하도록 했다.[22]

이와 함께 단속자에 대한 벌칙 규정을 두었다는 점도 주목된다. 순검들의 단속 소홀에 대해서는 1개월 이상 2개월 이하의 벌봉이 규정되었다. 처벌은 상대적으로 가벼웠지만, 앞서 언급한 바와 같이 관원들의 관리 소홀이 조선에서의 아편 문제에 하나의 원인을 제공했다는 사실을 인정하는 셈이었다.

또 1895년 내무아문에서도 각도 훈시訓示를 통해 "우리나라의 고유한 독립 기초를 세우기 위해 온갖 폐단을 제거한다"는 명분으로 "아편을 피우며 아편을 매매하는 행위를 엄금할 것"을 명하기도 했다.[23] 이전까지 법률이 아닌 고시를 통해 시행되었던 아편 관련 규정 위반자에 대한 처벌은 대한제국 선포 직후인 1898년 「아편금지법」을 기점으로 고시에서 법률 제정으로 전환되었다.[24]

같은 해 고종의 독살 미수 사건인 이른바 '독차 사건'이 벌어졌다. 이 사건은 고종의 생일인 만수절萬壽節 다음날이던 1898년 9월 11일 저녁, 고종과 당시 황태자였던 순종이 마실 커피가 들어오면서 벌어졌다. 고종은 커피의 냄새가 평소와 다르다고 느껴 마시지 않았지만, 순종은 커피를 마시고 쓰러졌고, 뒤이어 독차 여부를 확인하고자 커피를 마신 사람들도 모두 정신을 차리지 못했다. 기절한 순종을 응급치료로 소생시킨 후 커피를 검사한 결과, 다량의 아편이 들어 있었다는 사실이 밝혀졌다. 정부는 궁중 요리사인 김종화를 문초한 결과, 역관 출신으로 뇌물 수수에 연루되어 고종에게 유배형을 받은 것에 원한을 품은 김홍륙[25]과 그의 아내 김소사가 궁중 요리사인 공홍식을 사주해 일을 벌이게 되었다는 사실을 밝혀냈다. 결국 주동자인 김홍륙을 비롯해 김종화, 공홍식은 처형되었고, 김홍륙의 아내였던 김소사는 태형 100대와 3년간의 백령도 유배형을 받았다.[26] 사건은 일단락되었지만, 이후 순종은 상당 기간 건강상의 후유증을 앓았다.

이 사건을 계기로 대한제국 정부는 아편을 더욱 경계하게 되었고, 아편의 유통과 매매, 사용에 대한 처벌은 이전보다 훨씬 강

화되기 시작했다. 대한제국 정부는 1905년 『형법대전刑法大全』 중
아편연 또는 흡식 기구에 관한 수입 및 제조·판매 등을 금지하는
조항을 발포하면서 아편 규정 위반에 대한 처벌을 강화했는데, 그
간 2년 이상 3년 이하의 감금에 처했던 아편 규정 위반자에 대한
처벌은 징역 15년으로 수위가 높아졌다. 아편에 대한 대한제국 정
부의 인식이 반영된 결과라고 할 수 있었다.

　　당대 아편 흡연자에 대한 정확한 통계는 찾기 어렵지만, 당대
언론을 통해 아편연의 해독을 '망국亡國'과 연결해 지적하거나 아
편중독으로 인한 피해 사례들을 조망하는 기사들이 연일 등장하
는 것을 보더라도 아편에 대한 수요와 그 피해가 점차 커지고 있
던 상황은 충분히 짐작해볼 수 있다.[27]

2장
일제강점기 아편 생산지가 된 조선

식민지 재원 확보를 위한 아편 정책

1910년 대한제국을 강점한 일본은 기존 대한제국 정부에서 시행하던 엄금정책의 연장선에서 식민지 조선에서의 아편 정책을 실시했다. 1909년 상하이와 1912년 헤이그에서 국제아편회의가 개최되면서 아편으로 인한 피해에 국제사회의 관심이 높아지던 상황이었다.[1] 일본 정부는 전통적으로 아편으로 인한 폐해가 심하지 않았던 조선에 아편이 만연하게 될 경우 받을 국제사회의 비난을 우려했다. 또 중국과 접경해 있는 조선 북부 지역에서 행해지던 일부 아편 사용 관습이 남쪽 지역으로까지 확산된다면 향후 일본의 식민정책에 심각한 손해를 가져올 가능성이 있다고 판단했다.[2] 따라서 이를 통제하지 않는다면 조선을 지배하는 데 차질이 생긴다는 결론을 내렸다.

조선에서는 주로 평안북도와 함경북도 등 중국과의 접경지역을 중심으로 아편 밀재배와 흡연으로 인한 폐해가 있었다. 이에 대한제국 정부는 1905년 국경지대의 아편 폐해가 확산되는 것을 막기 위해 아편연 또는 흡식 기구에 관한 수입 및 제조·판매 등을 금지하는 조항을 발포한 바 있었다. 하지만 본격적인 단속은 한일강제병합 이후 조선총독부에 의해 실시되었다. 조선총독부는 아편이 '조선 개발'에 심각한 장애가 된다는 이유로 「조선형사령朝鮮刑事令」에 아편연에 관한 조항을 적용·발포해 단속을 실시했다. 그들의 구호는 "아편 밀수 및 아편연의 끽연은 조선 개발에 심각한 장애가 되니 가차 없이 검거해 폐풍을 일소하라"[3]는 것이었다. 하지만 그것이 약재로서 아편을 사용하던 오래된 인습을 바꾸지는 못했다. 여전히 아편은 중국으로부터 밀수입되거나 평안북도와 함경북도 등 국경 부근에서 밀재배되었다.

　　아편에 대한 단속정책은 크게 두 가지로 나눌 수 있다. 하나는 아편 자체에 대한 모든 행위를 엄격히 금지하는 '엄금정책'이고, 다른 하나는 기본적으로 아편의 흡연을 엄격히 금지하지만 중독자에 한해 일정량의 흡연을 허가하고 이들을 관리하기 위해 정부가 아편을 전매하는 '점금漸禁정책'이다. 일반적으로 아편 흡연이 적은 지역에서는 엄금정책을, 아편 흡연이 만연해 있는 곳에서는 단속 비용과 인력 문제 때문에 점금정책을 실시하는 것이 효과적이었다.

일본은 조선에서 엄금정책을 실시하면서도 이면에 식민지 재원 확보의 수단으로서 조선 내에서 아편을 활용하는 데 관심을 가지고 있었다. 그래서 일본은 표면적으로 "조선에 아편으로 인한 문제가 심각해지고 있어 중독자에 대한 무조건적인 단속보다는 점금정책에 근거한 전매제가 효과적"이라는 이유를 들어 전매제 실시를 추진하면서 전매 아편은 외국에서 수입해 공급하고자 했다.[4] 그러나 1914년 7월 이후 제1차 세계대전이 발발하자 이전까지 의료용 약품의 원료인 아편을 주로 터키, 인도, 이란 등 외국으로부터 수입하던 일본은 새로운 아편 공급지가 필요해졌다.[5] 전쟁으로 해외의 아편 가격이 폭등해 수입이 어려워졌던 것이다. 이에 따라 일본은 새로운 아편 공급지이자 생산지로서 조선을 주목하게 되었다.

하지만 조선에서 아편을 생산하기 위해서는 점금정책에 근거한 전매제를 잠시 폐기하고 엄금정책을 고수해야 했다. 아편 생산지가 될 조선은 중독자가 극히 적은 지역이라는 점이 국제사회에서 인정되어야 했기 때문이었다. 이 같은 조치들은 조선을 아편 생산지로 삼고, 이를 통해 식민지 재원을 확보하고자 했던 일종의 포석이었다.

아편 생산지가 된 조선

일본이 아편의 재배 및 생산지로 조선을 주목한 이유는 앵속 재배에 적당한 지질과 기후를 가지고 있다는 점, 토지와 노임이 비교적 저렴하다는 점 등 아편의 생산 환경과 재배 비용 면에서 매우 적합한 지역으로 평가되었기 때문이다.[6] 이와 함께 상대적으로 아편중독 피해가 만연해 있던 타이완 및 관둥저우에서 아편을 대량 재배할 경우 밀매가 성행할 위험이 높아 이를 단속하기 위한 인력과 비용이 많이 들 수밖에 없다는 점도 고려되었다. 반면 조선은 아편의 생산과 소비가 상대적으로 적고 일본의 지배력이 강력히 발휘될 수 있는 지역이었다.[7] 이런 장점은 아편 생산 환경과 저렴한 재배 비용 문제에 더해져 조선을 더없이 매력적인 아편 생산지로 만들었다.

이에 따라 일제는 "재배 아편의 제조와 매매에 관한 근본 법규가 필요하다"는 명분으로 1919년 6월 15일 「조선아편취체령朝鮮阿片取締令」 및 「조선아편취체령시행규칙」을 발포했다. 가격이 폭등한 해외 아편 수입을 대신해 조선에서 아편을 대대적으로 생산하기 위한 조치였다.[8]

이후 조선에서 아편의 재배는 일본 당국이 관할했다. 아편의 재배는 행정관청의 허가 사항이 되었고, 허가받지 않은 매매는 위법이 되었다. 또 행정관청이 지정한 판매인만이 아편을 매매할 수 있게 해 생산과 매매를 전부 국가가 관장하도록 법제화했다. 강점

초기 아편을 조선 식민지배의 장애물로 보았던 일제의 시각이 자국의 이해에 따라 재배를 허용해 이용하는 쪽으로 변화했음을 보여주는 대목이다.

드디어 일제는 1919년 8월 「앵속재배구역고시」를 통해 아편 및 모르핀의 원료가 되는 앵속 재배 구역을 경기도와 강원도, 충청북도와 전라북도, 황해도 일대로 고시하고 아편 생산을 시작했다. 고시된 지역은 경기도의 고양·양주·안성·시흥·파주·장단·개성군, 충청북도의 청주·진천·괴산·음성·충주군, 전라북도의 금산·무주·장수군, 황해도의 해주·연백·금천·장연·은률·신천·재녕·서흥·수안·곡산군, 강원도의 춘천·인제·통천·강릉·홍천·평강군 등이었다. 그리고 6개월 후인 1920년 2월에는 「앵속재배구역추가고시」를 통해 앵속 재배 구역을 경상남도 북서부 일대 지역들인 합천·거창·함양·산청군까지 확장했다.[9] 이로써 국가가 주도하는 전국 단위의 앵속 재배가 시작되었고, 생산된 아편은 이후 일본 지배하에 놓인 타이완, 관동저우 등지로 수출되었다.

이와 함께 조선총독부는 수납한 아편을 대정제약주식회사大正製藥株式會社에 불하해 의약용 모르핀의 제조를 독점하게 했다.[10] 하지만 제1차 세계대전이 종식되자 그 여파가 일제의 모르핀 제조 부문으로 서서히 번져갔다. 전쟁 발발 후 일시적으로 폭등했던 아편 가격이 종전의 여파로 다시 폭락하게 된 것이다.[11] 전쟁기에 활발히 수출되던 의료용 모르핀의 수요는 크게 줄어들 수밖에 없었고, 수납 아편에 대한 배상금도 자연스레 낮아져 앵속 재배자들이 경작을 포기하는 사태가 속속 벌어지기도 했다. 그 때문에 의료용 모르핀 생산의 독점권을 갖고 있던 대정제약주식회사의 운영은 점차 어려워졌다. 이미 수납된 아편으로 대량생산된 의료용 모르핀은 판로를 찾기 어려워졌고, 대정제약주식회사의 모르핀 재고량과 손실은 매년 누적되며 증가해갔다.

이러한 가운데 1920년대 중반부터 대정제약주식회사와 관련된 모르핀 밀매 사건 등 각종 부정행위들이 포착된다. 대부분 대정제약주식회사가 누적된 재고분을 처리하는 과정에서 벌어진 문제들이었다. 차츰 조선 내 아편 관리가 중요한 문제로 부각되었고, 일제는 1930년부터 모르핀 등의 제조 및 판매를 관영으로 전환해 직접 관리하기로 했다.

하지만 1931년 일제가 만주사변을 일으키고 만주국을 선포하면서 조선의 아편 생산은 다시 급격히 증가해갔다. 아편 흡연이 만연해 있던 만주 지역에 필요한 아편 부족분을 조선이 공급하게 되었다는 점과,[12] 만주사변 및 중일전쟁 이후 일제의 본격적인 대륙 진출 정책이 작용한 결과였다.

〈표 1〉을 보면, 일본이 만주사변을 시작으로 본격적인 대륙 진출을 기도하던 1931년을 기점으로 조선의 아편 생산이 급격히 증가했으며, 중일전쟁을 준비하던 단계인 1933년에 또 한 번 큰 폭의 증가를 기록했음을 확인할 수 있다. 결국 조선에서의 아편

〈표 1〉 1919~1934년 조선 제조 아편 매출액

연도	수납량 (kg)	배상액 (엔)
1919	7,586	360,850
1920	154	6,068
1921	2,717	70,320
1922	1,643	41,205
1923	1,393	37,306
1924	1,181	27,930
1925	844	22,576
1926	630	19,530
1927	769	17,992
1928	806	24,489
1929	1,500	40,712
1930	1,399	35,572
1931	5,651	166,051
1932	7,634	235,153
1933	14,058	401,149
1934	11,338	343,028

출전: 조선총독부전매국, 「조선전매사」 제3권, 1936, 540쪽.

생산이 1930년대 급증하게 된 원인에는 만주 지역의 아편 전매를 통해 대륙 진출 준비에 필요한 재원을 마련하는 동시에 전쟁에 필요한 의료용 아편을 충분히 확보하고자 했던 당시 일제의 의도가 깔려 있었다.

이처럼 조선은 전통적으로 아편의 소비와 생산이 많지 않았

음에도 일제강점기를 거치면서 정책적 아편 공급지로서의 역할을
하도록 강제되었다. 그리고 그 과정에서 자연스럽게 국내에 중독
자가 양산되었다.

3장
모르핀의 등장

'만병통치약' 모르핀과 아편중독의 확산

일제강점기 정책적 아편공급지로 부각된 조선 내부의 상황을 살펴보자. 앞서 보았듯 1920~1930년대를 거치며 조선은 일제의 아편 및 모르핀 생산지로 기능했다. 조선 사람들은 아편에 더욱 쉽게 접근할 수 있게 되면서 위험에 노출되었다. 특히 이전에는 볼 수 없었던, 아편계 마약인 모르핀에 중독되는 사례가 새롭게 등장했다. 조선인 아편중독자가 증가하게 된 구체적인 경위는 크게 세 가지로 나누어 볼 수 있다.

첫째, 제1차 세계대전 종전의 여파로 증가한 일제의 의료용 모르핀 재고분이 조선으로 역유입되었다는 점이다. 이러한 사정은 1920년대 중반부터 조선에서 생산된 의료용 마약에 대한 부정

매매 문제가 지속적으로 제기되던 아래의 상황들을 통해 엿볼 수 있다.

> 대정제약사 간부 검거. 종로경찰서 위생계에서는 사법계와 연락하여 시외 공덕리에 있는 대정제약주식회사 조선지점을 습격하여 지점장 호리우치 사츠미(堀內冊三, 34)와 판매부 주임 마쓰오 마츠사쿠(松尾末作, 42), 기사 유아사 타츠오(湯淺龍男, 47), 서기 미야하라 아이오(宮原會雄, 27) 등을 인치(체포)하고 엄중 취조하는 동시에 다시 활동을 개시하여 시내 모처에서 경성에서 '모히(모르핀)' 밀매의 거괴(우두머리)라는 오키마에 이치로(沖前一郎, 38)와 경성부 산수자동차 운전수 미츠다 코사쿠(光田幸作, 29), 그의 처 우메(ウメ, 25)를 체포하여 취조 중이라는데 사건의 내용인즉 그들은 모두 서로 연락을 취하여 가지고 수만원어치 '모히'를 밀수입하야 팔아먹은 사실로 현품도 다수히 압수되었다며 사건은 점점 확대될 모양이라더라.[1]

대정제약주식회사를 중심으로 일본과 조선을 연락하여 대규모로 '모루히네(모르핀)'와 '코카인' 등 18만원에 밀수입을 하여 조선 각 도로 널리 팔던 대규모의 아편 밀매사건이 시내 종로경찰서에 발각되어 일망타진된 범인 26명의 첫 공판은 30일 오전 10시부터 경성지방법원 제3호 법정에서 하사마(迫) 판사의 심리와 마쓰마에(松前) 검사의 입회로 개정되어 피고 노구치(野口)부터 심리를 시작하였는데, 피고의 성명은 다음과 같더라.[2]

총독부에서는 '모루히네' 제조판매를 일개 사설회사인 대정제약 주식회사에 일임하여 그 회사에서는 1개년 2백만관 이내를 제조 한다는 제약이 있음에 불구하고 영리를 목적으로 하니만큼 무제 한으로 밀매하다가 필경은 용산경찰서 누노카와(布川) 경부 이하 다수 경관의 독직 사건까지 일어나게 되었음으로 (…) 총독부 안 에서도 일부의 반대가 있으나 위생과에서는 현재 조선 내에 그 환자가 경찰의 조사에만 5천여 명이고 경찰이 알지 못하는 환자 는 과연 몇만 명이나 있는지를 알 수가 없는데 이와 같이 많은 환 자를 일조일석에 근절할 수는 도저히 없음으로 관영으로 하여 그 공급을 조절하여 점진적으로 환자를 없애버리는 동시에 일본 과 관동주로부터 밀수입되는 것을 엄중히 방지할 방침이라고 하 더라.[3]

1920년대 중반부터 종전의 여파로 조선에서 아편 및 모르핀 제조를 독점했던 대정제약주식회사의 운영은 점차 악화되어갔다. 그리고 그 손실 및 재고량이 누적되자 이를 처리하기 위한 비합 법적인 매매가 자행되었다. 대정제약주식회사를 이용해 조선에서 의 모르핀 매매로 이득을 챙기는 사람들이 속출했고, 대정제약주식회사 조선 지점의 지점장과 판매 담당 책임자 등이 직접 관여해 경성 시내에서 모르핀이 매매되기도 했다. 모르핀은 점차 조선 사회에 광범하게 퍼져나갔다.

둘째, 아편계 마약에 대한 조선인들의 인식 부족도 중독 확산에 중요한 역할을 했다. 전통적으로 아편이 가정상비약이자 질병 치료 수단이라는 인식을 가졌던 조선인들은 무분별하게 유통된 모르핀을 여러 가지 용도로 사용하면서 자신도 모르게 중독되는 경우가 많았다. 당시 여성들이 일터로 나가기 위해 어린아이에게 매일같이 모르핀을 주사해 잠들게 했다는 사례[4]나 성 기능을 높여주는 약으로 사용되는 사례[5] 등이 보고되기도 했다.

의사들의 오남용도 상당수 있었다.[6] 1930년대 일부 의원들은 환자들에게 어떠한 병이든, 아무리 심한 통증이라도 팔뚝에 놓는 주사 한 대면 씻은 듯 낫는다며 '만병통치약'을 홍보해 환자들을 끌어모았다. 통증은 하루 이틀이 지나면 어김없이 재발했지만 주사를 맞은 순간만큼은 몸도 마음도 가뿐해졌다. 따라서 한번 치료를 받은 환자들은 하루가 멀다 하고 의원을 찾아 그 주사를 맞았고, 의사 또한 약의 효험을 알리고자 본인 팔뚝에도 수시로 주사를 놓았다. 이렇게 주사된 '만병통치약'이 바로 일본식 발음인 '모루히네'로 불리던 모르핀이었다.[7] 이 때문에 수많은 환자들이 모르핀중독자로 전락했고, 의사 자신도 중독자가 되는 사례가 속출했다. 아래는 이 같은 의료용 마약 사용의 사례를 보여주는 글들로,

당시 중독 피해의 성격을 짐작할 수 있게 한다.

어느 의사가 환자를 치료할 때 얼른 처방은 낫지 않고 환자는 몹
시 고통을 당하는 때, 우선 그것을 진정시키기 위하여 모르핀 주
사를 하는 것이나, 그것을 주의와 가량을 하지 않고, 환자가 고통
을 당할 때나 혹은 처방 가운데에 여러 번 넣으면 벌써 그 환자
는 그 약이 아니면 고통을 견디기 어렵고 그 약이 필요하게 되는
것이다. 즉 말하자면 모르핀이란 주사 다섯 대만 맞아보면 벌써
그는 계속해야만 견딘다는, 즉 중독의 가능성을 가지기 시작한다
는 것이다. 그러므로 그 환자는 그 약이라야 그 고통을 견딜 수가
있게 되고 따라서 자연 중독이 되는 것이다.[8]

중독된 의사로 도망한 김종섭은 밀매죄가 폭로될까 도망하였다
가 전남 광주 서성정에서 광산의원이라는 간판을 걸어놓고 그 안
에서 모루히네를 밀매하다가 발각되어 200원의 벌금형까지 당하
였다. 김종섭은 그 후에도 못된 마음을 고치지 아니하고 다만 제
배만 채우려고 '모루히네'를 밀매하기에 수단이 교묘하여 벌써 오
만여 원의 큰돈을 모았으며 그 돈으로 또 고리대금까지 하여 (…)
'모루히네'를 밀매하는 김종섭은 마침내 '모루히네' 중독자의 한사
람이 되고말았다 (…) 지난 16일 밤 열한시경에 돌연 달려드는 광
주경찰서와 '모루히네' 방독회의 손에 역시 중독자의 혐의를 받

는 꽃 같은 젊은 계집과 함께 검거되어 삼십여명의 중독자와 같이 유치장에서 하룻밤을 새이고 (…) 그는 지난 십팔일 밤에 광주 경찰서에 자현(자수)하였다는데, 그자는 도망하여 있는 동안에도 하루 동안에 '모루히네'를 열방이나 찔렀다 하여 일단 도망하였든 자가 다시 자현함은 본래 간교한 술책에 능한 자인고로 더욱 일반의 주목은 그자에 대한 당국의 처치에 집중된다더라.[9]

위와 같이 모르핀은 중독성과 의존성이 매우 강해 의사의 잘못된 처방으로 다섯 번 정도의 투약 경험만 있어도 중독자가 될 수 있었다. 하지만 일제 당국은 일정한 의사 증명만 있으면 모르핀 사용을 자유롭게 허용했다.[10] 이 시기 모르핀에 대한 인식이 관대했던 데에는 그 원료가 되는 아편을 일반 가정에서 큰 제약 없이 손쉽게 재배해 사용할 수 있었던 분위기도 한몫했다. 따라서 이 시기 마약류 중독의 성격을 '범죄'라는 현재적 개념으로만 이해하는 것은 곤란하다.

옛날 이조 말년 왜정 초기부터 가정상비약이 아편이었어. 그 아편은 만병통치약, 지금 양약에도 아편이 안 들어간 게 없어. (…) 아편은 검은 덩어리 이런 거니까, 웬만한 가정에 다 있었어요. 상비약이었으니까. 배 아픈데 특효약이었어. 거의 있었는데 다량으로 가지고 있지는 않았지. 그래서 배가 아프면 성냥 알보다 작게

해서 이제 먹었는데, 그런 기억은 있어. (…) 한두 뿌리씩은 재배했어요.[11]

조선인 중독 피해 증가의 세 번째 원인은 일제 당국의 관대한 단속정책에 있었다. 모르핀은 아편에 비해 값도 싸고 사용하기 편했으며 적발 시 처벌도 가벼웠다. 당시 형법에 아편연을 허가 없이 판매·공급한 자는 6개월 이상 7년 이하의 징역에 처하고, 아편연을 흡식한 자는 3년 이하의 징역에 처하도록 되어 있었다. 하지만 모르핀을 허가 없이 판매·공급한 자에 대해서는 「약품 및 약품영업 단속령」에 의거해 3개월 이하의 금고 또는 500엔 이하의 벌금을 부과하는 데 그쳤다. 더구나 모르핀을 주사한 자는 무죄로 규정하고 있어 그 처벌이 비교적 관대했음을 알 수 있다.

당시 동경제국대학 법학부를 졸업한 법학사로 1920~1930년대 《동아일보》의 편집국장과 주필을 지냈던 김준연도 일제 당국의 모르핀 정책에 문제가 있음을 지적했다. 그는 조선에 모르핀을 주사한 자에 대한 처벌 규정이 없고, 허가받지 않은 모르핀 공급에 대해서만 벌금 규정을 두고 있는 점을 지적하면서 아편 흡연과 모르핀 사용은 그 폐해가 동일함에도 일제가 규제에 법률상 차이를 두어 조선인의 모르핀 사용을 조장하는 교묘한 이중 정책을 펴고 있다고 비판했다.[12]

〈표 2〉의 1934년 죄명별 검거 건수를 보면 아편연 관련 위반

건수는 총 1287건(2180명)인 데 반해 모르핀 관련 위반 건수는 288건(359명)에 지나지 않는 것으로 나타났다. 조선인들의 모르핀 사용에 대한 단속과 처벌이 사실상 묵인되던 당시의 현실에서 이러한 통계는 의미 없는 것이었다. 실제 조선인 모르핀중독자의 수는 공식 통계치의 수십 내지 수백 배 이상일 것으로 추측할 수 있다.[13]

이렇게 중독되어간 사람들은 결국 지속적으로 마약을 투약하지 않으면 살아갈 수 없었다. 중독자들은 마약을 얻기 위해 집과 땅을 팔고, 아내와 자식까지 팔아넘기는 등 수단과 방법을 가리지 않기도 했다. 중독의 이유와 방법은 달랐더라도 일단 중독의 길로 들어선 사람들은 중독된 심신을 유지하기 위해 비밀스러운 장소에 모여 아편을 흡연하거나 모르핀 주사를 맞는 이른바 '아편굴' 또는 '주사옥'을 이용했다. 이 과정에서 '주사옥'은 1930년대 서울

〈표 2〉 1934년 죄명별 검거 건수   (단위: 명)

	아편연 단속 건	모르핀 단속 건
검거 건수	1,287	288
검거 인원(합계)	2,180	359
조선인	2,053	323
일본인	10	28
중국인	117	8

출전: 통계청, 「죄명별 범죄 및 검거 건수」, 1934.

시내에만 100여 곳이 암암리에 성업했고,[14] '아편굴'은 종각 서소문과 용산, 명동과 남대문 일대, 서대문 등 서울 지역은 물론이고 평양, 인천, 대구, 안동, 부산, 전라도와 강원 지역 등 1920년대 중반부터 전국적으로 늘어갔다.[15] 1930년대 중반 '아편굴' 단속으로 적발된 인원만 4612명에 달하는 것으로 보고될 정도였다.[16] 조선의 아편중독 피해는 모르핀중독을 중심으로 점차 전국적으로 번져 갔다. 1920~1930년대 신문 하단에 자주 등장하던 아편류 중독치료제 광고를 통해서도 아편·모르핀중독자가 격증하던 당대 조선의 사회상을 엿볼 수 있다.

때로는 항거의 수단, 때로는 자포자기적 향락

한편 아편류 마약의 해독에 대해 비교적 정확히 인지하고도 이를 사용한 조선인들도 있었다. 이들은 대체로 당시 지식인 계층의 사람들로 식민지 조선의 현실과 불투명한 미래 등에서 잠시나마 도피하기 위해, 혹은 일제에 항거하는 의지의 표현이자 자결 수단으로서 아편을 사용했다.

먼저 살펴볼 유형은 을사조약과 한일강제병합 이후 일본의 국권침탈에 대해 항의하고, 그 의지를 드러내기 위해 아편을 사용한 예다. 이 유형은 주로 생아편을 삼키거나, 정제제를 술이나 음료에 타서 마시는 방식으로 아편을 사용했다.

그림 1　"회춘정(回春錠), 중독자는 주저 말고 즉일 복용해 심신의 멸망을 구하라"
　　　　（《동아일보》, 1928년 9월 16일 외).

그림 2　"모히사린(モヒザリン), 모르핀 대용 및 중독치료 희망자에게"
　　　　（《동아일보》, 1928년 12월 16일 외).

그림 3
"후구 모나-루(フク モナール), 염류중
독 최고 해독제"(《동아일보》, 1932년
6월 12일 외).

그림 4 "후구 모나-루(フク モナール), 아편-모르핀 완전 치료제"(《동아일보》, 1933년 8월 13일 외).

1910년 한일강제병합이 이루어지자 아편을 이용해 자결한 사람들의 사례를 보자. 죽음으로 한일강제병합에 항거한 인물로 유명한 황현은 1910년 8월 29일 일본에 국권을 빼앗기자 며칠 동안 식음을 전폐하다 절명시絶命詩 4수와 유서를 남긴 후, 9월 10일 다량의 아편을 탄 소주를 마시고 자결했다.[17] 또 1905년 을사조약이 체결되자 이를 주도한 5명의 대신五賊臣과 매국노들에 대한 처형을 호소했던 김석진도 한일강제병합 후 일제가 남작의 작위로 그를 회유하려 하자 1910년 9월 8일 아편을 먹고 자결했다.[18] 아래의 자료를 보면 이때 그가 사용한 아편은 을사조약이 체결된 1905년 이미 준비해 안경집에 넣어 보관해왔던 것으로 보인다. 또 다른 자료에도 1905년 조병세가 을사조약에 반대해 음독 자결하자 김석진이 그의 조문 길에 남대문 근처 한 점포에서 아편을 구입했다는 사실이 확인된다.[19]

선생(김석진)이 자정(自靖: 자결)할 때에 토한 것이 아편이라 그 아들 동강(東江) 영한 씨(寧漢氏)가 그 약의 출처와 사다가 들인 사람을 조사하였으나 막연하였더니 선생 장례 때 송도사(宋都事) 순회(淳晦)라는 분이 조상(弔喪)을 와서 말하기를 "선대감(先大監)이 오늘날 순절(殉節)하신 것이 아니라, 을사(乙巳)년에 이미 준비하신 것이요. 내가 을사년의 조충정공(趙忠正公: 조병세) 반우(返虞: 장례 지낸 뒤에 신주를 집으로 모셔 오는 일) 뒤에 선대감(先大監)

과 배를 같이 타고 갈 때에 선대감이 반감(半酣: 술에 반쯤 취해)이 되시어 안경집을 보이시며 다 같은 신하로 조모(趙某)만 순절(殉節)하겠소, 나도 이 속에 준비가 있소, 하면서 한숨을 쉬시었습니다" 한다. 동강(東江)은 그 부친이 대의(大義)에 당(當)하여서는 아들도 알리지 아니한 것은 더욱 망극하였다.[20]

당시에도 아편의 수입 및 제조·판매 등을 금지하는 조항이 있었고, 『형법대전』 반포로 그 처벌이 강화되기도 했지만, 여전히 약재로서의 인식이 강하게 남아 있던 당시 상황에서 아편 매매는 공공연히 이루어졌다. 이러한 모습은 같은 시기 자결한 오강표의 사례에서도 나타난다. 오강표는 1905년 11월 을사조약 체결 소식에 격분해 을사오적의 단죄를 주장하는 상소문을 써 관찰사에게 조정에 전달해줄 것을 요청했지만 거절당했고, 그 후 청국 상인에게 아편을 구입해 공주향교의 명륜당에서 자결을 시도했다. 하지만 그에게 아편을 판매한 청국 상인이 물건을 속이고 가짜를 판 탓에 뜻을 이루지는 못했다.[21]

이처럼 을사조약과 한일강제병합을 전후로 음독 자결에 아편이 주요한 수단으로 사용되었고, 그 방법이 대부분 공유되어 있었다면, 비슷한 시기 자결했으나 사인이 음독으로만 알려져 있는 조병세, 홍만식, 이상철, 이명재, 송병순, 이학순, 최우순 등의 경우 가운데도 상당수 아편이 사용되었을 것으로 짐작된다.[22] 아편을 통한 음독 자결의 사례가 적지 않은 이유는 당시 아편은 조선 지식인들 사이에 고통 없이 생을 마감할 수 있게 해주는 약으로 알려져 있었기 때문이었다.

한편 식민지체제가 자리를 잡은 1920~1930년대에는 조선의 도시화가 급속히 진행되면서 필연적으로 도시적 향락 문화가 빠르게 번져갔다. 3·1운동의 실패로 인한 좌절감에 더해 일제의 공창 설치와 양조의 공장화, 담배·아편의 정략적 살포는 조선인들을 자포자기적 향락에 빠져들게 했다.[23] 일제가 추진한 교묘한 문화통치 정책으로 자리 잡은 상업주의와 향락주의 문화 속에서 1920년대 이후 조선인들의 아편 사용의 이유도 사랑, 실직, 금전, 가정문제 등 다양해졌다.[24]

시인 김소월도 광산업 실패로 가세가 기울고 동아일보 지국을 개설해 경영하다 실패한 뒤 자포자기한 심정으로 살다 고향인 평안북도 곽산으로 돌아가 1934년 아편을 먹고 자살했다고 알려져 있다.[25] 한편에서는 그가 심한 류머티즘 관절염을 겪어왔는데 통증 완화를 위해 아편 치료를 받아왔고 특효약으로서 아편을 복용하다 중독으로 사망했다는 설도 있다.[26] 경위를 떠나 그의 죽음에 아편이 직접적으로 관계되었음은 분명한 사실이었다.

한편 아편은 상대방에게 몰래 복용시켜 목숨을 빼앗는 용도로 사용되기도 했다. 주목되는 사건은 전북 익산의 백만장자로 알려진 이건호의 독살 사건이다. 1929년 12월 벌어진 원인불명의 이건호 사망 사건을 둘러싸고 친아들이 아편을 사용해 독살했다는 혐의를 받아 그 재판 과정이 세간의 관심을 끌었다. 경찰은 수사 과정에서 사인이 아편에 의한 독살이었다는 사실을 밝혀냈고, 용의자로 이건호의 외아들 이수탁을 지목했다. 5년 이상 소요된 재판 과정에서 이수탁에게 사형이 선고되기도 했지만, 이후에는 살해 동기와 증거 불충분을 이유로 무죄가 선고되었다.[27] 이 사건은 장기간에 걸친 재판에서 결과가 반전되며 대중에게 큰 충격을 주었다. 이 밖에도 부인과 남편의 친구가 공모해 모르핀 주사로 남편을 살해한 사건, 친구나 지인 사이에 벌어진 모르핀 독살사건 등 아편계 마약으로 벌어진 사망·살인 사건은 당대 언론에 심심치 않게 등장하곤 했다.[28]

아편 근절을 위한 자체적 노력

이 같은 조선 내 아편류 마약 피해에도 일제는 조선에서 미온적인 정책을 유지하며 많은 중독자를 양산했다. 이러한 현상이 지속되자 조선인들은 아편을 근절의 대상으로 인식하고 식민당국의 아편 정책과는 별개로 자체적인 아편 추방운동을 전개하기 시작했다. 민간 차원에서 추진된 국내의 아편 근절 활동들은 주로 언론과 종교단체, 각 지역 청년회를 중심으로 전개되었다.

먼저 조선의 언론은 국내에 아편중독 문제가 심화된 원인으로 일제 당국의 단속 의지 결여와 미온적인 태도를 지목하고, 비판적인 의견을 쏟아냈다.

아편마굴 희생자 문제

당국의 책임 여하 광희문 외 아편마굴(阿片魔窟)에서 우선 판명된 부분만으로도 30여 명의 희생자를 내었다는 것은 근래희유(近來稀有)한 괴사건(怪事件)이라 하겠다 (…) 이를 관할하는 경찰당국의 무관심하였든 태도도 간과하기가 어려운 일이다 (…) 수년을 동일한 장소에서 그와 같은 범죄를 사행(肆行)케 하였다는 것은 그 기능부터 의아하지 아니할 수 없는 동시에 경찰 행정 중 제일 중요성을 가진 보안, 위생에 대한 관념이 박약하다고(밖에) 아니 볼 수 없으며 한마디로(可謂) 무경찰(無警察) 상태라 하여도 과언이 아닐 것이다.[29]

이와 함께 각 지역사회와 종교단체들도 자체적인 사회활동을 전개해나갔다. 이 시기 전개된 아편 근절운동은 계몽운동으로서의 성격이 강했고, 추진 주체에 따라 크게 두 갈래로 전개되었다. 하나는 종교 단체들이 중심이 되어 전개한 교육계몽운동이었고, 다른 하나는 각 지역 청년회가 중심이 되어 전개한 방독防毒 및 단속 운동이었다.

종교계의 아편 추방운동은 금주, 금연,[30] 공창 폐지와 함께 절제운동의 하나로 기독교 단체들을 중심으로 전개되었다. 개신교 회에서는 1919년 1월 조선예수교 장로회 총회가 신도들에게 치료 목적 외에 아편을 흡연하고 매매하는 자에 대해 교회 차원에서 개입해 지도하겠다고 밝히고 공식적으로 아편을 금하는 결정을 내렸다. 이후 아편 추방운동은 3·1운동을 기점으로 본격적으로 전개되었다.[31]

1921년 10월 28일 평양숭의여자중학교에서는 평양기독교청년회 총무 조만식이 강연자로 나선 평양결백회강연회가 개최되었다. 이 자리에서는 기독교인들이 절대로 행하지 말아야 할 일들에 대한 결백서약이 진행되었다. 그중 첫 번째 금기로 꼽힌 것은 다름 아닌 아편을 사용하는 것이었다. 두 번째로 꼽힌 것 또한 모르핀 주사를 맞는 일이었다. 아편류 마약의 사용은 기독교인으로서 가장 경계해야 할 대상이었다.

평양결백회강연회

평양숭의여중학교 내에서 조직한 결백회(潔白會)에서는 10월 28일 오후 4시부터 동교(同校) 내에서 평양기독교청년회 총무 조만식 씨를 초청하여 강연회를 개최하였는데 동(同) 회원에게 많은 유익 (有益)을 주었다 하며 동 회원은 이날부터 다음 내용과 같은 일들을 절대로 안이할 것을 서약하였다더라.

1. 아편 먹는 일, 2. 아편침(鴉片針) 맞는 일, 3. 담배 먹는 일, 4. 음

주하는 일, 5. 궐련(卷煙) 먹는 일, 6. 음행(淫行)하는 일, 7. 부정(不正)한 말 하는 일, 8. 부정(不正)한 책 보는 일, 9. 첩(妾) 두는 일, 10. 기생(妓生)집 다니는 일, 11. 조혼(早婚)하는 일, 12. 인신매매(人身賣買)하는 일.[32]

모든 종교의 신자들은 신앙 그대로 그 운동에 참가할 수가 있습니다. (…) (그것은) 계급의 구별도 없이 동정자(同情者: 뜻을 함께 하는 사람)를 동무(朋友)로 삼고 동로자(同勞者)로 삼기 때문입니다. 실제적 교훈의 요점을 들어 말하면 이렇습니다. (…) 무슨 일에든지 중용(中庸)을 지키며 음주, 아편, 도박들을 금하며 흡연 같은 것도 절제하는 것이라 합니다.[33]

한편 1924년 조직된 조선여자기독청년절제회는 1924년 8월 28일 이화학당에서 전조선연합회를 열고 선전 강연을 활발히 전개해나갔다.[34] 이 단체는 이른바 '절제운동'이라는 이름으로 많은 기독교인과 학생들을 동원해 금주와 금연, 아편 추방 등의 문구를 적은 깃발과 현수막을 들고 시가행진을 벌였고, 밤에는 예배당에서 강연회를 개최하는 등 활발히 활동했다. 이후 1932년 5월 5일에는 평양신학교에서 금주와 담배·아편의 단연, 공창폐지, 저축 장려, 미신 타파 등을 통한 사회복지 증진이라는 목적하에 조선기독교절제운동회가 조직되었다. 이 단체는 전국 각지에 지회를 설치

하고 보다 적극적인 절제운동을 전개했다.[35]

이러한 활동은 개신교 대표 언론인 《기독신보》를 통해 기사와 사설로 꾸준히 소개되었다. 개신교단은 기독교인이 되는 첫걸음으로 다음의 4가지를 금기로 제시했다. 첫째, 하나님께 범죄를 저지르는 일, 둘째, 교회법을 어기는 일, 셋째, 부모·형제·처자에게 광언지설狂言之說 하는 일, 넷째, 자기 몸을 망하게 하는 일이 그것이다. 술이나 담배는 개인의 기호품이지만, 경제적·신체적 이유로 삼갈 것을 권하는 것이었던 데 반해, 아편은 개인적으로나 사회적으로나 해로우므로 반드시 금해야 할 것이었다. 따라서 교회는 약으로 사용되는 아편의 개인적 거래까지 철저히 단속할 것을 총독부에 요청하기도 했다. 또 교회는 법령 적용을 통한 처벌만으로는 이미 중독된 사람들을 구제할 방법이 없다고 보고, 교회가 직접 나서 교화로써 그들을 구제하는 것이 '예수를 믿는 본의'요, '충애의 근본'이라는 논리를 펴며 교회의 사회적 역할을 강조했다.[36]

개신교를 중심으로 종교계에서 전개된 절제운동으로서의 아편 근절운동은 강연회나 대중선전·홍보운동을 통해 사회·윤리적 차원에서 조선인의 의식을 재고시키는 데 기여했다. 하지만 한정된 대상 범위와 방법론상 사회 전체적으로 만연해 있던 아편중독 문제에 대한 실질적 해결방안을 마련하는 데까지 나아가기 어려웠다는 한계도 있다.[37]

한편 각 지역 청년회가 주도한 아편 근절운동은 민간의 오용 피해를 줄이기 위한 강연 및 토론회 등 교육 계몽운동으로서의 활동과 함께 자체적 중독치료소 설치를 통한 치료 활동, 식민당국 경찰력 동원을 통한 관련자 처벌 등 좀 더 실질적이고 적극적인 해결책을 강구하는 방식으로 전개되었다. 이들은 1920년대부터 모르핀 확산으로 각종 피해가 조선 사회에 누적되자 이른바 '아편 흡연 및 모르핀 방독운동'을 펼쳐갔다.[38] 이들의 활동은 강연회, 직접 단속, 치료 활동, 캠페인 등 다방면에 걸쳐 있었다.

지역 청년회들은 《동아일보》 및 《매일신보》 분국 등과 연합해 지역을 돌며 방독 선전 강연회를 개최하고, 시가 연설을 벌이고, 아편·모르핀 박멸과 관련한 각종 방독 선전문을 제작·배포함으로써 아편 흡연과 모르핀에 대한 조선인들의 인식 재고를 위해 노력했다. 청년회는 종교계의 후원으로 차량을 지원받아 접근성이 떨어지는 마을을 순회하면서 선전 활동을 펴기도 했고, 음악회 등을 열어 자연스럽게 지역민들에게 다가가 아편 흡연과 모르핀 근절에 대한 강연을 실시하기도 했다.

아편독의 박멸운동: 광주 유지와 본사 지국 주최의 '모루히네' 방독선전강연회

동아일보 광주지국에서 나주읍 700여 명의 남녀 중독자와 구례읍 130여 호의 중독자촌으로부터 각 고을에 만연한 '모루히네' 주사자를 박멸하려고 지난 25일에 '모루히네' 방독선전 강연회

를 주최한다 함은 이미 본보에 보도하였거니와 당일 동 지국에서는 4~5세 된 유치원생 50여 명을 "격퇴하라 모루히네"라고 쓴 오색기로 장식한 인력거에 태워 앞세우고 (…) 우리 인류의 해적(害賊)인 '모루히네'와 "모도 일어바릴지라도 이것만은 보전하여야 할 우리 정신을 마취(麻醉)케 하는 모루히네를 박멸하라"는 문구로 만든 선전 '비라' 2000여 장을 시내 각처에 산포하며 군악을 울리어 사람을 모으고 시가 연설을 하여 날변으로 간악한 모루히네 밀매자를 성토하였고 (…) 각 군이 서로 향응하여 전남 일대는 아주 모루히네를 근절케 하기를 희망하다더라. '모루히네'(를) 막는(防遏) 것은 민간의 자각이 가장 필요하다.[39]

안성 아편흡연 방독 강연

이미 보도한 바와 같이 안성 지역(當地)에서는 안성청년회 동아일보 분국, 매일신보 분국 연합 주최로 8월(本月) 6일 안성공원에서 모루히네 방독강연회를 개최코자 하였으나 당일은 우천으로 인하여 7일로 연기 개최하였는데, 개회 전일부터 방독선전문을 가호(家戶)에 배부하고 한편으로 기독교 소년음악대의 후원을 받아 안성 지역 삼광(三光), 봉남(鳳南), 공성(共成) 세 자동차부(自動車部)에서 무료로 빌린 자동차 3대를 나누어 타고 시내를 순회 선전하여 큰북과 나팔소리는 전 안성을 진동케 하였다 (…) 국가의 기초를 완전히 함에는 먼저 민족의 기초를 완전히 함에 있고, 민족의 기초를 완전히 함에는 개인의 건강을 확보함에 있나니 범죄 중 민족의 기초를 위태케 하는 자, 가장 혐오스럽고 두려운 자이되 특히 조선민족의 기초를 위태케 하는 범죄가 더욱 혐오스럽고 두려운 자이로다. 모루히네의 주사와 밀매(注射及密賣)의 해독은 민족의 생존을 위태케 하는 자이니 (…)[40]

방독회 청년들은 아편과 모르핀이 "민족의 기초와 생존을 위태케 하는 범죄"이자 "조선 민족이 반드시 극복해야 할 대상"이며 아편과 모르핀을 근절하는 것이 "국가와 민족의 기초를 완전히 함에 있어 개인의 건강을 확보하는 일"이라고 보았다. 아편 근절 문제를 민족의 생존과 결부시켜 이해하고 있던 그들의 인식을 잘 보여주는 대목이다. 따라서 방독회 회원들은 아편 및 모르핀 단속반을 따로 구성해 지역 경찰과 연대하면서 직접 매매자 및 중독자들을 단속하기도 했다.[41] 또 지역 유지들을 대상으로 모금 활동을 전개해 자체적으로 수용치료소를 개설하는 등 더욱 실질적인 중독자 보호와 치료 활동을 벌여나갔다.[42]

33명의 중독자 방독회원과 경관이 협력 검거
지난달 16일에 광주에서 조직된 '모루히네' 방독회는 그동안 경찰 당국과 타협하여 중독자를 조사하기에 무한히 노력을 하던바 지난번 비밀회의 끝에 경찰서원과 방독회원으로 다섯 반에 나누어

혼성 부대를 편성하여 두었다가 (…) 활동을 계속한바 남녀 중독자 33명을 검거하여 광주경찰서의 엄밀한 취조를 마친 후 두 명의 구류 처분을 받은 자 외에 나머지 환자는 방독회에서 지정한 임시요양소인 불교포교당(佛教布教堂)에 수용하여 (…)[43]

모든 지역에서 일률적으로 이루어진 것은 아니었지만, 이러한 활동은 각 지역의 상황에 따라 자발적으로 일어나 사회문제의 실질적인 해결을 도모하고자 전개된 것이었다. 그것은 조선총독부가 조선에서의 아편류 마약중독 문제를 방임하고 있던 가운데 이 문제를 자체적으로 해결하기 위해 벌어진 민간 차원의 노력이었다는 점에서 의미가 있다.

조선사회 각층이 참여한 아편 및 모르핀 근절운동은[44] 일제 당국이 식민지 재원 확보 차원에서 실시한 아편류 마약 정책에 직접적으로 반대하기 어려웠던 상황에서 조선인들을 대상으로 아편류 마약에 대한 인식을 개선하고, 스스로 경각심을 갖게 하고자 했던 민중 계몽운동으로서의 성격도 가지고 있었다. 그리고 더 나아가 이러한 활동은 결과적으로 일제 당국의 정책에 간접적으로 반대하는 것으로, 민족이 당면한 문제를 스스로 돌파하고자 했던 민족적 차원의 사회운동이기도 했다. 하지만 식민당국의 행정력과 사법적 강제력이 적극적으로 동원되지 않은 상황 속에서 전개된 자체 활동은 노력에 비해 눈에 띄는 성과를 기대하기 어려웠다는 한계도 있다.

아편류 마약에 대한 조선사회의 문제 제기가 계속되자 일제 당국도 단속하는 데서 더 나아가 예방 차원의 대책을 강구하고 있다는 모습을 보일 필요가 있었다. 이에 따라 1934년부터 전국 각 도에 조선총독부의 보조를 받는 관영 단체로 조선마약중독예방협회가 창설되었다.[45] 일제 당국은 마약문제 해결에 '관공민 협력의 중요성'을 명분으로, 기존의 관련 조선인 민간단체들을 이 조직으로 흡수·통합하고자 했다. 이 협회는 중독 예방 선전영화 상영과 각 지회 단위 수용소 확충, 민관 합동 단속 등의 활동을 벌였으나 규모나 내용상 이전보다 진일보하거나 눈에 띄는 성과를 보여준 것은 아니었고, 대부분 형식적인 활동에 그쳤다. 앞서 보았듯 조선을 아편 생산지이자 의료용 마약의 소비지로 강제하고 있던 일제의 정책이 근본적으로 바뀌지 않는 이상 그것은 당연한 결과였다.

일제의 이러한 활동은 조선 사회 자체적으로 전개되던 아편 근절운동을 당국의 통제 아래 둠으로써 조선인들의 아편 근절운동이 일제의 아편 정책과 식민지 운영 자체에 대한 반대 운동으로 나아갈 가능성을 무마하고, 일제가 유지해오던 그간의 아편 정책을 지속하기 위한 조치였다고 할 수 있었다.

해외 독립운동의 자금원이 된 아편

한편 해외에 거주하는 조선인들은 생계 수단이나 독립운동을 위한 수단으로서 아편을 이용하기도 했다. 해외에서 활동하던 민족해방운동 단체들의 경우 열악한 환경 속에서 부족한 군자금 충당 등의 자금 확보를 위한 수단으로 아편을 밀매매했다. 예컨대 1925년 봉천성奉天省 관전현寬甸縣에 근거를 둔 통의부 의용군은 아편을 밀재배해 중국인들에게 판매했고, 이렇게 만든 1만여 원으로 군비를 확장하기도 했다.[46] 1920년대 말 남만주 일대의 아편 취급자 중 조선인은 약 15%를 차지하고 있었다.[47] 이에 봉천성장은 "본성本省 각지의 조선인 중 비적匪賊과 연락해 총기의 밀수를 하는 자와 마배嗎啡(모르핀) 및 아편을 밀매하는 자가 매우 많아 이를 엄중히 감찰하고, 각지 거주 조선인에 대한 세밀한 호구조사를 실시하겠다"고 발표하면서 재만 조선인의 총기 밀수와 아편 밀매에 문제를 제기하기도 했다.[48]

해외 아편 밀매매 문제가 빈번해지자 국제아편조사회에서 벨기에 대표는 "만주 일대에서 엄중한 법령으로 아편을 단속하고 있다"고 발표한 일본 대표에게 "불이 없으면 어찌 연기가 그리 많으냐"라는 조롱과 함께 일본 정부의 아편 정책에 문제가 있음을 비꼬아 지적하기도 했다.[49] 해외 거주 조선인들이 독립운동의 자금원으로 아편을 이용했다는 사실은 당대 언론에도 심심치 않게 드러난다.

소성(蘇城) 지방에 근거를 둔 독립군 수령 한창걸(韓昌傑)은 그 곳 '쓰이야끼' 동편 약 10리 되는 산중에 근거를 둔 독립군 사령 관 김응천(金應天)과 이범윤(李範允) 등과 연락하여 (…) 한창걸은 280여 명의 총기를 가진 부하를 거느리고 날마다 연습을 하고 있다더라. (…) 한족공산당원(韓族共産黨員)들이 다수 모이어 금전 을 강탈하는바 지나간 7월 중에 일본군대가 탈퇴한다는 풍설이 돌아다닌 후로 별안간에 세력을 발전하여 그곳에서 아편 농사를 하는 사람들에게 600평에 5원씩을 징수하고 기타 재산의 9할씩 을 독립군의 군자금으로 제공케 하며 15세 이상부터 30세까지의 남자를 모아서 그 촌락에 출입하는 사람들에게는 일일이 검사를 하며 금전을 몰수한다더라.[50]

일본으로부터 코카인, 아편을 중국에 밀수입하면 막대한 이익이 있을 터이니 그 이익을 분배하리라고 속이어 조그만 폭탄 세 개 와 일본 관헌이 수상히 알 때의 준비로 나카무라 히코타로(中村彦 太郎)라는 거짓 이름으로 명함 30장을 가지고 (…) 누구냐 물은즉 그는 몸에서 폭탄을 꺼내어 순사를 겨누고 던졌으나 그 폭탄은 니주바시(二重橋) 중앙에 떨어지며 폭발은 되지 아니하였고 (…)[51]

무장단 수령 김좌진의 부하 조영찬은 16명의 부하를 거느리고 그 곳에 있는 조선 사람들의 아편 채취 시기를 타서 군자금을 모집

할 계획으로 3대에 나누어 각지에 파견하였다는바 그중 최호(崔
鎬)가 거느린 일대 5명은 중국 춘화현 삼도구 방면에 출동하였다
가 중국 관헌에게 전부 체포되어 방금 취조 중이라 하며 그를 단
서로 김좌진을 체포코자 중국 관헌은 목하 각 방면으로 노력 중
이라더라.[52]

위와 같이 1920년대 연해주 소성蘇城: 水淸(현 파르티잔스크) 지
방에 근거를 둔 독립군 한창걸이 김응천, 이범윤 등의 독립군 사령
관들과 연합해 결성한 한족공산당이 군 자금원으로 아편을 이용
했던 사례나, 1924년 1월 5일 벌어진 의열단원 김지섭의 도쿄 니
주바시 폭탄사건, 1925년 김좌진 부대 수하의 조영찬 등 조직원
들이 군자금 모집에 아편을 이용하고자 했던 사례, 1936년 단체
명 미상의 독립군 참사參士와 관련한 아편 사건[53] 등에서 볼 수 있
듯이 독립운동 자금 마련을 위한 아편 매매는 공공연한 사실이었
다. 치열하게 항일운동을 전개하던 조선인들에게 아편 밀매는 일
제의 이중적 식민정책에 대한 국제사회의 부정적인 여론을 조성할
뿐 아니라 부족한 항일운동의 자금을 확보한다는 점에서 매우 매
력적인 수단이었다.

한편 재만 조선인들에게 아편 생산 및 매매는 생계 수단이기
도 했다. 일제는 만주 지역에서 식민지 재원을 확보하기 위해 아편
전매정책을 실시하면서 이 지역에 거주하고 있던 조선인들을 이용

하고자 했고, 일부 조선인들은 1920~1930년대 북만주 지역에서 일본의 영사재판권에 의존해 아편 생산과 밀거래에 종사하기도 했다.[54]

일제는 항일운동에 소요될 소지가 있는 아편 매매에 대해서는 강력히 경계했지만, 그들의 행정력 안에서 매매되는 아편에 대해서는 묵인하는 이중적인 모습을 보였다.[55] 더욱이 재만 조선인들의 아편 생산 및 밀매 문제는 일본에 집중되었던 중국과 국제사회의 비난을 분산시킬 수 있는 것이었다. 만주에서 조선인들은 일본의 치외법권 혜택을 받았기 때문에 일본인과 동등하게 인식되었다. 만주에서 아편의 생산 및 매매에 종사하는 조선인들은 일제에 비호를 받는 자들로 인식되어 중국 내에서 적지 않은 반감을 사기도 했다. 1932년 만주국 수립 직후 아편 생산 및 매매에 종사하는 재만 조선인은 2만여 명이 넘는 것으로 파악되었는데, 이는 일제의 묵인과 비호가 없었다면 불가능한 수치였다. 따라서 조선인들의 아편 매매 활동은 일제의 식민지민을 이용한 고도의 침략정책의 하나였다고 할 수 있다.[56] 한편 해방 직후에는 대규모 해외동포 귀환의 열기와 함께 이 지역의 아편 매매 종사자와 그 사용자들이 돌아오면서 이후 국내 마약문제가 심화되는 데에도 적지 않은 영향을 주었을 것으로 짐작된다.

2부

해방과 정부수립, 마약문제의 현실

4장
해방과 함께 찾아온 보건 위기

해방 직후의 행정 공백과 아편 밀매

해방 직후, 일제가 패망해 본국으로 돌아가면서 한국은 첨예한 정치 문제와 여러 사회불안 요소들을 안게 되었다. 그중 일제강점기 정책적 아편 공급지이자 소비지로서의 역할이 강제되면서 누적된 마약문제는 혼란한 사회 분위기 속에서 심각한 사회문제로 부각되었다.

아편을 관리하던 일본인 관료들은 패전 후 남겨진 아편을 빼돌려 부정한 방법으로 매매해 이득을 챙기려 하면서 문제를 일으켰다. 1945년 9월 25일, 전 조선총독부 재무국장이 전매사업과에서 관리하던 다량의 아편을 밀매하고 관련 서류들을 소각하다 적발되었고,[1] 10월 5일에는 경기도 경제과 차석이 경제과 창고에 보관 중이던 아편을 빼돌린 사건이 드러나기도 했다.[2] 또 10월 8일

일본인 판·검사와 일본헌병대 관리들이 연루된 아편 밀매 사건이 드러나기도 했다. 또 전 일본검사국 검사를 비롯해 일본헌병대 소속 군인, 하야시구미林組라는 일본 야쿠자 조직의 청부업자 등이 결탁해 조직한 대규모 아편 밀매단이 청량리 전매국 창고에서 아편을 대거 빼돌려 일반에 유통한 사건이 발생했다. 이들이 빼돌린 아편의 양은 4836kg으로, 당시 한국인 전체를 중독자로 만들 수 있는 막대한 양이었다.[3] 한편 1945년 10월 20일에는 전직 일본인 경찰 간부가 구속되는 사건도 벌어졌다. 일제강점기 평안북도 경찰부장 출신이었던 이 일본인은 해방 이후 미군정 보좌관 서기로 근무하면서 전매국 창고의 아편 50상자를 이용해 거액의 현금을 가로챈 혐의로 체포되었다.[4]

이러한 사례들은 해방 직후 일본의 퇴각으로 생긴 권력 공백 속에서 빚어진 혼란한 사회상을 보여준다. 미군 진주 후에도 일정 기간 동안 일본인을 중심으로 한 행정·치안 체제가 지속되었기 때문에 일본인 경찰과 군, 행정관료 등이 결탁한 부정 마약 사건들이 자주 벌어졌다.

조선인 판매업자들도 이렇게 빼돌려진 아편을 싼값에 구입해 시중에 되팔아 큰 이득을 취했다. 미군정은 아편 판매자에게 은밀히 접근해 관련자들에 대한 정보를 수집하고, 은신처를 급습하는 등의 방법으로 상당량의 아편을 압수했다.[5] 당시 보건후생부에 따르면, 해방 직후 일제가 남기고 간 마약은 약 1만 1400kg에 이르는 생아편과 약 9980kg의 모르핀 등 막대한 양에, 당시 시가로 약 20여억 원에 달하는 것으로 추정되었다. 하지만 보건후생부는 이 중 절반가량만 회수했다고 발표했다.[6] 회수하지 못한 상당량의 아편은 일반인에게 유통되었고, 그 피해는 점차 누적되어갔다.

점차 드러나는 마약중독 문제의 현실

1947년 보건후생부는 남한 내 마약중독자 수를 약 1만 4000여 명으로 파악하고 있었다. 그리고 이 중 약 1만여 명이 서울 시내 거주자이며, 매일 3~4명의 사망자가 나오고 있다고 발표했다.[7] 하지만 당시 언론은 보건 당국의 통계를 상당히 축소된 것으로 보고, 드러나지 않은 수까지 포함하면 중독자가 5만여 명에 이를 것으로 추산했다.[8] 통계상 서울 시내에 중독자가 집중된 것으로 나타난 데에는 마약의 매매가 비교적 손쉬운 지역이라는 점이 반영된 측면도 있지만, 지방으로 갈수록 중앙의 보건행정이 강력하게 작동되지 않았던 당시 상황 속에서 농어촌 지역의 집계가 철저히 이루어지지 못했던 사정도 고려되어야 한다.

도시에서 아편이 주로 매매를 통해 유통되었다면, 지방의 산간 및 농어촌 지역에서는 주로 자생적으로 재배·생산되는 경우가 많았다. 예컨대 강원도 양양군의 한 마을에서는 해방 후 약품 공급이 원활하지 않은 탓에 야생에서 채취한 아편을 대용으로 사용해왔고, 근방의 지역민들은 이 마을을 '아편마을'이라고 불렀다. 이 마을에서는 주민들뿐 아니라 마을 면장과 면사무소의 공무원들까지 공공연히 아편을 사용했다.[9] 또 어업 종사자가 많은 인천 옹진군의 한 마을에서는 겨울 출어 시 억센 날씨에 대비해 방한을 목적으로 아편을 채취해 사용하기도 했다.[10]

이러한 모습은 1946년 열린 전국 한지의사限地醫師 대회의 결의에서도 확인된다. 전국의 한지의사 1200여 명은 서울대학 강당에서 열린 이 대회에서 당대 시급한 의료 부문의 개선을 미군정에 건의했는데, 한지의사 제도의 철폐, 결핵요양소 확충, 아편중독 문제의 해결이 가장 핵심적 사안으로 제기되었다.[11]

한지의사는 일정한 지역 안에서만 개업하도록 허가된 의사로 무의무약촌無醫無藥村 문제를 해결하기 위해 특정 지역에 한정해 파견된 의사들이었다. 이들이 원하는 것은 일차적으로 자신들도 특정 지역에 한정되지 않은 채 상업적인 의료 활동을 하는 것이었다. 그리고 한편으로 이들은 의료 부문이 취약한 무의촌 지역에서 일하던 사람들이었기 때문에 약품 보급이 취약한 지역민들의 현실과 아편으로 인한 피해를 잘 이해하고 있었다. 따라서 한지의사 제도의 철폐를 요구하기 위해서라도 무의촌에서 벌어지는 아편 사용 문제는 무엇보다 선결해야 할 과제였다.

한편 징병·징용·이민 등으로 해외로 나갔던 인구가 귀국하기 시작하면서 '귀환 동포'들의 생활 문제도 당시 시급한 과제로 떠올

랐다. 전재동포원호회 중앙본부 조사에 따르면, 1946년 남한 각
도에 분산되어 있는 전재민은 총 266만 3478명이었고,[12] 이들은
대부분 식생활과 의류, 주거 등에서 즉각적 도움이 필요한 요구호
要救護 대상자였다. 하지만 해방 직후의 열악한 경제 사정과 정치적
혼란 속에서 이들을 수용할 수 있는 사회적 여건은 매우 부족한
상황이었다.

귀한 동포들의 복귀는 국내의 마약중독 문제를 더욱 심화시
켰다. 아편이 만연했던 만주와 화북 지방 등에서 귀환하는 동포
중에는 아편중독자도 상당수 포함되어 있을 수밖에 없었고, 당시
이 문제는 국내 보건위생에 위협이 될 만한 사안이자, 사회불안과
갈등을 더욱 심화시키는 상당한 골칫거리로 지목되었다. 실제로
1948년 정부수립 후 제헌의회 시정방침 보고에서 사회부 장관은
"해방 후 각지에서 돌아오는 귀환 동포와 매일같이 월남하는 이북
동포들로 인한 아편중독자의 급속도 증가는 한국 사회의 일대 불
행"[13]이라는 사정을 토로하기도 했다.

정부수립 후에도 격증하는 마약중독자

마약에 대한 관리와 감시를 관할하던 보건후생부의 업무는
정부수립과 함께 사회부 소속의 보건국으로 이관되었고, 보건국
은 1949년 보건부로 독립했다. 하지만 마약에 대한 독립적인 법

률은 여전히 없었다. 정부의 마약 대책은 지방 행정이나 중앙부처의 행정시책에 기대어 일시 단속이나 점검 위주로 이루어졌다. 그 사이 마약중독자의 수는 계속 격증해갔다. 서울의 경우, 해방 직후 1만여 명으로 파악되던 마약중독자 수가 1949년에 들어 최소 5만에서 10만여 명으로 급격히 늘어난 것으로 파악되었다. 당시 서울 인구의 3.5~7.1%에 달하는 수치였다.[14] 같은 해 경기도의 마약중독자 수도 약 4만 5000여 명, 전라남도와 경상남도도 각각 5000여 명으로 추산되었다.[15] 해방 직후 당국이 발표한 마약중독자 수를 훨씬 상회하는 결과였다.

이 시기 마약은 수많은 곳에서 유통되었다. 1920년대부터 서울 서소문 부근의 화교들이 중심이 되어 형성한 중국인 거리에서는 정부수립 후에도 여전히 아편굴이 성업하고 있었다. 1948년 서울시 약무과는 서소문동에만 아편굴 57개소가 영업 중인 것으로 파악했고, 충무로와 을지로 등 그 외 흩어져 있는 영업소는 파악조차 불가능한 상황이라고 밝혔다.[16]

이곳에서 소비되는 아편은 중국에서 들여오는 아편계 마약의 주요 밀수처인 인천에서 주로 거래되었다. 이 시기 인천에서 일어난 마약 사건 대부분이 인천항에서 적발된 중국산 아편 밀수 관련 사건이며, 1948~1949년 한 해 동안 인천 세관에 적발된 밀수범 중 중국인이 40%에 달할 정도였다. 이들은 귀환 동포로 위장해 인천뿐 아니라 춘천 등 3·8선 접경지역을 통해 남한으로 입국

하기도 했다.[17]

중국뿐 아니라 북한에서도 상당량의 마약이 밀반입되고 있었다. 1949년 3월 국방부가 북한과의 경제 단절을 선언하기 전까지 이루어진 남북교역 과정에서 북한산 비료나 시멘트 등 교역 품목으로 위장한 상당량의 생아편, 헤로인, 모르핀 등 아편계 마약이 남한에 밀반입되었다. 북한에서 밀반입된 마약의 적발 건수만 보더라도 1948년 1월부터 10월까지 경기도 440여 건, 인천 지역 500여 건에 달했다. 이렇게 반입된 마약은 서울을 거쳐 전국으로 유통되었다.[18]

한국전쟁 직전인 1949년에는 전국의 마약중독자 수가 적게는 12만에서 많게는 18만여 명까지 추산되었다.[19] 정부수립 이전인 1947년 보건후생부가 발표한 중독자 1만 4000여 명, 같은 시기 언론이 추산한 5만여 명에 비해 큰 폭의 증가였다. 추산 방식의 여러 변수를 고려하더라도 당시 증가 폭은 해방 후 마약문제의 심화와 어려운 통제 환경을 반영하는 것이었다. 실제로 당시 대부분 지역에서는 예산 부족 문제로 중독환자에 대한 치료기관 설치는 엄두도 못 내는 상황이었고, 인력 부족 등의 문제가 더해지면서 격증하는 중독자를 감시하는 것조차 어려운 실정이었다.

이 같은 상황 속에서 한국전쟁은 마약 사용의 범위를 더욱 확대시켰다. 전쟁 기간 중 부상자를 치료하는 과정에서 진통제로 남용되어 중독자를 낳거나, 외국 군인들의 중독 문제가 고스란히 한국 사회의 피해로 전이되기도 했다. 예컨대 한국에 주둔한 미군 병사들이 벌이는 자동차 뺑소니 사고나 한국인들에 대한 이유 없는 폭행 및 살해 사건 등 일반적으로 이해하기 어려운 수많은 범죄가 한 달에 수차례씩 일어났다. 그중 상당수는 마약을 사용하거나 구하기 위해 벌어진 것이었으며, 헌병이 드문 전선 지역에서는 더욱 심했다. 한국인들 사이에서는 "미군 병사 10명 중 7명은 마약중독자"[20]라는 소문이 돌 정도였다.

또한 전쟁을 전후해 병사들을 상대하는 한국 여성들의 마약 중독도 사회문제로 제기되었다. 임시수도였던 부산에서는 주로 윤락 및 유흥가를 중심으로 마약 유통 구조가 형성되어 접객이나 서비스업에 종사하던 여성들이 중독 위험에 노출되었다. 이러한 상황은 당시 부산에서 적발된 마약중독자 대부분이 무직자나 유흥 및 윤락업 종사자,[21] 댄서, 악사 등 서비스업 종사자로 전체의 약 85%에 달했고, 중독자 중 여성의 비율이 60%로 남성의 수를 압도했던 결과를 통해서도 확인된다.[22]

하지만 당시 여성 중독자들은 적절한 치료를 받기보다는 '잡범'으로 취급되었다. 이들에 대한 단속은 '일제 취체'라고 하는 날짜를 정해 일괄적으로 행해지는 형식적인 수준에 불과했다. 또한 체포된 이들도 별다른 치료나 처벌 없이 훈방되었다. 중독과 취급량의 정도가 심각한 경우에도 최고 29일로 정해진 일정 기간의 구류 후 돌려보내지는 데 그쳐[23] 근본적으로 재중독을 막을 수 없었다.

1950년대 마약에 중독된 사람들은 대부분 아편 및 모르핀, 그리고 헤로인 등 아편계 마약을 사용했다.[24] 그리고 전쟁을 거치면서 가족을 잃거나 심리적 불안을 경험한 사람들도 아편계 마약에 빠져들었다. 전쟁이 끝난 후 1955년 3월부터 1956년 7월까지

〈표 3〉 1950년 말 적발 마약중독자 직업별 분포(임시수도 부산)

직업	단속자 수 (명)
무직자	106
사창포주	7
여급	7
기생	1
댄서	2
쿡	1
배우	1
가수	1
악사	1
음식점원	2
이발사	1
세탁업	1
통역사	1
기타	18
합계	150 (남 60 / 여 90)

출전: 《민주일보》, 1950년 12월 4일.

서울시가 발표한 마약중독자 약 2450여 명의 중독 원인과 교육 수준을 분석해보면, 대학 졸업자 76명, 대학 중퇴자 12명, 중학교 졸업자 524명, 소학교 또는 국민학교 졸업자 1132명으로, 중졸 이상의 학력을 가진 사람이 전체의 25%, 국졸 이상이 71%의 결과를 보였다.[25] 이들의 교육 수준은 당대 약 78%의 문맹률과 1955년 기준 전체 인구 중 5.3%에 머물던 중학교 졸업자 수[26]를 고려하면 매우 높은 것이었다. 이들 대부분은 한국전쟁기 마약을 시작한 것으로 파악되었다.

이처럼 한국전쟁은 국내 마약 사용자의 범위가 확대되는데 직간접적으로 원인을 제공했다. 전쟁은 끝났어도 이미 만연한 마약이 초래한 사회적 후유증은 고스란히 남았다. 그러한 모습은 전쟁 중 입대했던 병사들이 전쟁이 끝난 후 고향으로 돌아와 목격한 가족들의 중독 사례나, 마약을 단속하는 취체 담당관의 가족들이 연루된 중독 사례, 현직 경찰관들이 마약 판매자와 중독자들에게 접근해 벌인 공갈 및 금품 갈취 사건 등을 통해 확인된다. 그 결과 전쟁 후 시내 곳곳에는 마약중독으로 인한 변사자들이 빈번히 출현하곤 했다.[27]

한편 전쟁 기간 동안 마약은 북한의 대남공작 도구로도 활용되었다. 북한의 공작원들은 당국에서 생아편과 분말 및 액체 주사약인 모르핀을 지급받고, 이를 남한 사회 내에 유통·매매해 공작금으로 사용했다.[28] 북한으로서 이러한 전략은 공작금 마련의 측

면이나 상대 진영의 사회를 교란할 수 있다는 측면 모두를 만족시킬 수 있는 전략이었다.[29]

북한 공산괴뢰 및 중공 오랑캐들은 그들의 소위 공작대들로 하여금 마약류를 남한 각지에 휴대 유입시킴으로서 마약류를 판 돈을 그들의 공작비에 충당케 하는 한편 이와 같이 마약을 퍼뜨림으로서 유엔군 장병을 중독케 하여 전력을 소모시키려는 악랄한 전법으로 나오고 있는데, 시 당국에서 조사한 바에 의하면 서울지구를 비롯한 전선 일대에 투인되는 마약은 그중 약 60%가 북한 괴뢰지역에서 비밀운반 되는 것이고, 20%가 향항(香港) 등지로부터의 밀무역에 의한 것이고, 나머지가 국내 밀생산품에 의한 것이라고 한다. 그런데 전선 지구인 서울에서 이 마약류가 가장 빈번히 암매매되고 있으나 시 당국으로서는 마약 취체에 당하는 직원 부족과 마약 암매자 적발에 절대 필요한 기밀비 부족으로 이같은 마약밀매단을 적발할 도리가 없다고 비명을 올리고 있다.[30]

북한 괴뢰집단에서는 대한민국에 밀파하는 간첩과 각종 공작원들에게 공작금으로 아편을 지참시키는 아편 공세를 감행하고 있다. 육군 특무부대에서 11월 발표한 바에 의하면 요즘 이 아편 공세는 더욱 본격화해가고 있는데 특무대 발표내용은 다음과 같다. "육군 특무대에서 체포한 대남 간첩들은 그 대부분이 공작자금으로 생아편, 정제분말 모루히네, 액체 모루히네 주사약 등을 지참하고 남하하다가 압수되었으며 그들의 진술에 의하면 괴뢰 각 첩보 기관에는 현재 중앙으로부터 남파 자금으로 지급받은 각종 아편이 산적(山積)되어 있다. 또한 적지(敵地)인 경기도 개풍군에 소재한 괴뢰 정찰국계인 서선(西鮮)상사에서 간첩으로 밀파한 이창선은 정제 모루히네 다량을 지급받고 이를 공작자금에 충당하라는 지시에 의하여 (…)"[31]

남한에서는 이처럼 북의 마약 공작을 대대적으로 드러내고 강하게 비판함으로써 남한 사회에 북한 체제를 악마적으로 홍보하고자 했다. 전쟁 막바지이던 1953년 한 언론은 이 같은 상황을 두고 "신판新版 아편전쟁"[32]이라고 묘사하기도 했다. 마약을 둘러싼 양 진영의 전략적 갈등과 심리전은 전쟁 이후에도 계속되었다.

5장
'비국민'이 된 마약중독자

정부 마약 대책의 한계

해방 후 혼란한 시대 상황 속에서 마약중독의 위험은 대중에게 더욱 확대되었고, 수많은 중독자가 양산되었다. 마약중독자의 증가를 막기 위해서는 단속도 필요하지만 근본적으로 재중독의 비율을 줄이는 노력이 중요하다. 이를 위해 중독자에 대한 구제 및 구호 정책이 선행되어야 했다.

미군정기 3년 동안 한국의 정치·사회상은 극도로 혼란스러웠고, 좌우로 나뉜 정치 단체들은 서로 심각한 갈등을 빚고 있었다. 이러한 사회적 허약성은 당면한 사회문제들에 대한 체계적인 정책 입안과 대안 모색을 현실적으로 불가능하게 만들었다. 남한에서 미군정의 역할은 무엇보다 체제의 안정과 질서 유지에 맞추어져 있었다. 그 때문에 미군정기 정부 재정의 대부분은 미군정의 통치력 확보를 위한 중앙집권적 관료 기구의 확대·유지를 위한 비용으로 사용되었다. 당대 체계적인 사회정책의 입법은 주요 관심 대상이 아니었던 탓에 미군정은 주로 임시방편적인 복지정책을 실시했다.[1] 미군정은 사회보장의 확대보다는 행정권과 경찰권의 확대를 통한 사회통제 방식에 집중하면서, 마약중독자의 치료나 재활과 같은 구체적인 사회정책은 독립적으로 육성하지 않았다.

정부수립 후에도 한국의 마약 정책은 공격적인 투자가 필요한 예방과 재활, 사회적응 체계 육성 등의 구제·구호보다는 비교적 적은 투자로 단기적이고 가시적인 효과가 기대되는 단속 정책에 머물렀다. 하지만 예산 부족과 당장 기본적인 보건 문제의 해결이 시급했던 환경에서는 이마저도 효과적으로 이루어지지 않았다.[2]

해방 후 한국에서 마약의 사용을 통제하는 법적 근거는 1946년 11월 11일 미군정이 발포한 법령 제119호 「마약의 취체」였다.[3] 이 법은 같은 해 신설된 보건후생부에 의해 1947년 6월 보건후생부령 제3호 「마약규칙」으로 계승되었고, 1953년 법률 제293호 「형법」 제17장에 '아편에 관한 죄'가 포함되기 이전까지 마약에 대한 유일한 법적 구속의 근거로 활용되었다.[4] 미군정의 법령 제119호 제정 이후 마약과 관계된 모든 업무는 보건후생부 약무국으로 이관되었다. 당시 민정장관이던 안재홍은 1947년 12월 10일 기자회견에서 보건후생부가 중심이 되어 전개한 1년여간의 마약 감시 및 관리 실적을 다음과 같이 발표했다.

(문) 마약 환자와 판매자가 나날이 증가해가고 있다는데 방지 대책이 없는가?

(답) 과거 일제시대의 마약 정책은 표면으로는 취체를 강화하면서 사실 내면으로는 재배와 동시에 마약을 시장에 방출하여 흡음자를 조장했다. 해방 후 한때 위험 상태에 있었으나 작년 11월에 마약취체령을 발표하고 보건후생부에서 담당하고 철저히 취체하여 점차 효과를 보는 중이나 경비와 인원 부족으로 활발하지는 못하다. 가능한 대로 철저히 단속하여 위반자는 최고 처형을 고려 중이다. 그리고 우선 중독자를 단속키 위해서 중앙에 마약환자치료소 1개소를 준비 중이며 특히 중국인 취체에 대하여는 양국 친선을 고려하여 재주 중국영사관과 연락해서 악질분자는 본국에 돌려보내어 처단키로 상호 양해가 되어 벌써 12명이 돌아갔다. 또 금년 1월부터 11월까지에 적발한 몰수품만도 220건으로 중요한 품명과 수량은 다음과 같다. 생아편 71kg 570.5g, 모르핀 258.2g, 헤로인 413.4g, 코카인 1kg 888.9g, 코데인 218g, 연고(煙膏) 238g, 주사약 2만 7100본.[5]

당시 정부도 해방 직후 한국 내 마약문제의 원인이 일제강점기 일제가 국내에서 실시한 이중적인 마약 정책에 있다고 평가하고 있었다. 그리고 1947년 1월부터 11월까지 법령 제119호 발포 후 약 10개월 동안 보건 당국이 압수한 마약의 양을 생아편 71.571kg, 모르핀 258.2g, 헤로인 413.4g, 코카인 1.889kg, 코데인 218g 등으로 집계해 발표했다. 이 같은 결과는 앞서 살펴본 대로 해방 직후 일제가 남기고 간 마약의 양에 비하면 턱없이 적은 것이었다.

법령 제119호 발포 이후 마약을 통제해나가는 과정에서 가장 큰 장애로 지목되었던 문제는 역시 단속 인원과 예산 부족이었다. 정부수립 직전 전국에 배치된 마약취체관은 각 도에 3~4명에 불과했기 때문에, 보건후생부는 1947년 10월 「마약취체관 증원계획」을 입안해 40명의 마약취체관을 추가로 임명하는 조치를 취했다.[6] 하지만 그것 역시 도 단위에 4~5명 정도를 추가로 배치하는 수준이었기 때문에 격증하는 마약중독자 현황에 비추어 본다면 효과를 기대하기 어려웠다. 대상자들을 격리 수용해 치료할 수 있는 시설도 절실히 요구되었다. 정부는 당면 위생 행정 시책으로 용산시립병원과 순화병원에 임시 진료소를 설치하고 중독자 수용을 실시했지만, 수용 정원은 1950년까지 230여 명에 그쳤다.[7] 이 같은 상황에도 마약 통제의 업무를 수행하던 보건후생부 내 조직은 사회부 소속의 보건국으로 도리어 축소되어, 1949년 3월 보건부로 독립할 때까지 인력과 예산 부족이 계속될 수밖에 없었다. 그 결과 중앙부처의 지원을 받던 각 지자체 마약계는 충남, 충북, 전

남, 강원, 제주 등 전국 대부분의 지역에서 해산되었다.[8]

중앙행정을 통한 해결이 어려운 가운데 지역 단위의 노력이 각기 전개되었다. 각 시·도·군을 중심으로 한 지방행정 단위에서는 당국에 등록된 중독자와 마약 사범 명부를 비치해 자체 단속을 실시하기도 했고, 읍·면·리 단위에서는 주민과 지역 유지들에게 기부금을 받아 중독자 수용소를 설치하고 자체적으로 운영하기도 했다.[9] 하지만 이 같은 지자체의 노력에도 중독자 수는 꾸준히 증가해갔다.

마약을 통제하기 위한 예산과 인력 투입이 매우 제한적일 수밖에 없다면, 이제 정부는 최소한의 비용으로 최대한의 가시적 효과를 끌어낼 수 있는 다른 방법을 찾아야 했다. 그것은 마약에 대한 사회적 인식을 현재의 정치적·시대적 과제와 연결하는 것이었다. 정부는 마약을 단순한 개인위생과 공중보건의 문제가 아닌 '국민'의 의무와 역할, 그리고 '국가안보'라는 국가·사회적 차원의 문제로 설정하고자 했다. 그러면 마약은 한국 사회에서 새 정부의 수립·안착과 반공이라는 당대의 시대적 과제에 반하는 부정적인 이미지로 자연스럽게 인식되면서 더욱 쉽게 금기시될 수 있었다.

친일만큼 반역적인 죄

정부는 마약 근절을 '국민'의 의무와 역할로 설정하고, 이를

'국가안보'라는 국가·사회적 차원의 문제이자 시대적 과제로 삼기 시작했다. 이 같은 정부의 인식은 1947년 9월 공포된 법률 제5호 「입법의원 의원선거법」에서 잘 드러난다. 정부는 이 법을 통해 마약중독 환자에 대한 선거권 및 피선거권을 제한했다. 주목할 점은 이들과 함께 언급되는 대상들이 당시 사회에서 '제일의 공적'으로 지목되던 '민족반역자'와 '부일협의자' 등 친일 혐의자들이었다는 것이다.

제2조

좌의 1에 해당한 자는 선거권 및 피선거권이 없음.

1. 금치산자, 준금치산자, 심신상실자 및 마약 환자.

2. 자유형의 선고를 받고 그 집행 중에 있거나 또는 집행을 받지 않기로 확정되지 아니한 자.

3. 1년 이상의 자유형의 선고를 받았던 자로서 그 집행을 종료하거나 집행을 받지 않기로 확정된 후 3년을 경과하지 못한 자. 단, 정치범은 제외함.

4. 법률에 의하여 선거권이 박탈 또는 정지된 자 및 민족반역자, 부일협력자 또는 간상배로 규정된 자.

좌의 1에 해당한 자는 피선거권이 없음.

1. 일제시대에 중추원부의장 고문 또는 참의가 되었던 자.

2. 일제시대에 부 또는 도의 자문 혹은 결의기관의 의원이 되었

던 자.

3. 일제시대에 고등관으로서 3등급 이상의 지위에 있던 자 또는 훈7등 이상을 받은 자. 단 기술관 및 교육자는 제외함.

4. 일제시대에 판임관 이상의 경찰관 및 헌병, 헌병보 또는 고등경찰의 직에 있던 자 및 그 밀정행위를 한 자.

1947년 9월 3일, 법률 제5호 「입법의원 의원선거법」

군정장관 대리, 미 육군 대장 찰스 헬믹(Charles G. Helmick)[10]

선거권의 제한은 곧 '국민'으로 누릴 수 있는 가장 기본적인 권리를 박탈한다는 의미이며 사회에서 공식적으로 '국민 외外'의 대상이 되었음을 뜻하는 것이기도 했다. 이들과 함께 선거권을 제한받고 있던 민족반역자나 부일협의자 등이 받고 있던 혐오적 시선과 사회적 인식을 고려하면 이는 매우 가혹한 것이었다. 마약 관련자들은 서서히 '국민 밖'으로 밀려나기 시작했다.

또 정부수립 직후인 1948년 9월, 국회는 「일반사면법」의 '사면 제외의 죄'에 '마약취체법 위반죄'를 포함시켰다. 이 법의 취지는 향후 사면 가능 대상의 죄목에서 "건국에 막대한 해를 끼친 자들을 제외시키는 것"[11]이었다. 대표적으로 마약과 관련한 범죄가 국회 법제사법위원회 심사 후 국회 본회의를 통해 사면 가능 대상에서 제외되었다. 「사면법」 통과 논의 과정에서 드러난 입법부의 마약 사범에 대한 태도는 단호했다. 다음은 당시 법제사법위원장 백관수 의원의 '사면 제외의 죄' 선정에 대한 국회 본회의 보고이다.

우리 건국상 그런 자들은 용납할 수가 없어요. (…) 즉 제3호에 대한 범죄자를 사면할 필요가 없다, 그러한 규정입니다. 그다음은 207조 재조선 미국육군 보건후생부령 제3호 위반죄인데 이것은 마약 취체에 대한 죄입니다. 해방이 되었다고 해서 만약 모리한 놈을 사면할 수가 없다, 그러한 규정입니다. (…) 지금 말한 몇 가지를 법제사법위원회에서는 제외하자, 즉 사면을 하지 말자고 그렇게 수정하는 것입니다.[12]

국회는 마약에 관계된 자들을 "모리한" 집단으로 인식했다. 그리고 그와 관련한 범죄 역시 당대 '가장 악질적인 범죄'로 규정하고 있었다. 정부수립 후 입법을 통해 이러한 인식이 공식화되는 과정에서 언론 역시 마약과 관련된 사람들을 '국가 건설을 방해'하고, '정신을 도둑질'하며, '민족을 얼빠지게' 하고, '민족을 좀먹는' 존재로 그렸다.[13] 그러면서 마약은 서서히 당대 한국 사회를 결집시키는 데 가장 중요한 키워드였던 '민족'과 '국가'에 대치되는 존재들로 형상화되어갔다.

국가와 민족의 적, 마약

'마약'을 '민족'과 대비해 이해하던 당시의 인식은 해방기 문학 작품에서도 확인된다.[14] 여성 소설가 김말봉이 1947년부터 《부인 신보》에 연재한 장편소설 『카인의 시장』에서 마약은 "민족의 선혈을 말리는 흡혈귀"의 모습으로 표현되었다.

> 사탄의 빨-간 혀 바닥이 날넘거리는 대로 손성묵의 머리 속에는 늙은 파우스트처럼 간교한 지혜가 쉬지 않고 돌아갔다. (…) 청년 남녀의 건강을 빼앗고 희망을 빼앗고 그리하여 마침내 생명을 빼앗어 버리는 이 마약은 벌써 도매인의 손을 거쳐 소매인의 주머니를 더듬어 서울 장안을 중심으로 시골로 촌으로 퍼져나간다. 피를 마시는 마귀 떼처럼 보이지 않게 소리도 없이 이 독약은 방방곡곡으로 민족의 선혈을 말리우려 오늘도 어제도 그리고 내일도 쉬지 않고 나간다. (…) 이리하여 손은 마약을 사용하고 모든 사람과 함께 자기 자신도 지옥으로 지옥으로 한 걸음씩 내려가고 있는 것이다.[15]

또 해방 전후를 배경으로 한 손창섭의 단편소설 「신의 희작」에서는 주인공 S를 학대하고 정서적 파괴를 자행한 어머니와 간부姦夫를 '아편장수'로 그려 이들을 주인공의 분노와 복수의 대상으로 표현하기도 했다.[16]

한편 남과 북의 첨예한 대결 구도와 전쟁의 위험 속에서 마약은 '전력戰力의 소진'[17]으로 연결되며 국가안보를 크게 위협하는 것으로 간주되었다. 그러면서 마약과 관련된 사람들에 대한 사회적 인식은 '민족의 치욕', 국가 전복을 꾀하는 '적의 마수에 포섭된', '통일독립의 적' 등의 이미지로 더욱 고착되었다.[18] 하지만 이 범주 안에서는 상습적 마약중독 및 밀매범과 잘못된 처방이나 오용으로 발생한 마약 환자가 구분되지 않은 채 모두가 '마약범' 또는 '마약 행위자'라는 이름으로 포괄되었다. 이러한 사회 인식이 고착되면서 시간이 지날수록 마약중독자들의 적절한 치료와 사회 복귀는 더욱 어려운 일이 되었다.

한국전쟁 이후, 전후 복구 사업이나 여러 사회기반시설의 재건 등 선결해야 할 시급한 과제들을 떠안게 되면서 정부는 마약문제에 큰 비용을 들여 사회보장제도를 마련하거나 인력 및 시설을 확대할 수가 없었다. 그 대신 마약 사용의 자제를 사회윤리의 측면에서 양심의 의무로서 강조했고, 사용자들의 이미지를 '인간성을 상실한 야수' 혹은 '사회악' 등으로 각인해나갔다. 그에 따라 마약 사용은 사회구성원이자 주권자로서의 의무와 윤리, 양심을 저버리는 행위로 간주되었고, 마약중독자들은 정부와 언론에 의해 '나라를 팔고', '민족을 좀먹는' 공동체의 적으로 표현되면서 서서히 '비국민'이 되어갔다.[19]

이제 노골적으로 나타나는 몇 가지 사회악의 요소를 이야기해 보기로 하자. (…) 우리 사회의 아편 중독자가 날마다 증가되고 있다는 것은 우리 사회의 불건전성을 단적으로 말하는 것이니 아편중독은 시간적 경제적 낭비를 강요하고 가정을 파탄에 이르게 하는 참으로 무서운 사회악이라 하겠다. (…) 이렇게 해서 인간성은 상실되어 가며 야수와 같은 존재로 변모해감을 볼 수 있다. 파괴된 시설은 물질의 힘으로 완전히 회복시킬 수가 있지만, 폐허가 된 인간의 양심 바탕을 새롭게 형성한다는 것은 근본적인 동시에 가장 어려운 것이다.[20]

정부는 제도적 장치들과 언론을 동원해 마약 관련자들을 '국민' 밖으로 밀어내며 사회적 인식을 조성하고자 했다. 그 의도는 누구라도 마약과 관련되는 경우 '국민'으로서 국가의 보호를 받을 수 없다는 인식을 사람들에게 각인시키는 것이었다.[21] 정부가 설정한 범주에 따르면, '국민'은 마약의 생산과 사용에 대한 권리를 국가에 넘기는 대신 국가가 제공하는 다양한 근대적 보건 제도를 통해 국가의 보호를 받을 권리를 갖는 존재로 한정된다. 하지만 마약중독자들은 '국민'의 의무로 규정된 마약에 대한 권리를 국가에 넘기지 않은 존재들이었고, 따라서 국가의 보호를 받을 권리를 가질 수 없었다. 이로써 마약에 대한 전통적인 민간의 자율성은 축소되는 한편, 사회 안전과 보건 행정에 대한 정부의 책임이 확대되었다.

그러나 정부수립 초기에 정부는 마약에 대한 개인의 의무와 역할을 강제한 만큼 확장된 국가의 책임을 다하지 못했다. 1950년 대 한국 사회는 '국민'의 권리이자 국가의 책임으로 보장되어야 할 기본 시설 및 제도가 미비한 한계를 뚜렷이 노출하고 있었다. 일례로 형무소에서는 중독자와 일반 수감자가 함께 섞여 수용되고 있었고, 마약으로 면역력이 극히 저하돼 있던 수감자가 사망하는 일도 빈번히 발생했다.

> 본건에 관하여 별지 서울형무소장 보고에 의하면 최근 서울지방 검찰청으로부터 아편 흡식 중독 피의자 등 235명을 송치 수용하고 있는바 그중에는 마약중독으로 신체가 극도로 쇠약하여 구금 생활을 감내할 수 없는 중환자가 52명이 될 뿐만 아니라 형무소에는 이와 같은 환자를 수용할 만한 시설이 없는 관계로 부득이 일반 건강자와 같이 혼거 수용하고 있는바 동환자 중에는 사망자가 속출하고 있어 이로 인하여 행형처우상 좋지 못한 영양을 초래하고 있는 실정에 있사오니 (…)[22]

이와 함께 농어촌 및 산간 지역의 양귀비 밀경작도 지속되는 가운데, 이를 통제하기 위한 마약 관련 법안의 독립과 규제 법규의 세분화는 무엇보다 시급한 사안이었다. 이 같은 문제의식 속에서

「마약법」 제정을 통해 보다 분명한 법적 근거와 통제 기준을 마련하는 것이 1950년대 후반 중요한 사회적 과제로 부상했다.[23]

6장
「마약법」의 탄생

'승공'을 위하여

1950년대 한국 사회에서 마약에 대한 경계의식은 커져갔지만, 해방 이후 매우 짧은 시간 동안 분단과 정부수립, 한국전쟁에 이르기까지 급격한 사회적 변화와 혼란을 경험한 탓에 선결해야 할 국가적 과제들이 산적해 있는 상황이었다. 한국전쟁 직후인 1953년부터 전후 복구 사업이 추진되기 시작했고, 1954년 5월 「한국경제원조 계획에 관한 대한민국과 국제연합재건단과의 협약」[1]이 체결되어 유엔 한국재건단UNKRA을 중심으로 본격적인 활동이 전개되었다. 특히 구호물자의 조달과 함께 교통, 통신 시설 및 주택, 교육 시설 등과 같은 사회 기간산업 부문의 재건이 무엇보다 우선시되었다. 따라서 원조경제 체제하에서 전후 문제의 극복과 재건이라는 국가적 과제에 봉착해 있던 1950년대 한국 사회에서 마약

문제를 비롯한 보건·후생 분야의 현안들은 비교적 후순위의 사안일 수밖에 없었다.

한국전쟁 직전인 1949년부터 독립적으로 운영되던 보건부는 한국전쟁 직후인 1955년 2월 대통령령 제1004호로 사회부와 통합되어 보건사회부로 개편되었다. 1950년대 정부 총예산 대비 보건사회부 예산의 비중은 1955~1956년 5.91%, 1957년 4.38% 1958년 4.15%, 1959년 3.78%로 출범부터 지속적으로 감소했다.[2] 정부 총예산의 절대 액수는 매년 증가하고 있었지만, 보건사회부 예산은 계속 정체 수준에 머물러 있었고, 따라서 중독치료 시설 확충 및 예방 대책 마련 등 적극적 투자를 기대하기는 어려운 상황이었다.[3]

실제로 1950년대 시내 곳곳에는 마약중독으로 인한 변사자들이 빈번히 출현하고 있었고, 보건 당국은 1954년 10월부터 전쟁으로 폐소되었던 마약중독 치료소를 개소해 마약 환자들을 강제 수용하기 시작했지만, 그 수용 정원은 150여 명 정도로 턱없이 부족한 실정이었다.[4] 열악한 수용 환경으로 중독자들은 짧은 기간 수용되어 치료를 모두 마치지 못하고 출소해 일반 형무소에서 수감되는 경우가 많았고, 그곳에서 각종 사고를 일으켜 상당한 골칫거리로 지목되었다.[5] 1950년대 각종 사회문제에 마약은 중요한 원인을 제공하면서 연일 언론 사회면의 한 자리를 차지했고 근본적 대책 수립을 촉구하는 목소리가 커져갔다. 정부 조치의 변화가 요

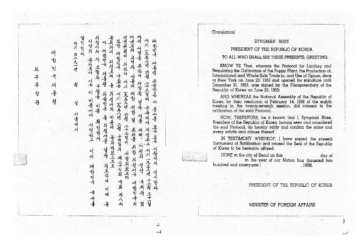

그림 5 유엔 아편회의 참가와 「아편의정서」 가입 의사를 밝히는 한국 정부의 비준확인서(「1953년
6월 23일, 뉴욕 채택 아편의정서 한국 측 비준서」, 외무부 조약국 조약과, 국가기록원 소장
(CA0003365), 1963).

구되던 시점이었다.

한편 한국전쟁을 거치며 마약은 공산 진영의 침략 수단으로
인식되기도 했다. 공산 진영에서 마약을 대남 공작자금 확보 및
체제 교란의 수단으로 이용하고 있다는 것은 이미 공공연한 사실
로 받아들여졌다. 이에 '승공'과 '반공'을 국시로 내건 이승만 정부
는 국제적 마약 통제 체제로의 편입을 통해 공산 진영으로부터 밀
려오는 마약 공세를 차단하고자 했다. 그리고 그 수단으로 1953년
5월 뉴욕에서 열린 유엔 마약위원회Commission in Narcotic Drugs 개최의
아편회의에 참가해, 아편의 국제무역과 도매 사용 등을 규제하는
「아편의정서Opium Protocol」에 가입하겠다는 의사를 밝혔다.[6] 이는 한

국이 가입한 최초의 마약 관련 국제 협정이었다. 한국이 유엔 아편 회의에 참가한 데에는 미국의 권유도 큰 요인으로 작용했다. 미국 정부는 중국을 비롯한 공산주의 국가들이 세계적인 마약 밀매의 본거지이며, 이에 대한 강력한 통제를 실시해야 한다고 주장했다.[7] 한국 정부로서는 외면할 수 없는 요청이었다.

이러한 요청이 국내의 「마약법」 제정에 결정적 원인을 제공했다. 마약 관련 국제협약에 가입하기 위해서는 관련 국내법 마련이 필수 요건이었던 것이다. 아래 내용은 「마약법」 입안의 취지가 국제협약 참여를 근거로 한 국내법 입안이었다는 점을 보여준다.

> 최종적으로는 1953년 6월 23일 뉴욕에서 앵속의 재배, 아편 생산·교역, 도산매 또는 사용에 대한 조절제한에 관한 의정서가 작성되어서 현재 국제연합의 가입국은 물론이고 비가입국에 이르기까지 모든 국가가 상술한 제 조약 협정서 등에 가입 비준을 기탁하고 제 제도를 각각 국내에 적용하고 있는 현상입니다. 이에 대하여 우리나라에서도 전기한 1953년의 의정서에 대하여는 1953년 단기 4286년 12월 31일 자로 그 가입서를 국제연합사무총장에게 기탁한 바 있고 기타 관계 (…) 협약에 대해서도 방금 외무부를 통하여 가입 절차를 취하고 있을 뿐만 아니라 (…)[8]

1957년 「마약법」의 탄생

1957년 4월 4일 「마약법(안)」이 국회를 통과했고, 같은 달 23일에 법률 제440호로 「마약법」이 제정되면서,[9] 비로소 마약에 관한 규제 법규의 독립이 실현되었다. 「마약법」은 마약을 정당한 의료 및 과학용으로 그 사용을 국한해 적정하게 취급하도록 하는 것을 목적으로 한다는 취지로, 전문 8장 71조와 부칙 7조로 구성되었다. 아래와 같이 「마약법(안)」의 입법 취지에서 정부는 마약이 갖는 의료 및 과학적 용도의 필수불가결한 성격을 인정하면서도 개인적 마약 취급에 대해서는 심각한 사회적 위험 요소로 간주했다. 또 점차 국제화되고 있는 마약문제에 대한 위기의식 속에서 국제적 준수 사항과 의무이행에 대한 법적 근거가 필요하다는 점을 강조하면서 이 문제에 대한 국가의 개입이 정당한 사항임을 밝혔다.

마약(麻藥)은 의료와 과학적 용도에 필요불가결(必要不可缺)한 것이나 이를 남용하면 마약의 중독증상을 야기하여 그 해독(害毒)으로 말미암아 심신이 퇴폐하고 마는고로 용이(容易)히 기중독증상(其中毒症狀)에서 이탈치 못하고 상습적으로 마약의 중독에 탐닉하게 되므로 종말에는 폐인으로 화(化)하는 결과가 됨에 감(鑑)하여 기가공(其可恐)할 해독이 인체에 미치는 영향을 고려하여 인도적 견지에서도 마약의 해독 방지를 위한 취체단속이 일찍부터

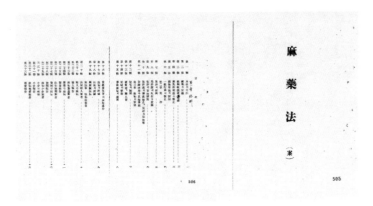

그림 6 최초의 「마약법(안)」, 총무처 의정국 의사과, 1955.

각국의 관심사가 되어 있었으며 기해독(其害毒)의 만연이 점차 확대되는 경향을 보이게 되자 이는 일국에 국한된 문제가 아니라 전인류의 복지를 위하여 각국이 동일한 보조(步調)로서 해독 방지를 위한 국내 및 국제간의 대책을 강구하고 상호협조 실천 함으로써만이 가장 유효한 성과를 거둘 수 있는 해독 방지의 방도임을 인정하고 마약에 대한 국제간의 준수 사항 및 각국의 의무 이행에 관한 협정 조약 등의 작성이 필요하게 되었던 것임.[10]

그 내용을 살펴보면, '마약'은 앵속·아편 및 코카엽, 앵속·아편 및 코카엽에서 추출되는 모든 알칼로이드로서 대통령령으로 정하는 것, 기타 해독작용을 일으킬 우려가 있는 화학적 합성품으로서 대통령령으로 정하는 것으로 규정되었다. 「마약법」은 제1장

총칙에서 제정 목적 및 마약과 마약취급자에 대한 정의, 제2장에서 대통령령으로 규정된 마약취급자의 면허 등을 언급하고 있으며, 3장 마약의 관리, 4장 마약취급자, 5장 마약중독자, 6장 감독과 단속, 7장 보칙, 8장 벌칙 등으로 이루어졌다.[11] 이 중 4장의 20조부터 46조까지 마약취급자의 마약 관리 관계 사항을 관할 특별시장 또는 도지사를 경유해 보건사회부 장관에게 보고하도록 의무화하고 있는 조항은 「아편의정서」가 요구하고 있던 관련 통계를 체계적으로 수집하기 위한 제도적 장치였다.[12]

「마약법」 시행령에서는 총 39종의 성분을 '마약'으로 지정했다. 지정된 마약을 다룰 수 있는 권한과 자격에 대해서는 위와 같이 각 지방의 시장이나 도지사를 거쳐 보건사회부 장관의 승인을 받은 자로 한하고, 마약의 매매와 사용 행위에 대한 신고 등에 따른 기타 상여금 지급 총액 규정을 두었다.[13] 또 마약감시원의 기능과 활동 범위를 대통령령으로 정했는데, "마약감시원이 그 직무를 집행함에 있어 필요하다고 인정할 경우, 소형 총기를 대여·휴대할 수 있도록"[14] 해 마약감시원의 통제력을 강화하고자 했다.

'특별법'으로서 독립된 마약 관련 규제 법규는 마약 통제의 범위 설정과 규제 방법 및 처우에 관한 확실한 근거를 제공했다는 점에서 상징적인 의미를 갖고 있었다. 그것은 현재까지 지속적이고 점차적인 개정이 이루어지며 마약에 대한 통제 범위를 확장하는 기준점을 마련해준 조치라는 점에서도 중요한 의미를 갖는다.

제정 논의 과정에서 쟁점이 된 벌칙 규정

「마약법」 제정 과정에서 국회 내의 논의도 치열하게 전개되었다. 1957년 4월 2일 국회에 출석한 보건사회부 차관 신효선은 일제의 「마약취체령」이 형식적으로 이루어졌음을 비판하면서, 법안 구성 과정에서 "미군정기 법령이었던 「마약의 취체」를 상당 부분 계승하고, 미국 및 기타 제 외국의 관계 법령에 규정되어 있는 제반 제한 조건을 망라함에 주력했다"[15]고 강조하면서 법안 통과를 호소했다.

「마약법(안)」이 국회 내에서 동의를 얻는 과정에서 여야 의원들 가운데 가장 치열하게 논의되었던 부분은 제8장의 벌칙 부분, 즉 관련자에 대한 처벌 형량과 벌금 액수를 규정하는 조항이었다.

여당인 자유당 소속 신행용 의원은 당시 보건사회부에 의해 집계된 마약중독자 통계에 대한 근거가 무엇인지 의문을 표하면서, 실제로는 훨씬 더 많은 중독자가 있을 것이라고 주장했다. 그리고 "마약법」은 국가의 흥망성쇠가 달린 중대한 법안임에도 국가 사회적으로 큰 관심을 갖고 있지 못하다. 현재의 「마약법(안)」에는 마약의 취급이나 관리에만 너무 편중된 나머지 중독자를 근절하거나 방지하는 대책은 별로 눈에 띄지 않는다"고 지적했다.[16]

당시 민주당 소속의 박영종 의원은 "정부 측이 제안한 「마약법(안)」은 '마약취체'라는 명칭은 붙였지만, 그것은 취체가 아니요, 장려"[17]라고 비판했다. 그는 마약을 제조할 목적으로 그 원료를 수입·수출·소지·소유한 자, 이를 영리 목적으로 이용한 자 등 「마약법」에 규정된 행위를 범한 자에 대해 최고 10년 이하의 징역을 규정하고 있는 벌칙 조항을 지적하면서 마약 관련자에 대한 처벌이 너무 약하다는 의견으로 정부안을 강하게 비판했다. 이와 함께 단순 가담자의 경우 3년 이하의 징역을 규정하고 있는 조항에 대해 아래와 같이 지적했다.

3년 이하의 징역이라고 할 때 가서는 가령 전쟁미망인이 대단히 불쌍하게 된 그런 비참한 상태에서 생활상 부득이해서 마약을 팔았다, 또 어떠한 상인은 어떻게 해서 부득이해서 이런 장사를 했다, 정상을 참작하게 되어가지고 1년 6개월 정도 판결해서 집행유예를 해버리면 무슨 소용이 있느냐 그런 말이에요. 덮어놓고 막연하니 어떤 산출 기초가 없고 무슨 형사 정책상 한다, 무슨 통계 숫자에 근거가 없이 고려가 없이 막연히 10년 이하 5년 이하 3년 이하 (…) 뭐요? 지금 어떻게 해서 중독자가 늘어지는지 우리 동포가 알면 몸서리치고 놀래실 것이요. 의장! 지금 공산집단에서 자유 진영에 대해서 마약을 가지고 배후공격을 하고 있다는 것은 아마 자유세계에 있는 눈 있는 사람은 다 알 것입니다. (…) 만일에 250명의 중독자를 만든 업자를 적발을 한 것이 25명이라고 할 때 가서는 전부 사형해도 아깝지 않은 생명이에요. 그런 것은 사형을 처해야 돼요. 극형을 해야 합니다.[18]

그는 전쟁 직후의 상황을 예로 들어, 가장을 잃은 전쟁미망인이나 생계곤란자 등이 생계를 위해 마약 사건에 관여한 경우 재판 과정에서 정상참작을 통해 죄를 감면받아 실제 단속의 의미가 없어질 것에 대해 우려했다. 이러한 우려는 전쟁 직후 마약을 이용해 남한 사회를 교란시키고자 하는 공산 진영에 대한 경계의식에서 나온 것이기도 했다.

가령 중공을 위시한 공산세력에서 이 삼팔선을 넘어가지고 지하 공작적으로 마약을 갖다 전파시킴으로 해서 우리의 국력을 마비시키려고 하고 우리의 군대를 구성한 어떤 청장년에 가서 실질적인 어떤 체력을 갖다 마비시킴으로써 국방력을 감소시키려고 하는 이러한 음모라고 하는 것이 결코 우리가 어떠한 사색으로만 가상적으로 구상했다는 것이 아니라 지구상에 있는 모든 자유국가가 이에 대해서 경계하고 있으니까 우리가 부득이 그 적의 거리에 가까이 있는 사람으로서 더욱 경계해야 할 것으로 이에 대해서 실질의 어떤 입법을 해야겠다는 것으로 가장 타당성 있는 아무런 의논이 없었던 것이에요.[19]

이에 따라 야당 일각에서는 마약 취급자에 대한 벌칙을 규정하고 있는 제8장 60조 이하에 극형을 넣어 「마약법」을 통한 정부 측의 의도가 엄벌주의에 입각하고 있다는 것을 명확히 하자는 의

견도 제시되었다. 하지만 이 같은 의견에는 기타 형법 및 다른 법률과 균형을 유지한다는 차원에서도 어려움이 크다는 여당과 정부 측의 반론도 제기되었다. 이러한 상황에서 마약 취급에 있어 정부의 엄벌 의지를 더욱 명확히 한다는 취지에서 여야는 69조에 규정된 벌금 액수 부분에 대해 5만 환 이하의 벌금을 50만 환 이하의 벌금으로 대폭 상향 조정하기로 합의했다.

당시 한국 사회에서 마약의 사용과 중독 문제는 이미 심각한 사안이라는 점과 이에 따른 규제 법규의 독립이 시급하다는 점은 여야가 모두 공감하고 있었다. 따라서 치열하게 논의되던 형량과 관련한 문제는 일단 조속한 법안 통과 후 전문가의 자문과 협조를 거쳐 세부 조문을 수정하기로 하고, 국회는 1957년 4월 4일 「마약법(안)」을 결국 통과시켰다.[20]

「마약법」이 시행된 직후 가시적으로 어떤 변화와 효과가 나타났을까? 「마약법」이 시행된 1957년 전후의 등록 마약중독자 수와 단속 실적 모두 눈에 띄는 차이를 보이지 않는다. 1957년 등록자 수의 증가는 1955년부터 지속적으로 늘어가던 중독자 수 추이를 볼 때 특징적이라고 할 수 없다. 또한 1958년 등록자 수가 잠시 감소하는 모습을 보이지만 이 역시 다음 해인 1959년 곧바로 회복되었다.

이 같은 지표와 앞서 살펴본 정부 편성 보건 예산의 정체 추이를 종합적으로 고려했을 때, 「마약법」 제정을 통한 규제 법규의 신설이라는 상징성 외에 이 문제의 실질적 해결을 위한 정부의 의지를 구체적으로 살펴볼 수 있는 대목은 찾기 어렵다. 실제로 당시 언론은 법 제정 이후에도 여전히 마약중독자의 수가 늘어나고 있다는 점에 주목하면서, 이 문제를 실질적으로 극복하기 위해서는 중독자 수용소 및 치료소를 증설하고 감시 인력을 확대해 여전히 행해지고 있는 민간의 앵속 재배를 더욱 철저히 단속해야 하는데도 정부의 통제 의지가 결여되어 있다고 비판했다. 실제로 통제 당국은 적극적 예방 대책이나 시설 보완·확충을 통한 재중독 방지와 같은 선제적 조치보다는 사건이 발생하고 나면 수습하는 식의 행정 조치와 사법처리에 급급한 모습을 보여주었다.

1959년 중독자 집단수용소는 서울을 비롯해 인천, 대구, 부산 등 주요 도시에 산재해 있었지만, 수용 능력은 한 곳에 30~50여 명 수준으로 상당히 부족한 실정이었다. 그 때문에 수용 인원을

〈표 4〉 1955~1959년 보건사회부 등록 마약중독자 및 단속 현황

	등록자(명)	단속(건)	단속 인원(명)
1955	2,137	400	450
1956	3,136	356	372
1957	4,175	314	328
1958	3,757	303	324
1959	4,404	429	453

출전: 보건사회부, 『보건사회통계연보』 1955~1957(합병호), 1958, 1959, 1960 각 연도에서 재구성.

빠르게 순환시키기 위해 1~2개월의 단기 치료를 실시해 완전히 치료되지 못한 이들이 수용소를 나갔다가 재중독되어 오는 악순환이 이어졌다. 중독자들의 수용소 탈출 사건도 자주 일어났는데, 설비가 완비되지 않은 수용소에 많은 인원을 무리하게 수용한 것이 원인이었다. 이들은 정부 방침에 따라 중독자 수용소에서 치료를 마치면 다시 입건되어 구속되었기 때문에, 이들이 일반 형무소에 수감되어 벌어지는 문제들은 「마약법」 제정 이전의 상황과 크게 다르지 않았다. 또 민간의 앵속 경작도 여전히 문제로 제기되었다. 도심을 벗어나 벽지로 나가면 여전히 아편의 원료가 되는 앵속이 공공연히 재배되고 있었다.[21]

이처럼 「마약법」 제정 이후에도 마약의 사용과 중독 문제의 양상은 큰 변화를 보이지 않았다. 특별법으로서의 「마약법」은 예산과 인력 투입이 정체된 1950년대의 사회적 상황에서 마약문제의 실질적인 해결 동력이 되지 못한 채 상징적 조처에 머무르게 되었다. 그럼에도 이후 마약문제가 1960년대 자립경제 육성이라는 과제와 연결되며 한국 사회가 극복해야 할 중요한 사회문제로 부각되는 과정에서 「마약법」은 향후 정부의 마약 대책 설정에 중요한 법적 근거와 기준점으로 활용되게 된다.

3부

경제개발과 조국 근대화, '건강한 국민'이 되는 길

7장
정치적 악에서 경제적 악으로

군사정부의 집권 명분을 위하여

1960년대가 시작되며 한국사회는 4·19 혁명과 5·16 군사정변이라는 매우 큰 정치적 변화와 충격을 경험했다. '국가경제 발전'을 제일의 목표로 내세우며 국가를 장악한 군사정부는 이전 정부와 단절됨으로써 자신들의 집권 명분을 찾고자 했다. 그러기 위해서는 해방 이후 누적되어온 부정부패, 잘못된 관행 등을 적극적으로 드러내고, 이를 지난 정부의 유산이자 '사회악'으로 규정해 단죄하는 모습을 국민들에게 보여줄 필요가 있었다. 그렇게 '사회악 제거'는 지난 정부와의 단절과 새 정부의 개혁의지를 상징적으로 보여주는 중요한 국가·사회적 과제이자 목표가 되었다.

한편 국가경제 발전이라는 목표를 달성하기 위해서는 국가가 필요로 하는 '국민'을 적극적으로 재생산해내야 했다. 경제개발을 위한 기초로 '건강한 노동력'이 필요했던 사회 분위기 속에서 마약 문제는 사회적 건전성을 해치고 국민의 정신을 병들게 하는 대표적인 사회문제가 되었다. 따라서 군사정부의 등장을 기점으로 마약은 강력히 통제되기 시작했고, 그 처벌 수준 또한 높아지게 되었다.

군사정부는 1961년 11월 「마약에 관한 UN 단일협약」에 비준함으로써 국제사회의 마약 근절 노력에 적극 동참하는 동시에 1961년 「특정범죄 처벌에 관한 임시특례법」에 마약 사범에 대한 가중처벌 규정을 두어 국내에서 마약을 강력하게 통제하겠다는 의지를 드러냈다. "집단적 또는 상습적으로 「마약법」을 위반한 경우 및 규정량 이상의 마약을 취급한 경우, 법정형의 최고를 사형으로 한다"[1]는 내용으로, 고의성이 인정된 마약 사범에게는 최고 수준의 형벌을 선고할 수 있는 제도적 장치가 마련된 것이다.

이 시기 마약에 대한 군사정부의 인식을 살펴보자. 1961년 『국무회의록』을 살펴보면, 정부는 마약을 "국가경제를 좀먹고, '사회악'을 조장하는 국가재건 과정의 장애물이자, 혁명과업 수행을 방해하는"[2] 대표적인 상징물로 표현하면서 마약에 대한 임시조치법을 통해서라도 처벌을 강화해야 한다고 역설한다. 그리고 이러한 인식은 군사정부가 마약을 내란음모 및 선동, 모의 등 주요 국가보안 범죄와 함께 '국가혁명 방해죄' 중 하나로 규정했다는 사실을 전하는 1961년 12월 9일 자 언론 보도들을 통해 공식화된다.

그림 7　"'혁명과업'을 방해하는 마약, 「혁명과업방해죄」를 신설"(《동아일보》, 1961년 12월 9일).

　　군사정변이 일어난 1961년은 군사정부가 국민들에게 그들의 집권 명분을 명확히 드러내야만 했던 시기였다. 이런 상황에서 마약에 대한 최고 수준의 처벌과 단죄 의지를 표현하는 것은 지난 정부와의 단절을 상징적으로 보여주는 무엇보다 좋은 현안거리였다. 그것은 결국, 시민들이 피로 완성한 4.19 혁명과 이에 따른 민주화에 대한 기대가 쿠데타로 전복되었다는 실망감을 희석시키는 동시에 그들의 집권 이유와 명분을 확보하기 위한 전략이었다. 집권 초기 군사정부와 마약의 관계는 그렇게 시작되었다.

경제개발과 '건강한 국민'

한편 1962년에는 '경제개발'이라는 전 국가적 목표에 따라 제1차 경제개발 5개년 계획이 추진되었다. 군사정부가 발간한 공식 계획에 따르면, 그 기본 목표는 "국내 노동력을 최대한으로 활용해 자본화에 기하는"[3] 것이었다. 그들의 시각에서 마약은 '국민의 정신을 손괴'시켜 최대한의 '국내 노동력을 동원'하는 것을 방해하기 때문에 반드시 근절해야 하는 장애물이었다.

이러한 시각은 당시 최고 통치기관인 국가재건최고회의에서 발간하는 공보지 『최고회의보』를 통해서도 확인된다. 이른바 '혁명정부'의 사명과 목표를 설명하고 있는 『최고회의보』는 1961년부터 1963년까지의 군정기 동안 군사정부가 한국사회를 어떻게 인식하고 있었는가를 보여주는 자료이다. 이를 통해 군사정부는 "공신력을 잃은 정부와 이에 결탁한 실업계의 악영향은 밀수를 성행시켰고, 국가에 대한 국민의 위신을 손상시켰다"[4]고 지적했다. 그리고 이를 극복하기 위해 "우리들 자신의 병폐부터 불식하는 데 과감해야 하며, '혁명과업'은 거족적인 '정신혁명'을 통해 완성된다"[5]고 전제했다. 그것이야말로 "공산주의 침략으로부터 국가와 민족을 수호하려는 우리의 결의이자 각오"[6]라는 것이다.

이러한 전제에서 이른바 '정신혁명'을 위해 추진된 것이 '국민재건운동'이었다. 마약은 경제개발의 기초로 '건강한 국민'을 생산하는 데 있어 "국민 체력을 궤멸하고 사회를 교란시키는 가장 위험한 망국의 병"[7]이자 "국가 재건을 저해하는 퇴폐한"[8] 도구였다. 1950년대에 마약이 '전력을 소진시키고, 적을 이롭게 하는 반민족적 도구'라는 옷을 걸치고 있었다면, 1960년대에는 '국가경제의 생산성을 좀먹는 망국의 도구'라는 옷으로 갈아입었다. 정치적 악이었던 마약이 이제 경제적 악으로 변모하고 있었다.

군사정부는 '국민정신'을 손괴하는 마약과 '경제개발'이라는 키워드를 대치시켜나갔다. 그것은 경제개발을 통한 '먹고사는 문제의 해결'이라는 그들의 선명한 목표와 그 달성을 위해 이전 정부가 낳은 '사회악'을 제거한다는 새 정부의 강력한 의지를 동시에 홍보하는 것이었다. 군사정부로서 이러한 논리는 5·16 군사정변의 정당성을 확보해줄 수 있는 것이기도 했다. 실제로 군사정변 당시 국민들의 찬반 입장은 팽팽했다. 군사정변 직후 미군 방첩대가 거리에 모인 시민을 대상으로 한 여론조사에 따르면, 군사정변에 찬성하는 입장이 40%, 시기상조라는 입장이 20%, 군사정변을 반대하는 입장이 40%였다는 결과가 보고되었다.[9] 따라서 국가재건최고회의는 그들의 집권에 정통성을 확보하고, 국민들의 동의를 얻어내는 것이 무엇보다 필요했던 것이다.

군을 동원한 마약 단속

1962년부터 국가재건최고회의는 「마약법」으로 통제가 가능한 구법을 정리해 통합하고,[10] 마약 신고자에 대해 정보비 또는 상여금을 지급할 수 있도록 했다. 여기에 단속의 범위를 각 부락 단위의 행정 말단까지 확장해나갔다. 이로써 각 면장 및 지서 주임, 국민재건본부의 각 말단 조직을 총동원한 대대적인 앵속 밀경작 단속이 시작되었다.[11] 이전까지 인적 드문 산간벽지와 도서 지역에서는 민간의료나 가정상비약으로 사용하기 위해 아편의 원료가 되는 앵속을 재배하던 관습이 있기도 했고, 주인 없이 자라고 있는 앵속을 보는 일도 흔했다. 군대까지 동원한 단속으로 이러한 풍경은 이제 역사 속으로 사라지게 되었다.

정부는 각 지역의 행정력과 군을 동원한 대대적인 현지 수색과 함께 앵속 개화기에 해당하는 5월 초순에서 8월 하순까지는 군용비행기를 동원한 공중정찰을 실시해 앵속 경작을 강력히 단속했다.[12] 그 결과 앵속 밀경작 단속 건수는 1960년 588건에서

⟨표 5⟩ 1960~1964년 앵속 밀경작 단속 실적

연도	건수(건)	인원(명)	면적(평)
1960	588	581	75,723
1961	862	862	39,138
1962	1,249	1,441	150,417
1963	304	315	6,199
1964	297	301	2,674

출전: 보건사회부, 『보건사회백서, 1964』, 1965, 105쪽.

1962년 1249건으로 크게 증가했고, 대상 면적 역시 2배 이상 확대되었다. 대대적인 단속을 행한 1962년을 기점으로 단속된 면적이 눈에 띄게 줄어들었는데, 이는 국내 앵속 밀경작이 상당한 정도로 축소되었음을 보여준다.

강원도 양양군 한 마을의 사례를 보면, 해방 전후부터 약품 수급이 원활하지 않던 산간 마을에서 아편이 널리 재배되다가 군사정변 직후 근절되었음을 알 수 있다. 당시 한 주민은 이때의 상황을 다음과 같이 술회한다.

강릉 신서면 사람들이 나중에 수복해가지고(6.25 이후) 들어와가지고, 양양군 서면으로 합쳤는데, 거긴 약이 없어가지고 거기 면 직원이나 이런 사람들이 전부 아편중독자더라고. 아편중독자라서 거기 면장부터. 거기 면장이 강릉 사람인데 아편중독자야. 그래서 나중에 5·16 나고 강릉 서에 있다 잡혀갔다 그 어디 갔다 그러더라고. 그러니까 거기 약이 없잖아 산골에. 그 강릉을 가자고 해도 그렇고, 홍천을 가자고 해도 굉장히 힘들기 때문에 아프면 아편 먹고, 아프면 아편 먹고 그래가지고 거기서 내가 면사무소에 55년도에 들어가니까 거기 산업계장 하던 사람도 아편쟁이고 면장도 아편쟁이가 되고 그러니까 거기에선 방법이 없었다는 거야. 그때 뭐 단속을 했어, 뭘 했어. 다 재배해서 먹었지. 거기가 양양군 서면 서림리, 예전에 강릉군 신서면 면사무소가 거기에 있었어. 내가 알기엔 5·16 나고 그 사람들 아마 다 잡아갔을 거야. 우리 산업계장 하던 사람은 그 죽고 면장 하던 사람은 이제 면장 그만두고 강릉 가서 살았는데, 들리는 바에 의하면 그때 잡혀갔다 뭐 그러더라고. 그때는 뭐 다들 그렇게 했던 모양이야. 그런 걸 검사하고 뭐 그런 게 없으니까. 처음에는 뭐 마약중독자인지도 모르고 뭐, 그 마약이 먹을 수도 있고 주사도 맞을 수 있고 그러거든.[13]

1960년대 사용된 마약은 생아편, 헤로인, 모르핀 등 대부분 아편계 마약으로 1950년대와 크게 다르지 않았다. 하지만 통제의 범위가 확대되면서 자연스럽게 마약류 검정의 수요도 늘어났다. 마약을 검정하는 역할은 국립과학수사연구소의 이화학과에서 담당했다. 그곳에서 처리하는 마약 검정 업무는 1960년까지 한 해 30~40여 건 수준에 불과했지만, 군사정부 집권 이후 200~300여 건으로 5~8배 이상 크게 증가했다.[14]

당시 국립과학수사연구소 이화학과에서 마약 검정을 담당하던 한 연구원의 조사에 따르면, 1961~1962년 각급 경찰관서와 검찰청 의뢰로 국립과학수사연구소에서 검정한 500여 건의 검정 결과 헤로인이 전체의 약 80%를 점했고, 대부분이 모르핀으로부터 밀조한 것이었다.[15] 헤로인의 유행으로 앵속과 아편의 활용 범위 역시 더욱 확대되었다. 아편·모르핀중독자가 만나는 다음 단계의 마약은 헤로인이었다. 헤로인은 모르핀보다 4~8배 강한 효력을 보이는 마약이다. 헤로인은 모르핀과 같이 아편에서 채취해 정제한 분말로, 담배에 묻혀 흡연하거나 주사를 통해 직접 투약했다. 헤로인의 가격은 대략 1950년대 후반부터 그램당 3000환 정도의 가격에 거래되었다.[16] 1961년 한국은행과 중앙교육연구소가 집계한 농가 가구별 월 농업소득과 각 직종의 피고용자 평균 임금이 가구당 월 4만 환 정도였던 점에 비춰보면,[17] 결코 적지 않은 가격이었다. 하지만 헤로인은 점차적으로 더 강한 효력의 마약을 원하는 중독자들에게 최고의 상품이었다.

1960년 서울시 당국에 의하면, 서울시에서만 6000여 명의 중독자가 하루에 3000g의 헤로인을 소비하고 있었다. 그리고 그 유통은 대부분 시내의 폭력조직들을 중심으로 이루어졌다. 의료품 수급이 상대적으로 원활했던 도시에서의 이 같은 상황은 앵속과 아편의 사용이 더는 전통적인 민간의료만을 목적으로 하지 않게 되었다는 점을 보여주었다.

시 당국은 이처럼 헤로인 사용자가 증가한 원인을 4·19 혁명 이후 마비된 행정력과 지난 정부의 단속 의지 결여에서 찾고 있었다.[18] 지난 정부의 잘못된 유산을 청산한다는 명분을 내세운 군사정부로서는 분명 이 시점에서 아편의 생산과 사용에 대해 재점검할 필요가 있었다. 문제는 처벌에 앞서 사용자의 성격을 명확히 구분할 수 있는 기준이 마련되어 있느냐 하는 것이었다. 앞서 보았듯 의료 체계가 자리 잡혀 있지 않던 교외 지역의 주민들은 여전히 전통적인 방식으로 아편을 채취하고 사용해갔다. 하지만 이들은 군사정변 이후 급변해버린 정부의 마약 정책 아래서 별다른 구분 없이 '마약 생산자', '마약중독자'라는 이름으로 처벌 대상이 되었다. 1962년부터 시작된 군사정부의 강력한 마약 단속은 '사회악 제거 제1단계 사업'의 일환으로 실시된 것이었다. 당시 치안국장은 "마약을 끝내 뿌리 뽑도록 하겠다"[19]는 의지를 피력하며, 강력한 단속이 이루어질 것임을 예고했다.

처벌 일변도 대책의 한계

1963년 대통령선거를 통해 군사정부가 정권을 완전히 승계하면서 비로소 박정희 정부가 출범했다. 이전 정권과 단절해 국민들의 지지를 얻어내고 군사정변의 정당성을 확보하는 차원에서 실시한 '사회악' 제거 노력이 결실을 거두는 순간이었다. 그리고 그 노력이 이제는 향후 새 정부의 존재 이유가 될 수 있었다.

1965년 박정희 정부는 마약을 '정치에 기생하는 폭력 집단', '부패 공무원 범죄'와 함께 '3대 사회악'으로 규정했다.[20] 이에 따라 마약에 대한 처벌 수준도 크게 강화되었다. 보건사회부가 매년 집계해 발표했던 『보건사회통계연보』의 1960년부터 1965년까지의 통계를 보면, 전국의 마약 사범 단속 건수가 1963년 박정

〈표 6〉 1960~1965년 마약 사범 단속 현황

연도	단속 건수(건)	단속 인원(명)
1960	168	180
1961	237	269
1962	776	819
1963	663	791
1964	1,152	1,240
1965	1,975	2,386

출전: 보건사회부, 「보건사회통계연보」 1960, 1961, 1962, 1964, 1966 각 연도에서 재구성.

희 정부 출범 이후 한 번 더 크게 증가하고 있는 모습이 관찰된다.[21] 1964년의 단속 결과는 1152건, 1240명으로 군사정변 직전인 1960년에 비해 비약적으로 증가한 것이었다.

여기서 주목할 점은 수치보다는 증가의 폭이다. 마약 사범의 통계상의 수치는 실제 중독자 수를 말해준다기보다 규제 법규의 강도를 보여주는 것이다. 단속 건수가 눈에 띄게 증가했다고 해서 갑자기 마약의 매매나 중독자가 증가했다기보다는 정부의 통제 의지가 반영된 것이라고 해석하는 것이 타당하다.[22]

정부가 마약을 강력하게 단속하기 시작했으니 중독자 치료에 대한 수요 역시 그에 비례해 증가할 수밖에 없었다.[23] 하지만 한 번에 수용 가능한 전국의 중독자 치료소 수용 능력은 〈표 7〉과 같이 1964년 기준으로 10개소 400여 명 수준에 그쳤다. 이 시기 마약을 근절하기 위한 대책이 마약중독에 대한 치료 범위의 확대보

〈표 7〉 1962~1966년 마약중독자 치료소 현황

시도별	기관수	명칭	수용능력
서울	1	서울특별시립 정신병원	103명
부산	1	부산 마약중독자 진료소	85명
경기	1	인천시립 유신병원	40명
강원	1	강원도립 춘천부설 마약중독자 수용소	12명
충북	1	마약중독자 충북 수용소	40명
충남	1	충남 마약중독자 수용소	31명
전북	1	전북 마약중독자 수용소	20명
전남	1	전남 뇌병원(병설)	45명
경북	1	경북 마약중독자 수용소	15명
경남	1	경남 마약중독 수용소	9명
합계			10개소 400명

출전: 통계청, 「죄명별 범죄 및 검거 건수」, 1934.

다 처벌 일변도로 이루어지고 있었다는 의미다. 따라서 충분한 치료를 받지 못하고 출소할 수밖에 없었던 중독자들은 다시 단속의 대상이 되었다. 1950년대와 크게 다르지 않은 모습이었다.

이런 상황 속에서 1965년, 합법을 가장한 마약이 일반 대중에 광범하게 유통된 사건인 이른바 '메사돈 파동'이 벌어졌다. 마약중독의 피해를 전국적으로 더욱 확대시킨 이 사건은 그간 마약 통제의 지침으로 활용되던 「마약법」과 정부의 마약 검정 체계에 대한 근본적인 문제의식을 던져주었다.

8장
'메사돈 파동'과
사회악으로의 공식화

진통제 개발 경쟁 속에서

1965년 5월, 일명 '메사돈 파동'이라는 전국 단위의 마약 사건이 벌어졌다. 합성 마약인 메사돈Methadone이 혼합된 제품들이 '일반의약품'으로 분류되어 시중에 판매되어온 사실이 드러나 큰 사회문제가 되었다. 정부의 단속 강화로 마약에 접근하기 어려워진 기존의 중독자들에게 이 제품들은 좋은 대용품이었다. 이 사건은 중독이라는 부작용에 대해 모르고 사용해오던 많은 사람들 역시 중독자로 전락하는 등 전국적으로 큰 피해를 안겼다.

'메사돈 파동'은 앞 장에서 살펴본 대로 정부의 강력한 마약 단속과 함께 탄력을 받아가던 마약 검정 체계 속에서 밝혀진 일대 사건이었다. 국립과학수사연구소는 1965년 5월 7일, 시판 중이던 일반의약품 몇 종에 합성 마약인 메사돈이 혼합되어 있다고 발표했다. 이로써 국내 일부 제조업자들이 메사돈을 설파제, 해열제, 비타민제 등에 혼합해 일반의약품으로 등록받아 시판 중이었다는 사실이 드러났다. 치안국은 23개 약품 속에 '메사돈'이 들어 있다고 밝혔고, 5월 8일 보건사회부는 해당약품 제조 원료에 대한 수입 금지를 상공부에 건의했다.[1]

당시 제약회사들은 앞다투어 다양한 진통제를 개발해 시판하고 있었다. 이 과정에서 1962년경부터 일부 제약회사가 경쟁사들과의 판매 전쟁에서 승리하기 위해 당시까지 국내에 알려져 있지 않았던 마약 성분을 첨가해 진통제를 제조하기 시작했던 것이다.[2] 당연히 이 진통제는 그간 알려진 다른 제품에 비해 훨씬 뛰어난 효능을 보이며 인기를 끌었다. 점차 다른 제약회사들도 비슷한 성분의 진통제를 생산하기 시작했고, 피해는 전국적으로 확대되었다.

'메사돈'은 「마약법」상에도 합성 마약으로 규정되어 있었다. 당시 「마약법」에는 아편, 모르핀, 헤로인, 코데인, 코카인 등의 천연 마약 외에도 메사돈을 비롯한 다수의 합성 마약이 지정되어 있었다. 하지만 의료용으로 쓰이던 페티딘Pethidine을 제외하곤 국내에서 제조되거나 거래된 적이 없었던 대부분의 합성 마약은 그 성분조차 알려져 있지 않았다.[3]

메사돈의 제조 원료가 된 것은 디페닐아세토니트릴과 디메틸아미노클로로프로판이었다. 두 원료는 모두 '일반화공약품'으

그림 8
"정부의 어수룩한 마약관리"(《동아일보》,
1965년 5월 25일).

그림 9 "통증 다스린다고 망국을 얻는 메사돈"(《동아일보》, 1965년 6월 5일).

로 등록되어 상공부를 통해 정식 수입되고 있었다. 상공부 당국자는 당시 "현행 무역계획상 메사돈의 원료는 불표시 품목으로 책정되어 있었고, 수입 신청이 들어오면 화학과에서 내용을 검토한 후 허가가 이루어져왔다"[4]고 진술했다. 그간 국도제약, 유니온제약 등에서 만든 진통제 주사약 속에 들어 있던 메사돈의 원료는 '염료' 등의 명목으로 정식 수입된 것이었다. 1965년 3월에만 경민실업 등 화공약품 수입업자들은 400kg의 메사돈 원료를 독일, 네덜란드 등지에서 수입해 들여왔다. 그리고 곧 400kg가량이 더 들어올 예정이었다. 수입 예정이었던 원료를 포함한 800kg은 약 700만 갑의 마약성 주사약을 만들 수 있는 양으로, 수백만 명을 중독에 빠뜨릴 수 있는 엄청난 분량이었다.[5]

메사돈 성분의 진통제 주사약은 일반의약품으로 등록되어 손쉽게 시중에서 구매가 가능했기 때문에 마약을 구하기 어려워진 중독자들은 일시적인 중독 증상 완화를 위해 이를 대용품으로 사용할 수 있었다. 그뿐 아니라 일반 환자들도 뛰어난 진통 효과 때문에 '만병통치약'으로 사용해오다가 자신도 모르는 사이 중독되어갔다.[6]

노동환경이 열악할수록 심각했던 피해

1965년 5월 국립과학수사연구소의 발표 이후 대통령의 특별지시로 검찰에 합동수사본부가 설치되어 본격적인 수사가 착수되었다. 1965년 5월 23일 검찰은 청주시에 있는 국도제약을 압수수색해 메사돈을 주성분으로 하는 진통 주사액 20만 통을 압수했고, 관련자들을 「마약법」 위반 혐의로 구속했다. 수색 결과 16개 제약회사에서 생산해낸 23종의 진통제가 마약으로 밝혀졌다. 그러나 메사돈 원료를 수입한 업자들과 그 소관 부처인 상공부에 대한 수사는 제대로 이루어지지 않았다.[7] 국회 상임위 보건사회위원회 소속 의원들은 수입 당사자인 상공부가 보고조차 제대로 하고 있지 않다고 강하게 비판했다.[8]

국회 보건사회위원회가 국립의료원에 대한 국정감사를 실시한 결과, 메사돈은 이미 1961년 6월부터 한국에 유입되어 임상 치료에 사용되어왔던 것으로 밝혀졌다. 보건사회위원회는 국립의료원에 보관된 메사돈을 전부 증거보존시켰고,[9] 메사돈이 검출된 23개 품목의 수입 허가를 취소했다.

이 같은 수사 및 단속 결과, 약 3100kg에 이르는 메사돈 원료가 압수되었다. 그리고 그 피해자 수는 약 23만여 명으로 파악되었다. 국회 보건사회위원회 의원들은 압수된 양의 절반에 해당하는 1400kg의 원료로도 2000만 국민 전체가 마약 중독에 빠질 수 있다고 경고했다.[10] 이후 정확히 밝혀지지는 않았지만, 당시 국회와 언론은 피해자 수를 약 100만여 명으로 추산했다.[11] 당국이 파악하지 못한 수를 포함하면 전국적으로 피해가 엄청났음이 짐작된다.

하지만 단속 기간 중에도 사용자는 계속 발생할 수밖에 없었다. 메사돈은 농어촌과 광산 지역 주민들 사이에서 이미 널리 사용되고 있었다. 선원들은 출어 시 이 제품을 배에 대량으로 저장해두고 사용했고, 농민들도 이 약의 기운을 빌려 일하곤 했다. 또한 강원도의 광산촌 일대에서는 광부들이 지하 갱에 들어갈 때 이 진통제 주사를 맞기도 했다. 피해는 농어촌을 비롯한 산간벽지, 탄광 지대와 같이 노동환경이 열악한 곳일수록 심했다. 보건사회부 마약감시계의 발표에 따르면 전남 무안군의 도서 지방과 해남, 완도, 영산포 등지, 강원도의 평창, 영월, 정선, 홍천 등 광산촌 일대, 묵호, 주문진 등 어촌 지역에서 피해 정도가 심했다. 그 가운데 전남 무안군의 도서 지역에서는 200여 세대의 주민 1000여 명 가운데 약 30%가 중독자로 밝혀져 가구당 1.2명이 피해를 입은 것으로 파악되었다. 강원도 정선군 숙암리의 경우에는 800여 명의 전체 주민 중 절반인 50%가 중독 피해를 입은 것으로 집계되기도 했다.[12]

이 같은 중독 피해 상황은 강한 의지를 드러내며 마약 근절 대책을 추진한 박정희 정부를 머쓱하게 만드는 것이었다. 이 사건을 유발한 가장 근본적인 책임은 마약 검정 체계의 부실과[13] 무분별하게 약품 허가를 남발한 정부 당국에 있었기 때문이었다. 역설적이게도 경제개발을 위한 기초로 마약 근절의 필요성을 강조하던 정부 당국이 '합법'을 가장한 마약 사건의 가장 큰 원인을 제공한 셈이었다.

농어촌 지역민들의 피해가 심각한 가운데 국회에서는 메사돈 계열 의약품의 사용을 갑자기 금지할 경우 나타날 역현상에 대한 우려가 제기되기도 했다. 이미 중독된 사용자들이 다른 마약에 손대기 시작해 결과적으로 기존 마약 밀매업자들을 찾는 수요가 증가할 수 있다는 것이다. 그리고 피해자 중 상당수가 농수산업의 직접생산자들이라는 점에서 농수산품의 급격한 생산량 저하로 이어질 가능성이 있어 대책 마련이 시급하다는 것이었다.[14]

실제로 이 사건의 여파로 마약중독 계층의 범위가 크게 확대되었다. 1960년대 초반까지 무직자군에서 주로 보고되던 마약중독은 점차 다양한 산업군의 노동자들로 확대되었고, 사용 연령층도 다양해지게 되었다.[15] 메사돈 의약품의 사용이 어려워지자 전주시에는 다시 생아편이 등장해 속칭 '검정이'로 불리며 사용되었다. 또 강원도에서는 정부에서 메사돈 유통을 단속하자 중독환자들이 정선, 평창, 영월 일대를 중심으로 야생 앵속을 찾아다니며 직접 아편을 추출해 사용하기도 했다. 모두 메사돈 단속에 따른 부작용이었다. 또 충청북도의 중독환자들은 '메사돈' 주사제를 구할 수 없게 되자 동네 한약방에서 앵속 껍질을 얻어 씹고 다니기도 했다.[16]

'메사돈 파동'은 해방 이후 의약계 최대의 사건으로 평가된다.

이 사건은 마약 자체에 대한 단속과 형사법적 처벌 수위를 강화하는 그간의 방식만으로는 마약이 근절되기 어렵다는 점을 일깨워주는 일종의 경고이기도 했다. 사건의 피해를 더욱 확대시킨 원인은 단속과 처벌에 앞서 그 대상에 대한 기준을 명확히 설정하고 중독자들을 효과적으로 치료·관리할 수 있는 환경이 부재했기 때문이다. 정부 당국의 책임 있는 자세와 수습 대책은 단속과 병행할 수 있는 치료·관리 체계를 구축하고 이를 개선하는 방향이어야 했다. 하지만 당시 사건의 책임은 보건 당국의 취약점을 이용해왔던 제약업자들에게만 부과되었고, 수습 방향 역시 관련 규제의 범위와 대상을 더욱 확대하는 쪽으로 나아가고 있었다.

'시대적 과제'라는 편리한 방편

국회에서는 전국적 피해를 낳은 관련자들의 처벌을 강화해야 한다는 요구가 불거졌다. 보건사회위원회 위원장 정헌조 의원은 사건 관련자들에 대한 처벌 기준이 당시 「마약법」상 최고 10년 이하의 징역에 불과하다는 점을 지적하며 개인에 대한 형량을 더욱 강화하고 단체에는 더욱 과중한 벌과금을 부과하는 등의 내용으로 「마약법」을 개정해야 한다고 주장했다. 이에 보건사회부 오원선 장관은 "기존 10년 이하의 양형 기준을 무기징역 이하로 조정하는 것과 병합해 재산 몰수 등 재산상의 법례까지도 고려하고 있다"[17]고 보고했다. 가중처벌 규정의 해석과 관계없이 「마약법」 자체에 대한 처벌 수위를 높일 필요가 있다는 것이었다. 또한 이영준 의원은 메사돈이 「마약법」상 이미 저촉 대상임에도 불구하고 시중에 유통되어 문제를 야기한 것은 보건 당국의 부족한 검정기술을 떠나 근본적으로 원료를 수입해 제조한 제약회사들의 책임이 크다고 지적했다. 그리고 정부가 관계된 회사들을 모두 해체시켜야 한다고 요구하기도 했다.[18] 실제로 보건사회부는 관계 제품을 생산하던 23개 제약사를 모두 폐쇄하는 강력한 조치를 내렸다.[19]

이 사건에는 보건사회부의 일부 공무원들과 여당 정치인이 연루되기도 했다.[20] 제조업자들을 감독해야 할 책임을 갖고 있는 공무원들이 그들에게 뒷돈을 받고 사건을 은폐·방조하려 했다는 혐의였다. 사실관계와 실체의 규모를 떠나 사회적 부정부패를 뿌리 뽑고, 공무원의 기강을 바로 세우는 것을 이른바 '혁명 공약'으로 강조했던 박정희 정부로서는 난처해질 수 있는 상황이었다. 그 때문인지 당국자들에 대한 수사가 더는 확대되지 않았고, 일각에서는 "불호령 속에 수사가 시작됐지만, 결국 가지치기로 끝났다", "뿌리는 캐내지 못하고 어물어물 넘어가려 한다"라는 등의 비판도 일었다.[21]

정부로서 가장 좋은 수습 방법은 '메사돈 파동'과 같은 사건을 비롯한 마약문제의 척결을 정부뿐 아니라 사회구성원 모두가 극복해야 할 시대적 과제로 돌리는 것이었다. 이에 따라 마약은 다시금 국가경제의 문제와 연결되었다. 정부는 메사돈을 비롯한 마약을 국가의 산업생산성을 떨어뜨리는 "망국亡國, 망민亡民의 동기"[22]라고 표현하면서 1966년 '5대 사회악'으로 규정했다. 1966년 2월 8일 치안국은 박정희 대통령이 국회에서 밝힌 연두교서에 따라 당년 정부시책 중 하나로, '5대 사회악 제거를 위한 수사명령 제1호'를 선포했다. 당시 '5대 사회악'으로는 '마약', '탈세', '도벌', '폭력', '밀수'가 지명되었다.[23]

조국 근대화 작업의 암적 존재가 되고 있는 마약·탈세·도벌·폭력·밀수 사범을 5대 사회악으로 규정하고 이를 발본색원하는 데 총력을 기울이고 있습니다. (…) 정부는 마약 사범 검거 활동을 강화해 제조업자나 판매업자를 철저히 단속할 것입니다. (…) 국민 여러분, 조국의 근대화는 민족의 단합이라는 사회적 결합의 힘에 의해서 성취되는 것입니다. 우리는 단결된 민족의 힘으로 하루속히 5대 사회악습을 제거하고 믿음의 사회, 명랑한 사회를 이룩해야겠습니다.[24]

정부의 '5대 사회악' 근절 목표는 도벌과 밀수, 탈세 등이 포함된 데서 보듯 경제자원의 확보, 국가무역 및 세금징수 체계의 건전성이 필요했던 경제개발 추진기의 시대상을 보여주는 것이었다. 그리고 마약 또한 이른바 '조국 근대화' 작업을 위한 '건강한 노동력 확보'에 장애가 된다는 정부의 인식이 반영된 결과였다. 마약은 이렇게 공식적으로 '사회악'이 되었다. 정부는 1966년을 '5대 사회악 제거의 해'로 설정하고, 8개 기동 약사감시반을 동원해 일제 약사 단속을 실시했다. 수거 처분된 부정의약품들의 처리 실태를 조사한 결과 서울, 호남, 영남 지방의 1268개 의약품 판매업소 중 23.5%인 300여 개 업소가 이미 부정약품으로 판매금지 처분이 내려진 유해약품을 공공연히 판매하고 있었다는 사실이 밝혀져 관련자들이 처벌을 받았다.[25]

'메사돈 파동'으로 보건사회부 장관이던 오원선은 야당으로부터 강한 사퇴 압력을 받았다. 1966년 3월 18일 통합야당이던 민중당은 임시대변인 김상현을 통해 "메사돈 파동으로 전 국민을 마약중독자로 몰아넣을 뻔했다"고 비판하면서 야당이 해임 건의안을 내기 전에 자진사퇴하라고 강하게 몰아쳤다. 그는 결국 '메사돈 파동'의 책임을 지고 사퇴했고, 정부는 개각을 단행했다.[26] 전국을 마약중독의 위험에 빠뜨린 '메사돈 파동'이 비로소 일단락되는 순간이었다.

'메사돈 파동'이 일어나면서 정부는 제도를 개선해 제약업의 자격을 강화하고 불법 마약의 범주를 확대하고자 했다. 1965년 7월 1일 정부는 대통령령으로 「약국 및 의약품 등의 제조업·수출입업과 판매업의 시설기준령」을 공포했다. 기존에는 시설 제한 없이 누구든 허가만 받으면 의약품을 제조해 판매할 수 있었지만,

이 법으로 제약업을 행할 수 있는 자격이 일정 규모 이상의 시설을 갖춘 업체에 한해 부여되었다. 그 결과 보건사회부는 새로운 시설기준령에 따라 전국의 52개 제약사를 폐쇄조치했다.[27]

1966년부터는 「마약법」 개정도 이루어졌다. 이 개정으로 기존 「마약법」에서 지정한 수보다 월등히 많은 총 63종의 성분이 마약으로 추가 지정되었다.[28] 그리고 1970년 개정에서는 마약 사범 신고자에 대한 보상 규정을 두었다. 신고의 동기를 부여하고 장려하는 것 또한 중요한 일이었다. 그 보상 액수는 벌금·몰수가격·추징금 총액의 25%로 명문화되었다.[29]

하지만 마약 확보의 어려움 때문에 의약품으로 등록된 진통제나 수면제, 각성제 등을 사용하는 경우에 대해서는 당시 「마약법」상 특별한 제재 수단이 없었다. '메사돈 파동'과 같은 사건의 재발을 막기 위해서는 이 문제가 반드시 해결되어야 했다. 이에 따라 그간 「약사법」상 하나의 조항으로 관리되던 습관성의약품에 관한 규정을 독립시켜 그 취급과 판매 규제를 구체화하기 위해 1967년부터 「습관성의약품관리법」 독립 시안이 마련되기 시작했다. 그 결과 1970년 지정된 의약품에 대한 취급 및 판매 자격의 규정, 처방전의 필수화, 관리 보고의 의무와 판매 용량의 제한 등의 내용이 담긴 「습관성의약품관리법」이 특별법으로 공포되었다.[30]

1957년 「마약법」 제정되며 정부는 본격적으로 마약을 통제하기 시작했고, 1961년 군사정변 이후에는 마약이 국가 경제를 가로

막고 '사회악'을 조장한다는 인식 아래 「특정범죄 처벌에 관한 임시특례법」을 시작으로 점차 처벌을 강화해갔다. 하지만 곧이어 발생한 '메사돈 파동'으로 그간의 허술한 마약 검정과 약품 허가 체계가 노출되면서 많은 국민들이 마약중독자로 전락하기도 했다. 이에 따라 연이은 「마약법」 개정과 1970년 「습관성의약품관리법」의 제정 등을 통한 정부의 규제 강화는 마약의 암시세를 큰 폭으로 상승시키기도 했다.[31]

'메사돈 파동' 때문에 중독자로 전락한 국민들은 국가의 취약한 마약 검정 체계와 무분별한 의약품 허가가 만들어낸 피해자들이었다고 볼 수 있다. 하지만 국가 정책은 계속해서 단속과 통제에 더욱 의지하는 방향으로 전개되었다. 수요를 줄이지 않은 채 공급만을 통제하려는 양상은 마약중독 문제에 대한 근본적인 해결책이라고 볼 수 없다. 아무리 입구를 조이더라도 그물망에는 구멍이 존재하기 때문이다. 법적 규제 밖에서 그 작은 구멍을 비집고 1970년대 한국 사회는 또 다른 '마약'과 만나게 된다.

9장
청년, 대마초와 만나다

직물의 원료로 재배되어온 대마

한국에서 흡연을 위한 목적으로 대마초가 적극 소비되기 시작한 것은 1970년대부터였다. 당시 일상에서 흔하게 접할 수 있었던 '대마'는 왜 이 시기에 흡연 도구로 유행하게 되었을까? 그리고 대마초가 유독 청년층을 중심으로 소비된 원인은 무엇이었을까? 이 두 가지는 우리가 연성마약soft drug의 대명사가 된 대마초를 이해하는 데 꼭 필요한 질문이다.

1970년대까지 대마라는 식물은 직물을 만드는 원료였다. 전통사회에서 대마의 줄기는 삼베를 만드는 재료로, 또 각종 생활용품을 생산하는 원료로 활용되었다. 일제강점기에도 대마는 실면實綿, 저마苧麻, 아마亞麻, 견繭 등과 함께 조선 농가의 주요 직물 원료로 재배되었다. 1930년대 세계대공황으로 마류麻類 직물의 수입이 어려워진 일본은[1] 주로 조선 농가에서 자급자족하던 대마를 주목했고, 조선총독부 농림국을 통해 대마 재배를 적극적으로 장려했다.[2] 1940년대 태평양전쟁 시기에는 수입섬유가 부족해지며 그 대용품으로 대마에 대한 수요가 증가했다. 일제는 군수방적공장 및 기타 민간으로부터 대마 공급량을 확보하고자 1940년 8월 6일 「대마수급조정규칙」을 제정·공포했다. 이 법은 조선 각지에서 생산된 대마를 지역 단위의 산업조합 및 금융조합이 수하해 지정된 매수인에게 판매하도록 하는 것이었다.[3]

이처럼 산업재로서 국산 대마의 생산이 적극 장려되던 일제강점기에 대마의 생산과 사용은 불법이 될 수 없었다. 1935년 발포된 「조선마약취체령」에는 "인도 대마초, 기수지基樹脂 및 이것을 함유하는 물품"[4]만 마약으로 정의되어 있었을 뿐, 실제로 인도산 대마초를 들여와 흡연하다 적발된 사례는 찾아볼 수 없다. 더욱이 해방 이후 1950년대까지 한국에서 흡연을 위해 대마를 생산했다는 기록 또한 찾기 어렵다. 국내에서 환각 효과를 위해 대마초를 흡연한 사례가 처음 등장한 것은 1960년대 중반부터였다.[5]

대마초가 한국 사회에 알려지기 시작한 것은 주한미군에 의해서였다. 초기에 그들은 본국에서 사용하던 멕시코산 대마를 주로 흡연했지만 시간이 지날수록 대마를 더욱 쉽게 구할 공급지가 필요했다. 자연스럽게 그들은 주둔지 주변에 야생하고 있던 한국산 대마에 주목했고, 점차 미군을 대상으로 대마를 공급하는 한국인도 생겨나기 시작했다. 이후 미군은 한국산 대마를 더욱 선호하게 되었다. 그들 사이에서 한국산 대마는 이른바 '해피스모크happy smoke'라는 이름으로 유행했다.[6]

미군들의 '해피스모크', 한국산 대마초

미군들이 한국산 대마를 선호한 이유는 환각 성분 함량과 관련이 있었다. 한국산 대마는 해외의 여타 지역에서 생산된 대마보다 환각성이 훨씬 강했던 것이다. 1964년, 마약 성분이 있다고 공인된 인도산 대마와 유사한 성분이 한국산 대마에도 있다는 연구 결과를 필두로 국내 학계에서는 인도산 또는 멕시코산 대마와 성분을 비교하는 연구가 시작되었다.[7] 보건사회부 역시 미군 주둔 지역 주변의 마약중독자들이 한국산 대마를 피운다는 정보에 따라 한국산 대마를 수집해 미국과 일본에 각각 성분 분석을 의뢰했고, 1967년 미국 마약 당국은 한국산 대마가 국제적으로 마약초麻藥草로 규정된 미국산 대마와 똑같은 반응을 나타냈다는 중간보고를 보내왔다.[8] 이후 이어진 1970년대 초 성분 연구에 따르면, 한국산 대마에서 환각 성분의 일종인 테트라하이드로칸나비놀THC의 함량이 100g당 0.5~0.6g 검출되었다.[9] 이는 스페인, 브라질, 인도, 남아프리카, 일본 등 다른 외국산 대마의 함량보다 훨씬 높은 것일 뿐 아니라 비교 대상이었던 세계 13개국의 대마 중 가장 높은 것이었다.[10] 한국산 대마는 환각을 위한 흡연으로는 더없이 좋은 효능을 가지고 있었던 것이다.

한국에 대마초 소비가 확대된 배경 가운데 또 하나 짚어보아야 할 사항은 제도 부문에 있다. 즉, 당시 대마초의 흡연을 단속할 규제 법규가 부재했다는 점이다. 실제로 대마는 일반 농가에서 재배되는 특용작물로서 당시 「마약법」상 규제 대상에 포함되어 있지 않았다.[11] 보건 당국도 국내산 대마에 환각 성분 함유량이 높다는 점을 인정했지만 「마약법」에 규정되어 있는 마약은 아니기 때문에 대마 재배 자체를 단속할 수는 없다고 밝혔다. 당국은 미군과 그들 주변에서 대마초를 밀조해 팔아온 사람들을 검거해 팔고 남은 대마초를 압수했지만, 관련자들을 마약 관련 혐의로 입건할 수는 없었다. 대마초를 사서 피운 미8군 악사들을 검거하고도 적용법규가 없어 모두 석방시킬 수밖에 없는 상황이 연출되기도 했고, 일부는 관련자들이 소지하고 있던 미화를 구실로 「외환관리법」 위반 혐의를 적용해 입건하는 등 편법이 동원되기도 했다.[12]

이런 상황에서 주한미군의 대마 사용자 수는 매년 늘어갔고 이들이 벌이는 범죄행위도 심각한 사회문제로 대두되었다.[13] 실제로 주한미군이 발표한 통계에 따르면, 주한미군 대마초 사용자 단속 건수는 1967년 100여 건에서 1968년 517건, 1969년 635건으로 매년 급증했다. '파고다', '희망', '스포츠', '아리랑' 등 시판 담배에 대마 가루를 넣은 대마담배는 '해피스모크'로 불리며 갑당 약

200~500원의 가격으로 거래되었다.[14]

그뿐 아니라 미군 범죄 중 상당수가 대마 흡연에 의한 것으로 나타나며 사회적 파장이 일었다.[15] 이에 따라 1970년 3월부터 보건사회부와 미군은 합동 마약사범기동단속반을 편성해 동두천, 평택, 파주, 부평, 인천, 오산 등 미군 주둔 지역을 대상으로 단속을 벌여 30여 개의 대마초 밀매소를 적발했다.[16] 이에 주한미군 측은 1970년 6월 한국의 보건사회부에 공한을 보내 "주한미군 병사들의 마약 사건은 대부분이 한국에서 재배되고 있는 대마에 의해 빚어지고 있으니, 이를 철저히 단속할 수 있는 법률을 제정해 미군 병사들의 탈선행위를 막을 수 있도록 해달라"[17]고 요청하기도 했다.

'메사돈 파동' 이후 정부는 습관성의약품에 대한 규제 법규의 독립을 추진해왔다. 그 결과 1970년 8월 7일 「습관성의약품관리법」을 제정해 대마에 함유되어 있는 환각 성분을 비롯한 수면제 및 각성제 등에 해당하는 88종의 약품을 지정해 판매 취급에 제한을 둘 수 있게 되었다.[18] 하지만 초기 「습관성의약품관리법」상의 단속 대상은 대마초 자체가 아닌 "테트라하이드로칸나비놀 및 그 염류鹽類 또는 유도체誘導體"로 명시되어 있었기 때문에, 흡연된 대마의 환각 성분을 밝혀내야 처벌이 가능했다. 사실상 단속은 요원한 일이었다. 실제로 대마초 흡연자는 이후에도 계속 증가하는 경향을 보였다.[19]

드럭스와 뮤직, 청년문화의 등장

대마는 섬유용 특용작물로 재배가 용이하다는 점과 제조 방법이 간단하고 마약과 흡사한 효력이 발생한다는 점 외에도 무엇보다 가격이 저렴하고, 흡연을 위한 다른 기구가 필요 없다는 점이 큰 매력이었다. 그래서 주한미군 관련 종사자뿐 아니라 고등학생과 대학생, 직장인 등 다양한 계층이 쉽게 접근할 수 있었다. 이렇게 확산된 대마초는 1970년대 초부터 청년들을 중심으로 소비되며 젊은이들의 문화로 크게 유행했다. 실제 단속 결과를 보더라도 대마초 흡연자의 대부분이 20대 청년층이었고, 그중에는 대학생들도 상당수 포함되어 있었다.[20]

전체 대마초 흡연자 가운데 청년층의 비율은 어느 정도였을까? 1976년 12월 검찰이 발표한 대마초 일제단속 결과를 연령별로 보면, 적발된 1104명 중 15~25세가 948명으로[21] 전체의 85.8%에 달하고 있었다. 청년층 가운데 대학생들을 대상으로 한 흡연실태 조사에 의하면, 흡연자의 대부분은 대마초 흡연이 법에 저촉될 수 있다는 인식을 갖고 있지 못했다.[22] 청소년 사이에서도 대마초 흡연은 낯설지 않았다. 담배를 피우는 고등학생들은 호기심으로 대마초를 어렵지 않게 접하고 있었다. 교복을 입은 10대들이 대마초를 담배처럼 흡연하고 있다는 것은 언론을 통해서도 이미 공공연한 사실로 받아들여졌다.[23]

청년층의 대마초 흡연이 사회문제로 공론화되기 시작한 것은

1970년 4월경 일어난 고등학생들의 조직범죄 사건이 대마초 흡연에서 비롯되었다는 사실이 드러나면서부터였다. 당시 종로경찰서는 고등학생들로 구성된 일명 '허리케인파' 12명을 '범죄조직단체 구성' 혐의로 검거했는데, 이들은 폭력, 절도 등의 범죄를 저지르기 전에 항상 '해피스모크'로 불리던 대마담배를 피웠다고 자백했다. 실제로 이들은 '대마를 흡연하면 정신이 몽롱해지고 무아지경에 휩싸여 행동이 대담해지게 된다', '무슨 일이든 저질러보고 싶은 생각이 솟아났다'라고 경찰에 진술했다. 조사 결과 이들은 담배 개비의 담뱃가루를 빼내고 그 속에 대마를 넣은 대마담배를 한 갑에 500~1000원의 가격으로 매매한 것으로 밝혀졌다. 하지만 「습관성의약품관리법」 제정 이전이던 1970년 4월 당시, 수사관들은 "대마담배는 담뱃가루를 빼내어버리고 사용한 것이기 때문에 「연초전매법」 위반도 적용할 수 없는 상황"이라고 난감해했다.[24]

그렇지만 관련 법규의 부재만으로 대마초 흡연이 청년층에서 유행했던 현상을 모두 이해하기는 어렵다. 먼저 당대 새롭게 등장하기 시작한 청년들의 생활문화와의 관련성을 짚어봐야 한다. 1970년대 한국은 고도의 경제성장과 함께 장발, 통기타, 청바지, 생맥주 등으로 대표되는 새로운 생활양식이 나타나기 시작한 시기였다. 이른바 '청년문화'로 불렸던 이러한 생활양식은 산업화, 대중매체의 확산, 서구 문화의 영향력 등 복합적인 요인들로 이루어졌다.[25]

그림 10 "「경범죄처벌법」 개정 시행, '겁먹은' 거리"(《경향신문》, 1973년 3월 9일).

　　1972년 10월 유신이 선포된 후 학생들을 중심으로 한 전국
적인 반대운동 속에서 청년들에 대한 정부의 사회통제는 더욱 강
화되었다. 1973년 3월에는 "우리 사회에 만연되고 있는 퇴폐풍조
를 일소해 명랑한 사회질서를 확립하기 위해 경범죄 처벌 대상의
폭을 늘린다"[26]는 명분으로 '장발 및 저속의상' 처벌조항이 포함된
「경범죄처벌법」이 개정되었다. 장발단속, 통행금지, 미니스커트 단
속 등의 주요 대상은 청년들이 될 수밖에 없었다.

그림 11 "자칫하면 걸린다. 퇴폐풍조 추방"(《매일경제》, 1973년 2월 1일).

하지만 정부의 통제에도 청년문화는 근절되지 않았다. 오히려 그들의 문화는 '저항'이라는 상징성이 덧입혀지면서 더욱 확산되었다. 대마초 또한 대학가를 중심으로 청년들의 사회저항적 에너지가 생활문화 방면으로 분출되어 나타난 현상으로 이해되기도 했다.[27] 유신 선포와 「긴급조치」 이후 1970년대 학생운동이 어려움에 빠지자 형성된 청년들의 무력감[28]도 당대 청년들의 사회저항적 몸짓을 다른 부문으로 전이시켰다고 볼 수 있다. 청년들은 이른바

'대항문화'를 만들어갔다. 당시 청년층의 대마초 흡연을 관련 법규의 부재라는 원인만으로 설명할 수 없는 이유다.

분명한 것은 이 같은 사회 분위기가 대마초 소비에 대한 청년들의 거부감을 희석시키는 데 어느 정도 영향을 주었다는 점이다. 이러한 사회상은 당시 청년문화의 상징을 '드럭스'와 '뮤직'으로 특징짓고 있는 다음의 신문 사설에서도 드러난다.

1970년대의 급격한 사회변동 가운데 하나로서 사회에 대한 젊은 세대의 저항과 반발 행위를 꼽을 수 있다. 그 한 단면으로 나타난 것이 젊은이들의 대마초 흡연 풍조. 이 풍조는 도시의 일부 젊은이들과 인기 정상의 연예인들에게까지 파급되어 한때 서울의 음습한 풍속도를 그려놓기도 했다. (…) 현대사회의 문화적 특징은 대중문화이고 그것은 청년문화를 지칭케 되며 청년문화의 특징은 드럭스(Drugs)와 뮤직(Music), 즉 마약의 로큰롤로 나타난다. 이것은 사회적 모순의 자각으로부터 자연적으로 표출되는 것이다. 우리나라에는 이것이 약간 변형되어 생맥주와 통기타, 정구채, 장발, 여성의 흡연, 블루진, 정중한 복장의 포기, 예절과 언어의 파괴, 마약과 로큰롤 등으로 70년대 초부터 전개되었다.[29]

이 시기 청년층 대마초 소비의 두 번째 배경으로 주목할 지점은 변화된 경제 환경에 있다. 1960~1970년대 산업화가 진행되고 경제 규모가 성장하면서 청년층의 소비성향도 높아지고 다양화되었다. 이러한 현상은 1970년대를 거치며 대학 재학 이상의 학력을 가진 청년층이 매년 큰 폭으로 증가하고 있던 추세와 청년 경제활동인구가 증가하며 그들의 사회참여가 늘고 있던 경향과도 맞물려 있었다.[30] 이 과정에서 당대 유행과 소비를 이끌던 청년층은 대중문화의 주 고객으로서 이미 독자적인 구매력을 확보한 새로운 소비 주체로 성장해 있었다. 이러한 가운데 특별한 법적 규제 없이 대마초를 구매할 수 있었던 당시 환경은 청년층의 소비심리를 더욱 자극했다.

1960~1970년대에 걸쳐 경제가 고도성장하고 소비 형태가 다양화되면서 서구식 대중문화를 소비하는 일도 잦아졌다. 당대 청년층 사이에서는 다방이나 음악감상실 출입이 대중문화로서 유행했다. 대마초는 이러한 공간에서 기분이 좋아진다거나 음악을 집중해 듣기 위한 목적 등으로 공공연히 흡연되면서 자연스럽게 그들의 문화로 스며들었다.

아무 자리에나 정신없이 주저앉은 나는 곧바로 환각의 연기에 불을 붙인다. 서서히 온몸이 석고처럼 굳어가고, 굳은 몸의 내부에서 나는 감각의 아수라장에 빠져든다. 그럼에도 기이하다. 내 의식의 빛이 완전히 꺼지지 않는다. 그리고 그 희미한 빛 저편에, 의식과 의식 너머의 어렴풋한 경계쯤에, 아, 그녀의 환각이 어른거

그림 12 1970년대 최고의 문화공간이자 서구문화가 청년들에게 전달되는 창구로 기능했던 음악 감상실의 풍경(《동아일보》, 2011년 6월 29일).

린다. 내가 도무지 이해할 수 없는, 나와는 정반대로 언제나 우뚝 선 느낌표로 보이는 그녀가! (…) "헤이, 미스터 디제이!" 그 외침은 그러나, 아아, 뭔가가 근본적으로 다르다. 나는 직감한다. 그것이 분명 살아 있는 목소리임을.[1]

위 장면은 1973년 쓰인 이인성의 단편소설 「문 밖의 바람」에서 음악감상실 디제이로 일하는 주인공이 대마초를 피우며 환각에 빠져드는 장면이다. 좁고 폐쇄된 뮤직박스 안에서 생활하는 청년이 세상과 소통하려 노력하나 좌절되는 모습을 그리는 이 소설에서 대마초는 '환각의 연기'로 묘사되며 힘겨운 현실에서 잠시나마 벗어나게 해주는 도구로 등장한다. 어두운 현실 속에서 한 줄기 빛처럼 아른거리는 '그녀'와의 만남을 위해 '환각의 연기'에 불을 당기는 행위는 방황하는 당대 청년들이 각자의 이상향과 소통하는 상징적 의식으로 해석되며, 이는 유신헌법 공포 직후 사회통제가 한층 강화된 상황에서 세상과의 소통에 어려움을 겪었던 청년들의 방황을 떠올리게 한다.

세 번째로 주목할 점은 대마초가 미군부대를 중심으로 확산되었다는 점이다. 이미 1960년대부터 베트남전을 계기로 미국을 비롯한 서구에서는 '마리화나Marijuana'라고 불리던 대마초를 흡연하는 문화가 기성세대와 체제에 대한 저항의 상징으로 유행하고 있었고,[31] 반전운동의 물결 속에서 국제적으로 확산되어갔다.[32] 그러던 중 미국의 리처드 닉슨 행정부는 전쟁 확대의 책임을 추궁받던 린든 존슨 행정부와의 차별화를 위해 1973년부터 대마를 의존성 약물에서 제외시키고 '대마 해금령'을 시행해 본인이 사용하기 위해 소지하고 있는 경우 처벌하지 않기로 했다. 이어진 제럴드 포드 행정부에서도 "모든 마약의 사용은 동등하게 파괴적이지 않으므로 마약 통제에 있어서도 헤로인과 같은 중독성 강한 마약류 단속에 우선순위를 두어야 한다"는 권고를 발표했다. 그 결과 많은 주에서 대마초에 대한 비범죄화가 이루어졌고, 코카인에 대한 제재도 약화되었다.[33]

미군과 상대적으로 빈번하게 접촉하던 한국의 청년들도 이 같은 국제적인 분위기 속에서 저항과 자유의 상징인 대마초 흡연을 자연스럽게 받아들였다.[34] 미군은 국내에 서구의 대중문화를 전파하는 주요 매개체 역할을 했고, 1970년대 청년층은 한국전쟁 이후 미국 대중문화의 영향 아래 성장하면서 기성세대에 비해 새로운 문화에 대한 거부감이 적었다. 그들은 서구 및 미국식 문화에 빠르게 익숙해졌다.

대마초가 서구에서와 같이 한국의 청년들에게 기성세대와 정부에 대한 저항의 상징으로 확산될 수 있다면, 정부로서는 이를 어떤 형태로든 통제해야 했다. 그래서 제정된 것이 바로 「대마관리법」이었다. 대마초에 대한 유해성 여부는 이미 중요한 사항이 아니었다. 청년들이 모여 다른 생각을 실험하고 다른 삶의 방식을 꿈꾸는 데 함께하는 것이라면 이제 대마초도 '마약'이 되어야 했다.

10장
대마초를 바라보는 국가의 눈

대마초가 '마약'이 된 까닭

앞서 보았듯 한국의 대마초 문제는 주한미군의 대마초 흡연이 환경을 조성하고, 높은 환각 성분 함량으로 국산 대마의 상품성이 부각되면서 하나의 사회현상이 되었다. 그러다 이른바 '대마초 파동'이 일어나면서 상당한 사회 갈등이 빚어졌다. 하지만 단순히 청년층의 대마초 흡연 자체가 그 원인이라고 볼 수만은 없었다. 사실상 당시 이 문제는 실체보다 과장되어 부각된 측면이 있었기 때문이다. 이를 규명하고 더욱 입체적으로 조망하기 위해서는 당대 정부가 대마초 확산을 바라보았던 시각과 접근방식을 살펴볼 필요가 있다.

먼저 한국 사회에서 '마약'이 정의되어온 과정을 살펴보면 1970년대 이전까지 대마초가 '마약'의 범주에 속하지 않았음을 알 수 있다. 정부수립 초기부터 정부는 마약을 '국가와 민족의 앞날을 망치고 도둑질하는' 악마적 도구로, 한국전쟁을 거치며 '전력을 소진시키는' 이적행위로, 1960년대 이후에는 '경제개발을 저해하고 국가경제를 좀먹는' 노동력 상실의 장본이자 '5대 사회악'의 한 축으로 공식화했다. 해방 이후 1950년대까지 한국의 국가적 과제 겸 지상 목표는 북한과의 체제 대결에서 승리하는 것과 전후 국가 재건이었으므로, 이 시기 사회악으로 규정된 항목은 체제를 부정하거나 국력을 약화시켜 적을 이롭게 하는 '반민족적' 행위와 쉽게 동일시되었다. 이러한 이유로 마약 역시 간첩 및 이적 행위, 국고 횡령 등과 함께 반체제 행위이자 반민족적 행위로 간주되었다. 이후 사회 모든 부문의 역량을 경제발전이라는 국가적 목표 아래 집중시킨 1960~1970년대에는 마약이 국가노동력을 저해하는 반국가적 요소로 부각되면서 탈세나 도벌 등과 함께 경제발전을 저해하는 사회악으로 규정되었다. 대마초가 '마약'의 범주로 포함되기 시작한 것은 1970년대부터다.

정부는 대마초의 흡연을 1972년 유신헌법 공포 이후 대학가를 중심으로 반정부 운동이 확산되는 상황 속에서 정치·사회적 저항의 표현으로 해석했다. 이미 1960년대부터 미국 등 서구에서 대마초는 '자유'와 '반전'의 상징으로 유행한 바 있었기 때문이다. 정부는 사실 여부를 떠나 이 같은 젊은이들의 문화가 사회저항의 이미지로 인식되고 그것이 확대되는 경향을 우려했다. 따라서 이후 전개된 정부 차원의 강력한 대마초 근절 노력은 이미 세계적으로 반체제의 이미지로 각인된 대마초가 국내에서 독재정권에 항의하는 수단이나 체제 저항의 상징으로 확산되는 것을 막기 위한 조치였다고 볼 수 있다. 정부는 이러한 청년들의 문화를 "퇴폐적이고 방종하며 불온한 사회불안 요소"[2]이자 체제 유지의 장애물로 간주해 각종 검열과 단속을 동원했다. 발표된 모든 대중가요에 대한 재심사를 통해 청년층에서 인기를 끌던 많은 곡에 금지령을 내렸고, 당대 가요 및 영화계의 유명인들을 대마초 흡연 혐의로 입건해 시장에서 퇴출시키고자 했다.

대마초 단속을 위한 법적 근거를 마련하고자 정부는 1973년 3월 「습관성의약품관리법」을 개정하며 대마초를 엘에스디LSD, 암페타민, 바르비탈·메프로바메이트, 프로폭시펜 등과 함께 5가지 품목의 습관성의약품 단속 대상 중 하나로 지정했다.[3] 앞서 보았듯 기존 「습관성의약품관리법」상 규제 대상은 대마초 내 환각 성분의 일종인 '테트라하이드로칸나비놀 및 그 염류 또는 유도체'였다. 하지만 1973년 3월의 개정을 통해 동법의 관리 대상으로서 직접적으로 '대마초'를 적시했다. 대마초 자체가 비로소 '마약'의 범주로 포함되어 환각 성분과 그 함유량을 가리는 번거로운 절차 없이 소지와 취급만으로도 처벌할 수 있게 된 것이다.

「습관성의약품관리법」 개정으로 단속이 가능해진 1973년 전후의 대마초 규제 상황을 살펴보면, 특별한 변화는 보이지 않는다.

<표 8> 1972~1976년 대마 단속 현황

연도	대마 사범 수 (단위: 명)	압수 대마초 (단위: g)
1972	338	652,448
1973	348	884,160
1974	597	693,688
1975	952	1,355,180
1976	1,460	1,128,473

출전: 대검찰청, 『마약류범죄백서, 1990』, 1991, 237~241쪽에서 재구성.

오히려 주목되는 부분은 1975년 이후 수치가 두드러지게 증가하는 모습을 볼 수 있다. 바로 1975년의 '대마초 파동' 때문이다.[4] '대마초 파동'은 당시 많은 유명 가수 및 대중예술인이 대마초 흡연 혐의로 구속되고 업계에서 퇴출된 사건으로, '대마는 마약'이라는 인식을 대중에 각인시키는 데 결정적인 역할을 했다.

정말로 두려운 것은 청년들의 자기표현

'대마초 파동'이 일어난 1975년은 아직 「대마관리법」이 특별법으로 독립되지 않은 때였기에 개정된 「습관성의약품관리법」에 의거해 관련자들이 구속되었다. 당시의 여러 언론보도를 분석해보면, 대마 흡연자 구속은 1975년에서 1976년 사이 집중되며, 그중 대중예술인들의 경우는 대부분 1975년 말에 집중되어 있음을 알 수 있다. 이 사건으로 한국연예협회는 대마초 흡연에 대한 자체 규

제를 결의하고, 대마초 흡연 혐의를 받은 연예인들을 제명하는 등의 움직임을 보이기도 했다.[5]

'대마초 파동'이 발생한 1975년 말은 매우 절묘한 시점이었다. 저항의 상징으로 규정한 대마초를 근절해야 했던 정부로서는 제도적, 정치적 측면에서 특별법 제정과 함께 대마초와 관련한 대대적인 사건이 필요했다.

먼저 제도적 측면에서 보면, 대마를 규제하는 특별법 실시를 앞둔 시점에서 '대마초 파동'은 대마의 위법성을 대중에게 강하게 각인시킬 수 있는 좋은 정책적 홍보 수단이었다. 1976년 초 기존 「습관성의약품관리법」의 대마초 관련 규제 조항을 독립시켜 「대마관리법」을 발포하기 전까지 대마초에 대한 유일한 규제법은 「습관성의약품관리법」이었다. 하지만 한편으로 「대마관리법」의 제정은 곧 정부의 초기 대마초 규제 대응이 실패했음을 자인하는 것이기도 했다. 따라서 정부는 「대마관리법」 시행 이전에 현행 「습관성의약품관리법」을 적용해 적극적으로 대마 사범들을 구속하고, 대마초 문제의 현상적 측면을 더욱 부각함으로써 새 법안 제정의 명분을 확보해가고자 했다. 이 과정에서 '대마초 파동'은 곧 실시될 「대마관리법」 시행을 대대적으로 홍보하는 동시에 이 조치가 초기 규제 실패의 대안이 아닌, 기민한 정부 대응의 결과라는 점을 부각하는 데 더없이 좋은 사회적 이슈였다.

정치적 측면에서 1975년은 유신헌법에 대한 찬반을 묻는 국민투표를 실시한 해로, 당시 정부로서는 집권 연장과 향후 운명을 결정하는 중요한 시기였다.[6] 따라서 당시 정부는 유신헌법에 찬성하는 국민 여론을 만들기 위해 유신헌법 찬성 운동을 벌였고, 여론에 영향을 미칠 수 있는 모든 분야를 국가의 통제하에 두고자 했다. 여기에 대중예술인들이 중요하게 동원되었다. 정부는 유신헌법을 찬양하는 노래를 보급하고 언론·방송을 통해 찬성 여론을 조장했으며, 문화공보부를 통해 '국민투표 지도 계몽용 책자'를 발간해 유신헌법 찬성을 노골적으로 유도했다. 이 때문에 국회에서는 「국민투표법」 위배 여부를 두고 논란이 일었으며, 당시 야당이던 신민당은 언론 방송을 동원한 노골적인 찬성 운동에 대해 "정부가 방송망을 통해 찬성 운동을 벌이는 것이야말로 불순하고 부당한 것"[7]이라는 성명을 내고 공개적으로 비판했다.

이처럼 정부의 유신헌법 찬성 운동과 그에 대한 강력한 비판이 맞서면서 상당한 사회 갈등이 빚어졌고, 찬반투표 이후에도 갈등은 계속되었다. 유신 관료들과 경찰의 철저한 감시 속에서 치러진 투표 결과는 국민들에게 정당성을 인정받지 못했고, 연일 대학가와 재야인사들을 중심으로 반유신운동이 전개되었다. 정부는 「긴급조치 7호」[8]를 선포해 군이 학원 내에 진주하는 상황을 만들었다. 또 베트남전 패배 이후에는 안보의식을 고취하기 위해 「긴급조치 9호」를 선포하고 유신에 관한 논의 및 정부에 대한 일체의 비판적 행위를 봉쇄하면서[9] 지식인과 청년층을 중심으로 전개된 반유신운동을 가로막았다. 이러한 분위기 속에서 정부는 청년층을 중심으로 소비되던 대중문화를 통제해야만 했다.

하지만 당시에도 청년문화가 체제 저항성을 얼마만큼 담아내고 있었는가에 대해서는 의문이 있었다. 일부 젊은 가수들의 문화적 자기표현을 긍정적으로 바라보던 시선도 있었지만, 미국문화를 모방하는 요소만 강할 뿐 대학가에서 확산되고 있던 저항적 민중문화는 제대로 담아내지 못하고 있다는 비판적 견해도 제기되었다.[10] '청년문화'라는 개념을 수용했던 사회학자 한완상도 「청년문화의 특성과 그 윤리적 기반」이라는 글을 통해 그것은 서양 저항문화의 표피만 들여온 것이며, 그 아래로 창조적 정신이 흐르지 않는다고 비판했다.[11] 하지만 정부가 문제 삼으며 통제하고자 했던 것은 저항성의 많고 적음을 떠나 청년층의 자기표현 문화가 사회적 분위기를 바꿔놓을지도 모른다는 가능성이었다.

당시 '대마초 파동'에 연루되어 구속되거나 처벌받은 사람들은 자신들이 처벌받은 이유가 유신헌법을 찬양하는 노래를 만들라는 요청을 거절하고 체제에 저항하는 듯한 노래를 만드는 등 반체제적 태도를 보였기 때문이라고 항변하는 일이 많았다.[12] 실제로 당시 '대마초 파동'에 연루되었던 음악인 신중현은 당시 상황을 다음과 같이 술회했다.

1972년에 청와대에서 전화 받았어. '대통령(을 찬양하는) 노래를 부탁한다'고. 나는 그런 노래 못 만든다고 그랬어. 가뜩이나 밉보였는데 그해 〈아름다운 강산〉을 텔레비전에서 거창하게 발표한 거야. 반항적인 그림으로.(출연 당시 멤버 중 한 명은 머리를 삭발했고 신씨는 긴 머리를 핀으로 꽂아 올리고 있었다.) 현대 록을 퇴폐로 몰아 조여들기 시작했지. '그럼 건전가요 만들지 뭐' 하고 〈뭉치자〉를 내놨는데 앨범 재킷 사진을 경복궁에서 양복 입고 차렷자세로 찍었어. 그 자체가 기분 나빴나 봐.[13]

하지만 이들이 대마초와 무관하다거나 행동에 위법적 요소가 전혀 없었던 것은 분명 아니었다. 당시 「습관성의약품관리법」상으로도 대마초를 흡연하거나 타인에게 제공하는 행위는 그 자체로 처벌 대상이었다. 문제는 이 사건이 사실보다 크게 부풀려졌다는 데 있었다.

'대마초 파동'이 노린 것

'대마초 파동'에 연루된 대중예술인들을 대하는 당국의 태도와 여론은 가혹한 것이 사실이었다.[14] 1975년 11월 12일부터 12월 10일까지 한 달간 검찰에 검거된 총 71명 중 44명이 구속되었고, 11명이 병원에 수용되었으며, 16명은 훈방 조치되었다. 구속된 44명의 직업을 살펴보면 가수와 배우 등 대중예술계 종사자가

21명으로 절반을 차지했다.[15] 이후 1975년 11월 26일부터 1976년 1월 20일까지는 가수 23명, 배우 3명, 코미디언 2명, 악사 26명 등 총 54명의 연예인이 추가로 검거되었다.[16]

하지만 구속된 대부분의 대중예술인들은 대마초를 밀매하거나 그로 인해 이득을 취한 업자가 아니라 단순 흡연자였다. 판결을 통해 이들은 대부분 10~20만 원의 가벼운 벌금형을 받았다. 가장 중죄로 처벌받은 경우도 징역 1년에 집행유예 2~3년에 불과해 바로 석방되었다. 이후 「대마관리법」이 본격적으로 실시된 후의 단속 실적을 보면 대마 사범 중 대중예술인의 비율은 10% 이하에 불과했다.[17] 이러한 결과를 보더라도 대중예술인들의 대규모 구속 사건으로 전면화되었던 '대마초 파동'은 언론과 당국의 우려와 이 사건이 일으킨 사회적 파장에 비해 정작 그 실체는 미미했다고 볼 수 있다.

당시에도 정부가 대중문화의 영향을 지나치게 부정적으로 받아들인 나머지 퇴폐풍조를 조장하는 '사회악'으로 포장해 엄격히 규제하려 든다는 불만이 나오기도 했다. 대마초 흡연으로 입건된 연예인들에 대해서도 마치 대마초를 이들이 처음 퍼뜨린 것처럼 진상을 흐리는 등 일반 대마 사범보다 더욱 가혹하게 대우한다는 지적이 있었다. 엄격한 검증 없이 필요 이상으로 사건을 확대·과장했다는 비판도 나왔다. 그럼에도 사건에 연루된 연예인들은 상당 기간의 방송금지 조치로 생계를 위협받았고, 대중가요 또한 정

부의 강력한 규제와 검열을 받게 되었다.[18]

'대마초 파동'으로 하루아침에 사회적으로 배제될 수밖에 없었던 대중예술인들의 모습과 당대 분위기는 문학작품의 소재가 되기도 했다. 최인호의 소설 「깊고 푸른 밤」에는 한국에서 유명 가수였던 주인공 준호가 대마초를 피운 죄로 무대에서 물러나 우여곡절 끝에 미국에 정착하는 과정이 나온다.[19] 소설에서 주인공 준호와 대마초의 관계는 "마리화나는 그의 빵이었으며, 술이었으며, 물이었으며, 그의 피였다"라고 묘사되며, "사람들은 그를 마리화나를 사기 위해서 친구들에게 돈을 구걸하는 인간쓰레기 취급을 하고 있었다"는 표현을 통해 주인공 준호의 상황을 설정하고 있다. 소설의 주제는 불법 이민과 아메리칸드림의 허상이지만 주인공이 미국으로 떠날 수밖에 없었던 상황과 배경을 '대마초'를 통해 극적으로 표현하고 있다는 점에서 주목할 만하다. 준호와 같은 대중예술인들이 순식간에 사회적으로 배제되어 생계를 잃고 방황하는 모습을 통해 당시 처분이 그들에게 얼마나 가혹한 것이었는지 알 수 있다.

준호는 한때 제법 이름이 알려진 가수였고, 그의 노래 가사를 그가 몇 개 써준 것도 있었다. 그러나 그는 인기 절정에서 소위 대마초를 피운 죄로 지난 사 년간 무대를 빼앗긴 불운한 과거를 가지고 있었다. 노래를 부르지 못하는 동안 그는 이것저것 사업에

손을 대어 제법 돈도 모았지만 결국 끝내는 빈털터리가 되고 말
았다. (…) 그는 알고 있었다. 준호를 위시해서 많은 젊은 가수들
이 마약중독자로 몰려 두들겨 맞았으며, 정신병원에 격리되었던
쓰라린 과거를. 그들을 만약 단순한 범법자로 다루었다면 길어야
일 년, 집행유예 정도로 끝났을 것이다. 그러나 그들은 사회적 여
론으로 두들겨 맞았으며, 그리고 언제까지라고 정해지지 않은 이
상한 압력으로 재갈을 물리고, 격리되었던 것이다. 그것이 우연히
해외로 나온 여행에서 그를 밀입국자 신세로 전락시키게 한 동기
가 되었을 것이다.[20]

엄혹한 사회 분위기 속에서 한국의 대중예술계는 잠시 동안
극심한 인력 및 콘텐츠의 부재 현상을 겪었다. 당시 큰 인기를 누
리던 대중예술인들이 '대마초 파동'으로 하루아침에 TV에서 깨끗
이 사라져버린 모습은 "문화적 벌목"이라 할 만했다.[21] 결과적으로
정부는 '대마초 파동'을 통해 사회적 파급력이 큰 대중예술계 유명
인들을 연루시켜 전면화함으로써 '대마=위법'이라는 인식을 사회
에 더욱 강하게 각인시킬 수 있었다.

'대마초 흡연자에게 최고형을'

'대마초 파동'과 함께 정부는 대외적으로 '대마=마약'이라는

인식을 확산시켜나갔다. 정부는 문화공보부를 동원해 퇴폐풍조 근절을 위한 홍보 시책을 마련하고,[22] 대마초에 대한 '악마적' 이미지를 적극적으로 홍보해 이에 대한 비판적·부정적 인식을 더욱 고착시켜갔다.

정부가 이용한 대마초 근절의 논리를 살펴보자. 당시는 범국민운동으로서 새마을운동이 정부 차원에서 야심차게 추진되던 시기였다. 정부는 "10월 유신은 곧 새마을운동이고, 새마을운동은 곧 10월 유신"[23]이라며 새마을운동의 가치를 국가의 핵심 가치로 강조했다. 대마초 문제는 새마을운동의 중요한 목표 중 하나로 내걸린 '국민정신 개조'의 차원에서도 결코 간과할 수 없는 것이었다. 실제로 정부는 국가경제에 이바지할 수 있는 '건강한 국민'이 되는 길은 "자주·자립·협동을 통한 근면과 정직의 기풍을 진작하는 것"이고, 대마초를 비롯한 마약문제의 척결이 "진정한 사회정의 구현의 길"[24]이라고 강조했다.

이러한 논리는 '정부와 새마을운동—국민정신 개조와 건강한 국민—이를 위한 마약 근절'이라는 구조로 대대적으로 홍보되었다. 이와 함께 정부는 각종 언론을 통해 대마 사범을 '사회의 공적公敵'으로 규정하고, 정부가 당대 과제로 내건 '유신적 개혁'을 망치는 존재로 부각했다. 이에 대마초의 흡연은 '민족의 생존'과 '국가보위'를 위협하는 '반국가·반윤리·반시국·반사회' 행위이며, 그 도구인 대마초는 "백해무익한 폐인을 만드는 사회악", "성도덕을 문란시키는 도구"[25]라는 이미지를 얻게 되었다.

서울시는 11월 1일부터 연말까지를 퇴폐풍조 정화 기간으로 정하고 마약 및 습관성의약품 사용자에 대한 강력한 단속을 펴기로 했다. 이 중에서도 한국산 마약을 원료로 한 '마리화나'(해피스모크) 중독자를 집중 단속키로 했는데, (…) 이 같은 마약사범의 일제단속은 새삼스러운 일이 아니나 유신적 개혁을 지향하는 이 마당에서 사회정화의 일환책으로 수행된다는 점에 그 새로운 의의가 있는 것이다.[26]

대통령 박정희 또한 대마초 문제에 매우 큰 관심을 보였다. 이 시기 그는 여러 차례에 걸쳐 '마약'과 '마약문제'라는 큰 틀 대신 '대마초'를 직접적으로 특정해 언급하고 있다. "국민총화를 더욱 공고히 하기 위해서는 무엇보다 국가 기강을 바로 세워야 하며, 대마 사범을 뿌리 뽑아 대마초를 피우는 사람이 한 사람도 없도록 하겠다"라는 등 강력한 대마초 근절 의지를 반복적으로 드러냈다. 그리고 「대마관리법」 시행 즈음에는 "대마초 흡연과 같은 반사회적 퇴폐 행위를 근절하기 위해 법이 정한 최고형으로 이들 사범을 엄단하라"라고 법무부에 지시했다. 대마초 흡연 세태를 표현할 때마다 '반시국', '반국가', '반사회' 행위 등 공격적인 수사가 동원되는 것도 특징적이다.[27]

박 대통령은 2일 법무부 순시에서 "연예인들은 물론 학생 사회에도 대마초가 상당히 흘러들어가 있다고 하는데 나는 다른 사건보다 이 문제에 특별한 관심을 갖고 있다"고 말하면서 대마초 흡연을 근절하라고 지시하였다. 박대통령은 또 "반사회적, 반시국적 범죄 행위를 강력하게 단속하되 현행법으로 단속하기 곤란한 경우도 있을 것이므로 이런 행위를 어떤 방법으로 단속할 수 있을 것인지도 연구해보라"고 당부하였다.[28]

한편 대마초 문제는 남북 간 문제와 국가안보의 문제와도 연결되어 연설 및 담화의 형태로 대통령의 입을 통해 공식화되었다. 박정희는 "공산당과 결전을 앞두고 있는 대한민국에서 이러한 환각제가 나도는 것은 있을 수 없는 일"이라며 대마초의 흡연에 대해 "공산당과의 대치 상황 속 죽느냐 사느냐 하는 심각한 시점에서 저지르는 망국 행위와 같다"라고 강도 높게 비판했다.[29] 이와 함께 대마초를 "생활수준이 향상될수록 나타나기 쉬운 불건전 요인"이자 "우리 사회 내부를 좀먹고, 국민정신을 녹슬게 하는 것"이라 꼬집고, 그 근절은 "공산당을 막는 국가안보와 같은 차원"이라고 강조했다.[30]

이처럼 대마초 문제는 당대에 맞닥뜨린 사회 현안과 풍속 문제에서 나아가 정치·경제 및 국가안보 문제와도 연결되면서 다양하지만 일관된 방향으로 금기시되었으며, 국가와 사회를 병들게

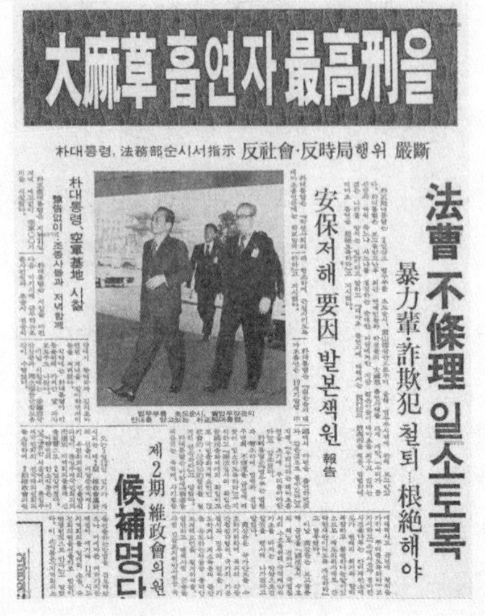

大麻草 흡연자 最高刑을

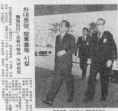

朴대통령, 法務部순시서指示 反社會·反時局행위 嚴斷

法曹不條理 일소토록

暴力輩·詐欺犯 철퇴…根絶해야

安保저해 要因 발본색원 報告

朴대통령, 空軍基地 시찰

제2期 維政會의원 候補명단

그림 13
"대마초 흡연자에게 최고형을, 반사회·반시국 행위 엄단"(《경향신문》, 1976년 2월 2일).

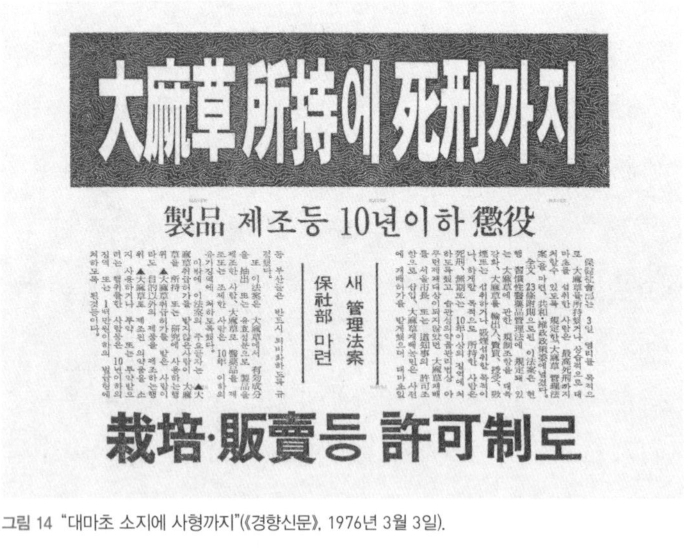
大麻草 所持에 死刑까지

製品 제조등 10년이하 懲役

새 管理法案 保社部 마련

栽培·販賣등 許可制로

그림 14 "대마초 소지에 사형까지"(《경향신문》, 1976년 3월 3일).

하는 주요 '사회악'으로 자리 잡았다.

대마초의 마약화

1976년 3월 3일 「습관성의약품관리법」에 규정된 대마와 관련한 규제 조항을 대폭 강화하고 대마의 재배와 취급 규제 내용을 담은 「대마초관리법(안)」이 마련되었다. 이 법안으로 대마를 수출입·매매·수수·흡연 등 영리 목적으로 소지하거나 섭취한 사람에 대해 최고 사형 또는 10년 이상의 징역에 처할 수 있게 되었고, 「습관성의약품관리법」상으로 제재가 불가능했던 대마 재배는 서울시장 또는 도지사의 허가 조항으로 삽입되었다. 따라서 대마 재배 농민은 사전에 재배 허가를 받고 대마초 잎 등 부산물은 반드시 퇴비화해야 한다는 의무가 명문화되었다.[31]

이후 정부는 3월 9일 국무회의를 통해 「대마관리법(안)」을 의결해 국회에 제출했고, 국회는 3월 23일 이 법안을 신속히 통과시켰다. 이에 따라 대마의 제조와 매매, 흡연 및 장소 제공 등 각각에 대한 규제 내용을 담아 총 25조로 구성된 「대마관리법」이 4월 7일 특별법으로 제정되었다.[32] 이로써 이전까지 통용되던 대마와 관련한 일체의 행위가 또 하나의 국가 관리 대상으로 포함되었다.

당국에 적발된 1970년대 마약 사범 및 대마 사범의 수를 비교해볼 때 주목되는 부분은 시간이 지날수록 그간 주류를 이루

〈표 9〉 1970~1979년 마약류 사범 단속현황   (단위: 명, 괄호는 %)

연도	마약 사범	대마 사범	전체 마약류 사범
1970	904(92.3)	7(0.7)	979(100)
1971	759(81.5)	60(6.4)	931(100)
1972	727(50.8)	338(23.6)	1,430(100)
1973	508(43.8)	348(30.0)	1,159(100)
1974	289(23.3)	579(46.7)	1,239(100)
1975	275(19.0)	952(65.8)	1,446(100)
1976	199(11.2)	1,460(82.3)	1,774(100)
1977	132(14.6)	639(70.8)	902(100)
1978	92(13.7)	483 (72.0)	671(100)
1979	19(4.0)	357(74.5)	479(100)

출전: 대검찰청, 「마약류범죄백서, 1990)」, 1991, 237쪽; 주왕기, 「한국의 약물남용 실태와 마약류 공급 및 수요차단에서의 정부의 역할」, 「청소년범죄연구」 12, 법무부, 1994, 9쪽에서 재구성.
참고: 「대마관리법」 이전 대마 사범 수는 「습관성의약품관리법」상 대마 관련 저촉 대상 집계임.

던 아편계 마약의 사용이 하향세를 보이는 동시에 대마초의 사용은 「대마관리법」이 제정된 1976년까지 매년 큰 폭으로 늘어갔다는 점이다. 1976년 대마 사범은 「마약법」에 저촉된 마약 사범 수보다 약 7.3배 많은 수를 기록하게 되었고, 전체 마약류 사범 중 82.3%를 차지하게 되었다. 이러한 결과는 대마초가 1970년대 마약 소비의 주류로 성장했음을 보여주는 것이다.

또 하나 주목할 것은 앞서 살펴본 '대마초 파동'과 「대마관리법」 시행 전후로 정부가 조성하고자 했던 대마에 대한 비판적 여론과 사회적 인식이 얼마나 효과를 거두었는가 하는 점이다. 통계와 같이 대마초의 흡연은 1970년대 초반 크게 확대되었지만, '대마초 파동'과 「대마관리법」 제정이 있었던 1976년을 기점으로 차츰 감소했다. 「대마관리법」의 실질적 시행 첫해인 1977년 당해부터 위반자의 수는 급격히 줄어들었고, 이후 그 수는 점차 안정되어가는 모습이 확인된다.

이는 그간 대마를 '마약'으로 인식하지 못하던 사용자들이 점차 사라지고 유행으로서의 대마초 흡연이 근절되었다는 의미다. 정부가 대마초에 대한 사회적 인식을 재고하려 하는 과정 속에서 한국에서의 대마 재배와 사용은 1970년대 이후 국가의 관리 및 통제 대상으로 완전히 자리 잡아갔다. 그리고 대중들의 인식 속에 대마는 또 하나의 '마약'이자 '망국의 도구'로 각인되었다.

4부

경제 호황과 그 이면, 필로폰의 시대

11장
올림픽 유치와
필로폰 시대의 개막

일본산 각성제, '히로뽕'

한국의 마약 소비는 급속한 산업화에 따른 경제성장과 소비 계층의 확대와 맞물려 한층 복잡다단해졌다. 그간 아편계 중심이던 마약 소비 양상은 1970년대 대마초가 등장하며 변화하기 시작했고, 1980년대에는 더욱 다양한 모습으로 전개되었다.

1980년대에는 필로폰이 한국에서 사용되는 마약의 주류로 부상했다. 1980년대 필로폰 사용자의 급증과 그 중독 문제는 당대 가장 중요한 5가지 사회 현안의 하나로 지목될 정도로 심각한 사안으로 인식되었다.[1] 필로폰은 언제, 어떻게 국내에 유입되어 사용되기 시작했을까? 필로폰은 일명 '히로뽕'이라고 불리며 일본에서 주로 소비되었다. 한국에는 1941년 일본의 '다이니폰大日本 제약 주식회사'에서 생산된 '히로뽕ヒロポン'이라는 상품명의 각성제가 들

어오면서 일반명사처럼 불리게 되었다. 히로뽕은 이 각성제의 영문 상품명인 '필로폰Philopon'의 일본식 발음에서 유래된 것으로 정확한 성분명은 메스암페타민Methamphetamine이고 이를 줄여 'MAP'라고도 불렀다.

메스암페타민은 일본에서 처음 개발되었다. 1888년 일본 도쿄대학 의학부 나가이 나가요시長井長義 박사가 천식 치료제인 마황麻黃에서 에페드린Ephedrine을 추출하는 과정 중 최초로 발견했고, 이후 제2차 세계대전을 거치며 일본 내에서 크게 유행하게 되었다. 필로폰은 졸음과 피로감을 억제하는 효과가 있다고 알려져 참전 병사들과 공장 노동자들 사이에서 노동력 증강을 위한 목적으로 남용되었다.[2] 전쟁 후에는 다량의 군수용 필로폰 재고가 방출되어 시중에 유통되면서 피해가 늘기 시작했다. 이에 일본 정부는 1949년 후생성 고시로 허가받지 않은 각성제 제조를 금지했고, 1950년에는 요지시약[3]으로 지정했으며, 1951년에는 의원 입법을 통해 「각성제 단속법」을 제정하기도 했다. 그러나 필로폰은 약간의 지식만 있으면 비교적 쉽게 만들 수 있고, 그에 따르는 경제적 이득도 상당해서 폭력단을 중심으로 전국적인 밀조가 계속 이루어졌다.[4] 초기에는 정제 형태로 복용되던 필로폰이 1960년대 이후 정맥주사로 투약되기 시작하면서부터는 일본에서 심각한 사회문제로 떠올랐다.

그림 16 제2차 세계대전 당시 일본의 '히로뽕' 광고(마약퇴치운동본부).

국내 시장으로 역유입된 수출용 필로폰

전혀 새로울 것 없었던 필로폰이 1980년대 한국 마약 시장의 주류로 떠오르게 된 이유는 그간 일본으로의 밀수출을 위해 생산되다 1980년대 초반부터 수출이 어려워진 한국산 필로폰이 국내 시장으로 역유입되었기 때문이다.

필로폰이 한국에 처음 소개된 것은 1960년대 초였다. 일본의 필로폰 제조업자들은 제조 과정에서 발생하는 심한 악취 때문에 적발되는 위험을 피하고자 지리적으로 가깝고, 인건비도 낮은 한국에서 필로폰을 밀조해 일본으로 되가져가는 방법을 택하기 시작했다.[5] 그래서 1980년대 초반까지 한국은 일본의 필로폰 제조지로 기능하고 있었던 것이다. 실제로 당시 한국 필로폰 사범의 유형을 분석해보면 1980년대 이전에는 대부분 제조·밀수 사범이었고, 이들이 제조한 필로폰은 전량 일본으로 밀수출되고 있었다.[6]

하지만 1980년대 초 아시안게임과 올림픽 등 국가적 차원의 국제행사 유치를 확정해 주변국과의 관계 개선이 필요했던 한국 정부와 자국 내 필로폰 수요 격증의 심각성을 인식한 일본 정부는 양국 간 필로폰 밀매매 단속을 강화하겠다는 의지를 천명했다. 그 결과 한국에서 제조된 필로폰의 일본 수출길은 서서히 막히기 시작했다.

1981년 10월 28일과 29일 한일 양국의 관세청은 한일세관실무회의를 개최해 이른바 '마약 안보'를 위한 각종 밀수 방지 대책을 논의했다. 그 결과 양국은 출국지와 입국지 세관장 사이에 자국의 밀매 의심 여행자와 밀수 관련 정보를 사전에 공유하는 방식으로 협조 체제를 구성하기로 합의했다. 협의 과정에서 양국 세관이 주시해야 할 가장 중요한 밀거래 대상으로 지목된 것이 바로 필로폰이었다.[7]

나아가 양국은 1982년부터 서울과 도쿄를 오가며 '마약 및 암페타민류(각성제) 문제에 관한 한·일 대책회의'(이하 한일마약대책회의)라는 이름의 협의기구를 구성해 양국 간 필로폰 밀매 문제에 대해 구체적인 사안을 논의했다. 먼저 1982년 7월 22일과 23일 서울에서 제1차 한일마약대책회의를 열어 필로폰을 중심으로 마약 단속 전반에 대한 의견과 정보를 교환했다.[8] 이 만남에서 양국 당국자들은 일본의 필로폰 수요에 한국산 필로폰이 큰 영향을 미치고 있다는 점에 주목해 필로폰 제조·유통에 관여하는 주요 인물의 입출국을 감시하고, 검거에 필요한 인물관계 정보와 관련 자료를 상대국에 신속히 통보·공유하도록 했으며, 검거한 밀매매 사범에 대해서는 양국 모두 입법 조치를 통해 강력히 처벌할 수 있도록 하는 등 구체적 단속 계획에 합의했다.[9] 이후에도 1984년에 제2차, 1985년에 제3차 회의를 개최하며 상호 간 외교 통로와 국제형사경찰기구ICPO를 통한 수사·공조 합의 등 필로폰 밀매 문제에 대한 양국의 협력과 단속을 지속적으로 강화해나갔다.[10]

하지만 합의 과정에서 필로폰 수요 증가를 바라보는 양국의 시각차가 드러나기도 했다. 일본 측은 일본 내 필로폰의 대부분이 한국에서 수입되고 있다는 점을 강조하면서 양국 간 더욱 긴밀한 정보 교환과 수사 공조 등 보다 강력한 단속 협력이 필요하다는 점을 강조했다. 하지만 한국 측은 현재 한국 내 상황은 큰 문제가 없고, 일본 내 필로폰 수요가 증가한 원인은 일본 측의 산만한 수사 체제와 각성제 원료 단속 미비 등의 문제 때문이라는 입장을 밝혔다. 또 한국 측은 긴밀한 공조 및 협력을 위한 조건으로 재일한국인의 처우 개선과 이들에 대한 일본 언론의 차별적 보도 자제를 촉구하면서 근본적인 한일 관계가 우선적으로 해결되어야 한다고 강조했다.[11] 한편 한국에서는 당시까지 필로폰에 대한 국내 수요가 많지 않았고, 민족감정에 기인해 일본으로의 필로폰 밀수출을 외화 창출 수단으로 인식하는 분위기도 남아 있었다. 실제로 이 시기 필로폰 사건의 피고인을 변호하던 한 변호인은 "필로폰 밀조자는 외화를 벌어들이는 애국자"라는 논리를 펴기도 했다.[12]

일본은 필로폰에 관한 한 수입국의 입장이었기 때문에 협상 결렬에 따른 피해가 한국에 비해 직접적일 수밖에 없었다. 따라서 일본 측은 협상을 시작하면서부터 상대적으로 절박한 입장에서 적극적으로 양국의 합의를 이끌어내고자 했다. 반면에 한국 측은 이러한 일본의 상황을 이용해 재일한국인 처우의 문제나 보도 차별 문제 등 부가적 문제들을 함께 언급함으로써 같은 시기 대통령의 방일을 앞두고 벌어지던 양국 간 다른 현안들에 대한 협상에 조금이라도 유리한 입장에 서고자 했던 것이다.[13] 이렇게 양국의 상황과 입장은 달랐지만, 합의는 필로폰 밀매 단속을 지속적으로 강화하는 방향으로 전개되었다.

동시에 한국 정부는 국내적 차원의 마약 밀매 단속 조치로 1982년 12월 '정부종합대책'을 발표하며 해외 진출 확대 정책을 악용하는 대표적인 범죄 집단으로 '외환 사범'과 '마약 사범'을 지목했다. 이에 따라 외화와 필로폰의 불법 거래에 대해서는 각 지검과 지청에 전담 검사를 배정해 수사 및 공소 유지를 전담하게 했고, 보건사회부, 경찰, 검찰 등 유관 기관의 협조 체제 속에서 필로폰 해외 밀매 감시를 더욱 강화했다.[14] 또 1983년부터 대검찰청은 보건사회부, 치안본부, 관세청 등 마약·밀수·외환 사범 단속 관계 기관과 합동으로 외환 및 필로폰 밀매에 대해 연중 무기한 단속을 공포했다. 그리고 이들에 대해서는 구속수사를 원칙으로, 조직·상습범의 경우 법정 최고형을 구형하는 방침을 정해 필로폰 밀매를 근절하고자 했다.[15]

한일 양국이 필로폰 밀매 단속을 강화하면서 일본에 수출하는 한국산 필로폰은 줄었으나, 국내에서는 풍선효과가 나타나기 시작했다. 한국에서 제조된 필로폰의 일본 시장 점유율은 1982년까지 88.3%로 대부분을 차지하고 있었지만, 1984년을 기점으로 큰 폭으로 하락했다.[16] 그 대신 대만산 필로폰의 일본 반입이 증가하는 결과가 나타났다.[17] 이러한 상황에서 국내의 필로폰 밀제조자들은 급격히 늘어난 재고분을 판매하기 위해 자연스럽게 국내 시장으로 눈을 돌리게 되었다.

급격히 늘어가는 필로폰 수요

1980년대 이전 일본으로의 밀수출이 활발했을 당시 국내 제조자들은 필요할 때마다 비밀리에 공장을 차려 필로폰을 만들었다. 1980년 3월 밀조 사범으로 검거된 이황순의 경우를 보면, 3년 3개월 동안 모두 28회에 걸쳐 필로폰을 제조했는데, 한 번에 제조하는 양은 2~12kg 정도였다. 하지만 1980년대 이후 수사기관의 밀매 단속이 강화되어 필로폰이 국내 시장으로 역유입되면서 국내의 필로폰 수요는 급격히 늘어났다. 그 때문에 오히려 1980년대 후반에는 국내에 필로폰 대량생산 체제가 등장하게 되었다. 1989년 9월 일명 '피터판 사건'으로 검거된 김정숙의 경우를 보면, 1년 반 사이에 220kg의 필로폰을 제조했으며, 1990년 1월 검거된 박세우는 1987년 12월 한꺼번에 50kg, 1989년 9월에는 30kg을 제조해 서울·대전·부산 등지에 유통했다.[18]

이에 따라 국내 마약 사범 중 필로폰 사범의 비율이 매년 급증해갔다. 필로폰 사범을 지칭하는 '향정신성의약품 사범'은 1980년 10.5%에 불과했지만, 1988년에는 전체의 84.2%를 기록할 정도로 급증했다. 필로폰 사용자는 1979년 제정된 「향정신성

연도	향정신성의약품 사범		전체	
	인원(명)	비율(%)	인원(명)	비율(%)
1980	78	10.5	743	100.0
1984	417	40.6	1,027	100.0
1986	862	52.9	1,629	100.0
1987	1,459	72.3	2,016	100.0
1988	3,320	84.2	3,939	100.0

출전: 대검찰청, 「마약류범죄백서, 1990」, 1991, 238쪽.

의약품관리법」의 저촉 대상이었다. 「향정신성의약품관리법」상에
는 '엘·에스·디', '암페타민', '바르비탈', '메프로바메이트', '푸로폭시
펜'을 저촉 대상으로 규정하고 있었지만, 당시 처벌 대상 대부분은
암페타민류에 속한 필로폰 사범이었다. 실제로 1988년 언론은 향
정신성의약품 사범의 100%가 필로폰 사범이라는 결과를 보도하
기도 했다. 이렇게 1990년대 이전까지 이른바 '향정 사범'은 곧 필
로폰 사범으로 이해되었다.[19]

국내산 필로폰의 일본 반출량 감소와 국내 필로폰 소비량 증
가라는 두 가지 결과는 시기적으로 일치하고 있고, 이를 교차로
대조해보면 국내에서 제조된 필로폰이 내수로 돌아섰다는 점이
명확히 확인된다. 이처럼 국내 마약류의 소비 구성은 1970년대 대
마초의 확산으로 한 차례 변화한 뒤, 1980년대를 거치며 필로폰
이 유입되어 국내 마약 시장의 주류로 자리 잡게 되면서 다시 한

번 변화를 거듭했다.

한국 정부는 아직 국내에 필로폰 시장이 형성되어 있지 않던 당시 상황에서 한국산 필로폰의 일본 수출이 어려워지더라도 그것이 국내 시장의 수요로 연결될 것이라고 예상하지는 못했던 것으로 보인다. 실제로 보건사회부는 1988년 자체 보고서를 통해 뒤늦게 정부의 필로폰 밀수출 단속이 오히려 국내 필로폰 사범의 증가를 불러왔다는 점을 인정하면서 당시 상황을 다음과 같이 정리했다.

1. 마약과 대마사범은 감소하고 있는 반면, 히로뽕 등 향정신성의
   약품 사범이 증가.
2. 종래 기지촌 주변, 접객업소 여성 등에 한정되었으나 최근 서
   울, 부산 등 대도시 지역을 중심으로 청소년, 주부층에까지 확
   산되고 있는 실정.
3. 유흥접객업소, 전자오락실 등 우범 장소의 증가에 따라 마약류
   매개 장소 확산.
4. 일본 등 외국의 마약류 단속이 강화되어 외국으로의 반출이
   어려워짐에 따라 내국인에 대한 판매가 확대되고 있는 실정.[20]

이렇게 내수로 돌아선 필로폰은 부산에서 마산·경남을 따라 대구·경북을 거쳐 서울로 유입되었던 것으로 보인다. 필로폰 사범

의 지역별 분포를 보면, 1988년 부산이 가장 많은 비율을 차지고 있었고, 서울, 대구·경북, 마산·경남이 순서대로 뒤를 잇고 있었다.[21] 필로폰 사범의 수가 부산, 경남, 경북 지역에서 두드러지는 이유는 일본으로 밀반출되던 국내산 필로폰의 밀조지가 대부분 부산 지역에 집중되어 있었기 때문이다. 이에 따라 부산에서 역유입된 필로폰은 지리적으로 가까운 경남 지역과 대구·경북을 거쳐 소비 인구가 집중된 서울로 유입되어, 당시 팽창하고 있던 대도시 주변 유흥시설을 중심으로 확산되면서 1980년대의 주요 사회문제로 부각되기 시작했다.

12장
풍요 속의 빈곤:
유흥업의 성장과 필로폰 소비

경기 호황과 '즐기는 문화'의 성장

필로폰의 본격적인 국내 시장 유입이 한국산 필로폰의 일본 밀수출 중단 때문이었다면, 그것이 국내에 유통되고 확산된 데에는 1980년대 경기 호황과 대규모 국제행사를 앞두고 국내 소비 활성화를 꾀한 정부 정책이 중요한 원인을 제공했다고 볼 수 있다. 앞서 살펴본 필로폰의 국내 시장 역유입 현상과 마찬가지로 정부의 국내 소비 활성화 대책 역시 의도치 않게 국내 필로폰 수요 확산에 촉매제 역할을 했다.

1980년대 초부터 아시안게임·올림픽 등 국제행사 유치를 확정한 정부는 관광객 유치와 국내 소비 진작을 목적으로, 정책적으로 유흥업을 장려했다. 그러나 이러한 조치는 필로폰이 국내에 더욱 빠르게 확산되는 결과를 낳았다. 실제로 1980년대 필로폰의 거래와 유통은 대부분 당시 확대되던 대도시 유흥가를 중심으로 이루어졌다.

한국의 향락산업에서 1980년대는 성장기로 규정된다. 한국의 1980년대는 1960~1970년대 고도성장의 결실이 맺어지는 시기이면서, 3저 호황 등의 국제 환경과 소비주의가 접목되어 여가·유흥문화 등 이른바 '즐기는 문화'가 크게 발달한 시기로 평가된다. 사치성 향락산업의 급증으로 국민 여가 성향 역시 1970년대와는 달리 소비적 형태로 이행해갔으며, 가계소득의 많은 부분이 여가에 지출되었다. 무엇보다 한국의 유흥문화에 가장 큰 영향을 미친 변수는 1981년부터 시행된 「야간통행금지 해제」였다. 이는 생활시간 구조를 새롭게 재편하는 동시에 심야영업 술집을 크게 증가시켰고, 이전에는 볼 수 없었던 새로운 유형의 밤 문화를 형성하는 계기가 되었다.[1]

또한 1981년 서울 유치가 확정된 올림픽과 아시안게임은 국가적 행사로 인식되었고, 대회 준비와 진행 또한 국가적 차원에서 추진되었다.[2] 1988년 서울 올림픽은 1984년 로스앤젤레스 올림픽과는 다르게 냉전 분위기 속에서 양 진영의 국가들이 모두 참여하는 국제행사로, 북한과 치열하게 체제 경쟁을 벌이던 남한으로서는 화려한 도시의 모습과 경제성장의 모습을 전 세계에 홍보함으로써 국제사회에 남한이 북한에 비해 상대적 우위에 있다는 인상을 각인시킬 수 있는 절호의 기회였다. 그리고 1986년 서울 아시안게임 역시 2년 후 있을 올림픽을 홍보하고 성공적 개최를 위한 준비 작업을 진행하는 데 더없이 좋은 예행연습이었다. 이에 따라 정부는 한국의 활기차고 현대적인 모습을 홍보하기 위해 '향락'과 '퇴폐' 등의 사회적 이미지로 음성화되어왔던 산업들을 정부가 포괄하는 범위 내로 양성화시키기 위해 다양한 조치를 시행했다.

구체적으로 정부는 1982년 유흥업소용과 일반용으로 나뉘던 주류 구분을 폐지하고 주류 도매상을 확대하는 한편, 각종 접객업소와 유흥업소[3]에서 실시하던 월 1~4회의 정기휴일제를 통금 해제에 따라 폐지해 업소 재량에 맡기는 자율화 조치를 시행했다. 또 「도시계획법시행규칙」 중 유원지 내에는 식당·다방 등 편익 시설 설치만 허용해왔던 기존 조항을 개정해 카바레·여관 등 유흥업소 설치를 허용했다. 이와 함께 강남의 일부 주거지역을 용도변경해 상업지역을 확대하고 집단유흥가를 형성시켰다.[4]

정부의 규제가 풀리자 전국의 유흥업소는 수도권을 중심으로 매년 지속적으로 늘어갔다. 1983년 5월 국세청 발표에 따르면, 서울 강남 지역의 대형 유흥업소는 전년 대비 30~40% 늘어났다. 또 서울에 등록된 여관 수는 1982년 말 3878개에서 1984년 4136개로 늘어났고, 안마방은 1980년 19개에서 1984년 129개로 늘어, 3년 사이에 6.7배 증가했다. 그리고 디스코·고고클럽 등의 무도 유흥업소도 1982년 말 100개에서 1년 사이 191개로, 3~4억 원의 시설비가 투자된 요정·살롱 등도 1984년 2000여 개가 넘어

선 것으로 추산되었다.[5]

유흥업소가 증가한 원인으로는 올림픽 유치 확정 이후 서울시를 비롯한 각 시·도 당국의 무분별한 등록 허가가 지적되었다. 신고만 하면 영업을 할 수 있는 대중음식점으로 허가를 받은 뒤 실제로는 암암리에 요정·살롱 등으로 영업하고 있는 곳도 많았다.[6] 한편 1986년 12월 30일 자 국세청 발표에 따르면, 카바레·나이트클럽·요정 등 특별소비세를 납부하는 과세 유흥장 사업자는 전년에 비해 84.4%가 늘어난 것으로 집계되었다. 건설부 분석에 따르면 1987년 상반기 기준 유흥시설 건축허가 면적도 전년 대비 15.7% 증가한 것으로 집계되어 경기 호황으로 풀린 자금이 유흥시설로 몰리고 있다는 평가를 받았다.[7] 지속적인 무역수지 흑자에 따른 국내 경기 활성화와 국민·개인 소득이 증가하면서 이러한 현상은 더욱 가속화되었다.[8] 건전한 유흥·여가 산업이 성장하는 데서 그치지 않고, 그 이면에 마약과 같은 부정적 요소들이 대중과 접촉할 수 있는 기회 또한 더욱 많아진 것이다.

필로폰을 확산시킨 유흥업

유흥업의 확대 추이가 필로폰 사범의 증가세와 시기적으로 일치한다는 점만으로는 둘의 관련성을 완전히 입증했다고 단정하기 어렵다. 둘의 관계를 더욱 명확히 입증하기 위해서는 전체 유흥업소 종사자 중 필로폰에 노출된 사람 수와 이들과 접촉하는 필로폰 사용자 수를 대략적으로 추측해보고, 이를 전체 필로폰 사용자 수와 비교해볼 필요가 있다.

당대 한국형사정책연구원에서 발표한 연구보고서에 따르면 1990년 기준 유흥업장 주변에서 필로폰을 사용하는 사람은 적게는 약 7만 1500여 명에서 많게는 약 15만 7500여 명, 평균적으로 11만 4500여 명으로 추정되었다.[9] 한편 검찰 당국은 1989년 기준, 실제 검거 건수 외에 상습 마약류 사용자가 전국적으로 약 13만여 명에 이를 것으로 추정하고 있었고, 같은 시기 언론들도 공통적으로 10~15만여 명의 마약류 중독자가 전국적으로 산재해 있을 것으로 보도했다.[10] 그리고 앞서 보았듯이 1988년 기준 필로폰 사범은 전체 마약류 사범의 약 84.2%를 차지하고 있었다.[11]

이상의 통계를 종합해 유흥업장 관련 필로폰중독자 수를 약 11만 명으로 가정하고, 전국의 전체 상습 마약류 사용자를 약 13만 명이라고 가정했을 때, 유흥업장 주변 필로폰 사용자는 전체 마약류 사용자의 약 84%라는 결과가 도출된다. 이는 실제 마약류 사범 중 필로폰 사범의 비율과도 대략적으로 일치하는 결과다. 전국적으로 숨어 있는 실제 필로폰 사용자 수를 정확히 파악하기는 어렵다고 하더라도, 당시 유통되던 필로폰의 대부분이 유흥사업장 주변에서 소비되고 있었다는 점은 분명히 확인할 수 있다.

실제로 부산이나 서울 등 대도시 지역 유흥가에서는 남녀 손님들에게 필로폰을 '뽕'이라는 은어로 부르며 술에 타주었고, 심야 다방, 만화방, 전자오락실 등에서는 청소년들도 주인에게 '술 한 잔' 달라고 말하면, 몇천 원의 가격으로 필로폰을 손쉽게 주사할 수 있었다.[12] 또 1988년 8월 부산에서의 단속 결과를 보면, 서면 일대 술집 중 80% 이상이 필로폰을 취급해온 것으로 드러나기도 했다. 실제로 유흥가 주변의 아침 청소부들은 여관이나 술집 골목 쓰레기통에서 휴지에 쌓인 피 묻은 주사기를 치우는 일은 새삼스러운 일이 아니며, 피로를 잊게 해주는 효과가 있어 동료들 중에도 더러 필로폰 주사를 맞는 사람이 있다고 진술하기도 했다.[13]

필로폰의 사용 환경에 대해서는 마약 수사를 담당했던 한 검사의 체험을 엮은 소설 『천국놀이』에도 잘 드러나 있다. 저자의 지인인 대검찰청 마약 전담 검사가 그간 경험한 사례들을 바탕으로 한 이 소설은 필로폰 사용 현장의 모습을 생생하게 전해준다. 소설 속에는 대도시 유흥가 주변에서 필로폰을 접하고 이를 최음제로 사용해 성행위를 벌이는 장면이나 한순간 흥에 취해 사용했다가 중독자로 전락해 일명 '뽕쟁이'로 불리게 된 사람들의 모습이 구체적으로 묘사되어 있다.[14]

"갑자기 눈이 번쩍 뜨이며 제 몸속의 모든 세포들이 쌍수를 들어 환호성을 지르더군요 그 여자가 평소 뽕쟁이들의 은어로 필로폰을 '술'이라 하고, 1회 투약할 수 있는 분량의 '술'을 '한 잔'이라고

한다며 '술 한 잔'이라는 표현을 즐겨 사용했거든요." (…) "3년 전
엔가, 필로폰으로 패가망신한 50대 남자를 검거한 적이 있어요.
오륙년 전만 해도 부산에서는 제법 알려진 중소기업의 사장이었
는데, 어느날 술자리에서 친구가 권하는 필로폰에 호기심이 발동
해서 그만 뽕쟁이로 전락하고 말았죠."[15]

필로폰 사범이 된 사람들

필로폰 확산과 유흥업의 관계를 더욱 구체적으로 확인하기
위해서는 사용자들의 필로폰 구입처와 직업별 분류를 분석해보는
것도 도움이 된다. 먼저 필로폰 사용자의 직업별 분류에 대한 두
가지 통계를 비교해보자. 통계의 수치보다는 추세와 경향성에 주
목해 살펴볼 필요가 있다.

〈표 11〉에서 필로폰의 주요 사용자층은 무직과 유흥업 종사
자, 연예인 등의 직업군으로 과반을 상회하는 62.9%이고, 〈표 12〉
의 결과 역시 무직과 서비스직이 전체의 66.6%로 나타났다. 여기
에서 무직의 경우 단순히 직업이 없는 사람들이라기보다 폭력단
에 가입되어 있거나, 필로폰 취급을 통해 생계를 유지하는 사람들
을 포함하는 분류라는 점과 〈표 12〉의 서비스직은 유흥업 관련
종사자가 대부분이었다는 점이 고려되어야 한다.[16] 이를 감안하면
필로폰이 유흥업과 밀접히 관계된 생활 반경을 가진 사람들을 중

〈표 11〉 필로폰 취급 경험자 직업별 분류표

직업	숫자(명)	백분율(%)
무직	425	22.8
유흥업 종사자	480	25.8
연예인	266	14.3
중·고교·재수생	235	12.6
대학생	99	5.3
공장 노동자	73	3.9
사업가	132	7.1
회사원	33	1.8
의·약사	57	3.1
운전기사	65	3.5
합계	1741명	100%

출전: 김경빈, 「유흥업소 주변의 습관중독성물질 오남용 실태 연구」, 한국형사정책연구원, 1990, 151쪽.

〈표 12〉 필로폰 사범 재소자 직업별 분류표

직업	숫자(명)	백분율(%)
무직	1674	50.5
서비스직	533	16.1
학생	34	1.1
단순생산직	226	6.8
사무직	57	1.7
전문직	56	1.7
주부·농업 등	732	22.1
합계	3318명	100%

출전: 한국형사정책연구원, 「메스암페타민 사범의 실태와 대책」, 1989, 60쪽에서 재구성.

심으로 소비되었다는 점이 다시 한번 확인된다.

그 밖에 비슷한 시기 언론 자료에 나타난 필로폰 사용자의 직업별 남녀 구성비를 살펴보면 남성의 경우 무직(51.2%), 서비스직(10.7%), 그 외 단순생산직, 판매직, 농림수산직, 사무직 순이었다. 반면 여성의 경우에는 무직(46.5%)과 서비스직(45.7%)이 전체의 91.2%를 차지하는 비교적 단순한 구성을 보였는데, 당시 언론은 집계된 여성 필로폰 사용자 대부분이 유흥업 관련자였다고 보도했다.[17]

한편 사용자의 과반은 필로폰을 '기분이 좋아지는 약', '피로가 회복되는 약', '성적 쾌감을 높이는 약', '잠을 쫓는 약', '살 빼는 약' 등으로 인식하고 사용했다.[18] 사용자 상당수가 필로폰의 불법성 여부에 대한 특별한 인지 없이 피로 회복이나 졸음 퇴치 등 특정한 약효를 발휘하는 유도제 정도로 비교적 가볍게 인식하고 있었던 사회적 분위기도 그 수요를 빠르게 확대한 중요 원인으로 작용했다.

정부는 1979년 12월 28일, 기존의 「습관성의약품관리법」을 폐지하고 「향정신성의약품관리법」을 제정한 바 있으나,[19] 1980년 대 국내 필로폰 사범은 매년 60% 이상 증가하며 큰 폭으로 늘어났다.[20] 〈표 13〉에서 보듯 필로폰 사용자를 나타내는 향정 사범의 수는 1980년 78명 이후로 아시안게임과 올림픽 양 대회를 전후해 3320명까지 크게 증가했다. 1980년 전체 마약류 사범의 10.5%에

(단위: 건/명)

	총계		마약 사범		향정 사범		대마 사범	
	건수	인원	건수	인원	건수	인원	건수	인원
1980	438	743	116	128	27	78	295	537
1981	466	909	98	140	82	216	286	553
1982	569	1,007	98	134	250	501	221	372
1983	1,101	1,101	203	203	420	420	478	478
1984	1,027	1,027	202	202	417	417	408	408
1985	1,190	1,190	361	361	501	501	328	328
1986	850	1,629	315	375	323	862	212	392
1987	1,043	2,016	212	239	661	1,459	170	318
1988	2,456	3,939	252	268	1,990	3,320	214	351

출전: 대검찰청, 「마약류범죄백서, 1990」, 1991, 238쪽.

불과했던 향정 사범은 1986년 52.9%로 과반 이상을 차지하게 되었고, 1988년에는 전체의 84.2%에 이르게 되었다.

　필로폰은 전체 마약류의 소비 증가를 이끌며 1980년대 중반부터 한국에서 소비되는 마약의 주류로 자리 잡았다. 이 과정에서 필로폰의 생산·소비 지역도 넓게 번져갔다. 앞서 보았듯이 1980년대 중반까지 필로폰의 생산과 소비는 부산에 집중되어 있었다. 부산은 공항·항만 지역으로서 외국과의 출입과 원료 구입, 재고 물량의 보존이 비교적 편리했기 때문이다. 하지만 1988년을 기점으로 서울과 인천·경기, 대구·경북 등 부산 이외 많은 지역이 필로폰의 생산·소비지로 떠오르게 되면서 부산의 비율이 줄어들어 전국적으로 고른 분포를 보이게 되었다.[21] 부산의 필로폰 생산과 소비가 줄었다기보다 다른 지역의 필로폰 수요가 증가하며 해당 지역의 생산·소비가 상대적으로 확대된 결과였다.

13장
마약을 통해 사회를 장악하라

신군부가 말하는 '반민주'의 상징

한국의 마약류 소비는 1980년대에 들어 필로폰의 유입과 확산으로 더욱 확대되고 다양화되었다. 그렇다면 이 시기 새롭게 정권을 차지한 신군부는 이 문제를 어떻게 인식하고 있었을까?

전두환 신군부는 10·26사건 이후 반독재·민주화 분위기가 팽배해진 사회 분위기 속에서 "우리 정치 풍토에 알맞은 민주주의의 토착화, 정의로운 사회 구현, 국민정신 개조 등을 위한 기초 작업에 착수하겠다"라는 기본 목표를 천명했다. 이에 따라 계엄령 해제와 같은 정치적 사안에 대해서는 "이성적인 국민이라면 질서와 안정을 바라지 않는 사람이 없으며, 민생을 안정시키기 위해서는 사회적 안정이 급선무라는 데 누구도 반대하지 않을 것"이라며 '정의로운 사회 구현'을 위한 '사회질서 회복'이 선결 조건이라고 발표했다.[1] 따라서 신군부는 "사회악 일소를 통한 국가 기강 확립"을 명분으로 거듭 '정의사회 구현'과 '사회적 안정'을 통한 '건전한 사회 육성'을 집권 이유로 강조했다.[2]

신군부는 출범 초기 사회 전반에 조성되어가던 반독재·민주화 분위기에 맞설 국가 차원의 강력한 사회통제를 필요로 했다. 이에 신군부는 '사회정화'를 이루어 '건전한 민주사회'를 만든다는 명분을 내세우며 당시 지적되던 대표적인 사회문제들을 과감하게 척결하는 모습을 보임으로써 집권 정당성을 확보하고자 했다. 1980년대 한국 사회에서는 그간 축적된 경제개발의 성과로 중산층이 크게 성장하고, 국내 소비가 활성화되면서 다양한 소비문화가 나타나게 되었다. 하지만 그 이면에 여성 납치와 성매매, 폭력조직, 마약문제 등 사회불안도 더욱 심화되었다. 이러한 문제의 척결은 당시 군부의 사회 장악을 합리화하는 데 좋은 현안거리이자 명분이었다.

따라서 정부는 이러한 사회문제와 그 관련자들을 '사회악'으로 지목했다.[3] 그 과정에서 마약은 '민주사회의 기틀을 위협하는 불법과 무질서를 만드는 도구'이자 '퇴폐와 향락을 조장해 일하는 사회, 건전한 사회를 위협하는 범죄' 등 '반민주'와 '반사회'의 상징으로 이전과 또 다른 형태로 표현되었다. 그것은 마약문제에 접근하는 정부의 인식과 의도가 반영된 표현이었다.

사회악을 일소하라

실제로 집권과 함께 신군부는 1980년 8월 4일 '국가보위비상
대책위원회'를 통해 "각종 '사회적 독소'를 단시일 내에 효과적으로
뿌리 뽑아 사회정화를 이루고 건전한 사회를 정착시킨다"[4]는 명분
으로 마약 소탕을 비롯한 「사회악일소특별조치」를 발표했다.

국가보위비상대책 상임위원회는 사회악 일소 특별조치를 단행해
사회악 사범에 대한 일제 소탕을 시작했습니다. 정부의 이와 같은
조치가 실효를 거둘 수 있도록 국민 모두가 협조해줄 것을 당부
했습니다. 그 동안 우리 사회 주변에서 선량한 국민을 괴롭혀온
폭력 사범을 비롯해서 사기꾼과 공갈, 도박, 밀수 사범, 마약 사범
등, 각종 사회적 독소를 뿌리 뽑기로 한 것인데 이러한 사회악이
만연됨으로써 정직하고 착실한 대다수 국민들이 마음 놓고 명랑
한 생활을 할 수 없었을 뿐만 아니라 공공질서를 파괴하고 국민
의 재산과 생명까지 위협하는 고질적인 요인이 되어왔습니다. 국
보위는 이번 조치가 사회악의 씨를 뽑아서 밝고 명랑하고 정의로
운 새 시대, 새 사회를 건설하자는 데 뜻이 있다고 밝히고 사회기
강 문란범을 사회로부터 단순히 격리시키는 데 그치지 않고 계
몽, 선도하는 시책을 써서 다시는 그와 같은 사회악이 발붙이지
못하도록 할 방침입니다.[5]

이에 따라 폭력, 사기, 마약 사범 등에 대한 일제검거령이 내려져 군경 합동으로 1981년 1월까지 5개월 동안 4차에 걸쳐 6만여 명이 검거되었다. 이들 중 4만여 명은 이른바 '순화교육'이라는 이름으로 군부대 내에서 4주 또는 2주간 가혹한 훈련을 받았다. 검거된 사람들은 보안사령부, 중앙정보부, 헌병대 요원과 검찰, 경찰, 지역 정화위원으로 구성된 심사위원회에서 죄질에 따라 A·B·C·D의 네 등급으로 분류되었는데, A급은 군법회의에 회부

그림 19 "국보위, 마약 등 '사회악' 사범 일제 소탕"(《동아일보》, 1980년 8월 4일).

되었고, B·C급은 4주 교육 후 6개월 복역 및 2주 교육, D급은 경찰에 의해 훈방되었다.[6]

마약 관련자들의 경우 현행범은 A급, 재범의 위험성이 있는 마약 전과자는 B급으로 분류되었다. 1981년 1월 8일 '사회정화위원회' 발표에 따르면, 1980년 8월 검거를 시작해 5개월 동안 검거된 인원은 총 5만 7761명이었다. 이 중 5052명이 A급으로 구속되었고, 3만 8259명은 B급으로 판정되어 순화교육을 받았으며, 1만 6250명은 훈방되었다. 검거 유형을 살펴보면, 폭력이 5만 1061명으로 88.8%를 차지했고, 상습도박·마약·밀수 사범 등이 8%인 4636명, 공갈·사기범이 3.2%인 1864명이었다.[7] 이른바 '삼청교육대'에 입소한 이들은 훈련 중 심각한 정신적·육체적 학대를 받으며 인권을 유린당했다.

1980년 「사회악일소특별조치」에 따른 전체 검거 인원 중 마약 사범이 차지하는 비율은 공식 기록이 없어 확인하기 어렵다. 하지만 〈표 14〉에서 보듯 특별조치가 실시된 1980년부터 1982년까지 정체를 보이고 있던 마약류 사범의 단속 건수가 특별조치로 구속된 수감자들이 출소하기 시작한 1982~1983년 이후에는 큰

〈표 14〉 1980~1984년 마약류 단속 건수 (단위: 건)

	1980	1981	1982	1983	1984
건수	438	466	569	1,101	1,027

출전: 대검찰청, 「마약류범죄백서, 1990」, 1991, 238쪽.

폭의 증가세로 전환되었다는 점을 주목해보면, 당시 수감자들 중 잠재적 마약 소비층이 상당수 포함되어 있었을 것이라는 추측을 가능하게 한다.[8]

당시 정부가 실시한 마약에 대한 조치들은 규제 단속과 처벌을 강화하는 일관된 방향으로 전개되었다. 1980년 12월부터 정부는 「사회보호법」을 제정해 대표적인 사회악으로 규정한 폭력 및 마약 사범에 대해 보호감호 제도를 시행했는데,[9] 정해진 형기 이후에도 관련 사범들을 일정 기간 동안 사회로부터 격리할 수 있게 해 이중처벌적인 요소를 가지고 있었다. 또 「보건범죄단속에 관한 특별조치법」을 개정해 마약 사범과 불량식품 제조·판매자에 대한 벌칙을 강화하는 동시에, 보건사회부 소속의 전국 마약감시원을 확충하고 도시유흥가 및 우범지역에 고정단속반을 배치했다. 그리고 「마약감시원 주재규정」을 「마약 등 감시원 주재규정」으로 개정해 「마약법」 저촉 대상에 한하던 기존의 단속 범위를 「마약법」, 「대마관리법」, 「향정신성의약품관리법」 저촉 대상으로 확대했고,[10] 1982년 「마약 및 향정신성의약품 감시업무지침」을 발표해 감시 업무의 대상과 범위를 넓혀나갔다.[11] 이 밖에 1981년부터 한일 양국 간 필로폰을 비롯한 마약밀수 방지 협의가 이어지면서 정보 공유 및 단속 협조 체제가 강화되고, 이어 1982년 마약문제에 대한 '정부종합대책'이 발표되면서 관련자에 대한 구속 수사와 중형 구형 원칙이 적용되었다.[12] 이에 따라 아시안게임이 치러진 1986년부터

는 각 관계기관 담당자들로 편성된 마약사범합동단속반이 운영되었다.[13]

올림픽을 앞둔 1987년 3월, 정부는 마약 사범에 대한 벌칙 강화를 골자로 하는 「마약류사범특별근절대책」을 발표해 급증하던 필로폰 사용에 대한 법 적용 범위와 처벌 수위를 높이고자 했다.[14] 보건사회부를 중심으로 10개 유관 부처가 합동으로 마련한 이 대책으로 정부는 마약류 전용 신고 전화번호 '127번'을 개설해 주민들의 신고 참여를 유도했으며, 기존 「관세법」·「약사법」에만 적용되어 5년 이하의 징역 또는 50만 원 이하의 벌금으로 규정되어 있던 필로폰의 원료인 에페드린의 밀반입 행위를 7년 이상의 징역에서 최고 무기징역까지 가능한 「향정신성의약품관리법」 적용 대상으로 포함시켰다. 특히 이 법에는 '예비음모죄' 조항도 신설되어 필로폰 원료의 매매가 의심되는 행위만으로도 처벌이 가능해졌다.[15]

이 밖에 보건사회부를 비롯한 경제기획원·외무부·법무부·문교부·문화공보부·체신부·검찰청·관세청·치안본부 등 10개 관계 부처에서 마약류 관리실무대책반을 구성해 마약 전과자에 대한 전산화 작업을 실시했고, 올림픽 전후로 외국인을 통해 국내에 마약이 확산되지 않도록 각 항만 및 공항에 한미 합동 마약단속반을 가동했다. 또 올림픽 기간 중에는 정부 주도로 대대적인 '범국민 마약 퇴치 캠페인'을 벌여 국가적 경계 태세를 강화해갔다.[16]

이러한 분위기 속에서 1989년 12월 1일 사상 처음으로 필로

그림 20
"필로폰 사범, 첫 사형 선고"(《동아
일보》, 1989년 12월 1일).

폰 사범에 대해 사형이 선고되었다. 필로폰 전과 4범이었던 최재도
는 1980년 필로폰 밀수출 혐의로 징역 6년을 선고받고 1986년 출
소한 이력이 있던 인물로, 1987년 8월부터 1988년 12월까지 시가
283억 5000만 원 상당의 필로폰 283.5kg을 밀조해 일본과 국내
로 유통하다 다시 체포되었다. 그는 1989년 6월 구속기소되었고,
부산지법 제4형사부 결심공판에서 「향정신성의약품관리법」·「약
사법」 위반 등이 적용되어 검찰의 구형대로 사형이 선고되었다.[17]
필로폰 사범에 대한 재판부의 사형선고는 마약을 근절하고자 하
는 정부의 강력한 의지를 반영한 결과였다.

이후 사형제도의 위헌 여부에 대해 논란이 일자 1990년 8월 법무부는 필요 이상의 극형 조항을 재검토해 「특정범죄가중처벌법」과 「특정경제범죄가중처벌법」상의 사형 조항 20개 중 11개 항을 폐지했다.[18] 하지만 미성년자 유괴와 마약 사범 등에 대해서는 사형을 존치하도록 결정했고, 마약은 여전히 법적 가중처벌 대상으로 남게 되었다.[19]

엄벌주의 정책의 한계

1980년대에 정부는 표면적으로 '사회정화'를 내세우며 마약을 더욱 강력하게 단속한 것처럼 보인다. 그러나 앞서 보았듯 실상은 정부의 의도와 전혀 다른 방향으로 전개되며 필로폰의 확산과 전체 마약류 사범의 지속적 증가라는 결과를 낳았다. 올림픽이라는 국제행사 유치를 확정한 정부는 유치 경쟁국이던 일본과의 관계를 개선해 동의와 협력을 얻을 필요가 있었다. 이런 이유로 일본의 필로폰 밀매 문제 해결을 돕고자 한국산 필로폰의 밀수출을 적극적으로 단속했는데, 그것이 오히려 필로폰의 국내 시장 역유입이라는 결과를 가져왔다. 여기에 해외관광객 유치와 국내 소비 활성화 등을 목적으로 실시한 유흥·여가산업 확대 조치 또한 의도치 않게 국내에 필로폰이 빠르게 확산되는 데 상당한 기여를 하게 되었다.

이처럼 상반된 결과가 나온 이유는 근본적으로 마약문제에 대한 정부의 해결 방식이 수요 억제가 아닌 공급 억제 중심이었기 때문이다. 공급 억제 부문이 마약의 공급원을 차단하는 정책으로 제조·유통자에 대한 단속과 처벌을 중심으로 하는 정책이라면, 수요 억제 부문은 사용자에 대한 치료·관리, 해독에 대한 교육·홍보 등 보다 근본적인 차원에서 예방을 목적으로 하는 정책이다.[20] 당대에는 근본적으로 수요를 줄이는 예방 정책이 모색되지 못한 채 신군부의 사회장악과 통제라는 분명한 목표 아래 엄벌주의에 입각한 단속 중심으로 행해졌다. 따라서 잠재적 수요자를 관리·교육해 확산을 저지하거나 치료·재활제도를 확대해 재범률을 낮추는 방식은 강구되지 못했고, 수요 부문에 대한 대책은 사실상 부재한 상황이나 다름없었다.

실제로 1989년 한 해 동안 서울에서 마약 등 약물중독으로 입원한 사람은 총 52명에 불과한 것으로 집계된 통계를 보면,[21] 정부의 마약 관리가 계도와 치료보다는 단속에 치중되어 있었다는 사실을 알 수 있다. 마약중독 치료 병원에서 입원치료를 받을 수 있는 대상 역시 형사처벌 대상자로 제한되어 있었다.[22] 그 때문에 1980년대 검거 인원 중 약 1% 내외의 극소수만이 치료 혜택을 받은 것으로 집계되었고, 이마저도 기간이 짧아 치료 및 재활 효과를 충분히 거두지 못했다.[23] 1989년 현직 대검찰청 마약과장은 한 언론과의 인터뷰에서 "한국에서의 마약 예방은 기껏해야 '마약은 망국의 병'이라는 유인물을 배포하는 수준에 머물러 있었던 것이 전부라 해도 과언이 아니다. 지금이라도 근본적인 대책이 수립되어야 한다"[24]라고 주장하기도 했다. 1980년대 마약 사범의 재범률은 40% 수준으로, 처벌 일변도의 정책이 가진 한계를 뚜렷이 보여준다.

당시에도 「마약법」 제49조에는 의료인이 환자가 마약에 중독되었다고 진단하는 경우, 의료인은 중독자 정보를 보고하고 치료를 행할 의무를 가진다고 규정하고 있었다. 하지만 일반 병원에서 중독자를 치료하기란 현실적으로 매우 어려운 일이었다.[25] 당시 사회에서 대표적인 '사회악'으로 인식되던 마약중독자들은 치료를 통해 사회에 복귀해야 할 이들이 아닌 '사회정화'의 대상으로 받아들여졌기 때문이다. 강력한 형사법을 적용해 사회적으로 분리되고 격리되어야 한다는 분위기 속에서 마약중독자들은 자신의 이력과 정보가 당국에 신고되어 처벌될 것이 두려워 스스로 치료를 기피할 수밖에 없었다.

정부의 강력한 단속과 벌칙 강화에도 예방과 재활이 선행되지 못했기 때문에 한국의 마약문제는 근절되지 못했다. 공급과 수요 부문의 불균형 해소는 마약 정책에서 중요한 과제였다. 신군부의 바통을 넘겨받아 출범한 노태우 정부는 엄벌주의에 입각한 공급 억제 기조는 그대로 계승하면서도 관계 부처 간의 확실한 역할 분담을 바탕으로 수요 억제 부문의 대책을 강구하기 시작했다.

1989년 노태우 대통령은 국정연설에서 "마약에 대한 근원적 대책으로 계몽사업 및 중독자 치료를 위한 대책을 수립하겠다"[26]고 밝히면서 수요 억제에 대한 의지를 공식적으로 드러냈다. 이에 따라 마약류 수사와 단속권은 1988년 「검찰청법」 개정과 1989년 「보건사회부직제」 개정을 통해 보건사회부에서 검찰로 이관되었다. 이후부터 마약 단속은 검찰이 전담하고, 보건사회부는 치료와 재활 등 사후 관리에 집중하는 방식으로 역할 분담이 이루어졌다.

한편 정치권에서도 날로 급증하는 마약중독 문제에 대한 근본적 해결을 모색한다는 취지로 중독자 치료·재활 문제에 관한 공청회를 열었다. 정치권을 비롯해 검찰, 의학 및 약학 등 관계 전문가들이 초청된 이 자리에서는 마약중독 전문 치료 병원 건립과 「사회보호법」의 치료감호 규정 개정을 통한 중독자 치료·재활 규정 신설 등이 논의되었고,[27] 정부는 마약중독자 치료·재활을 위한 전문 치료센터 운영에 대한 계획을 밝히기도 했다.[28] 이 같은 정부의 계획은 법제 부문의 규정 신설로 이어져, 국민 참여와 치료보호기관의 지정·설치, 마약류 중독자 치료보호심사위원회 운영 등에 관한 법적 근거가 마련되었다.[29]

이러한 노력은 분명 마약문제에 관한 한 확실히 진일보한 움직임이었지만, 마약중독에 대한 사회적 시선과 인식 개선 없이 이 문제의 근본적 해결을 기대하기란 어려운 일이었다. '5공 청산'이라는 사회적 과제를 떠안게 된 새 정부 역시 지난날의 정부가 그러했듯 마약중독 문제를 이전 정부의 유산으로 돌리며 단절의 대상으로 그려나갔다.[30] 마약중독은 어두운 군사독재 시절의 퇴폐상 및 비윤리의 상징이 되었으며, 그 안에서 중독자들은 또다시 사회의 음지로 숨어들 수밖에 없었다.

| 나가며 |

이 책에서 필자는 한국 사회에서 마약이 부정과 범죄의 대상으로 의식화되고 '사회악'으로 자리 잡게 된 과정을 추적해보고자 했다. 이를 위해 우리 근현대사를 개항과 일제강점기 아편계 마약의 유입부터 해방기 마약의 확산,「마약법」제정을 통한 통제체계의 수립과 1970~1980년대 마약류 소비 다변화의 시기로 시대를 구분해 각각의 시기를 경과하면서 한국 사회에서 마약이 어떻게 사용되고, 인식되며 통제되어왔는지를 당대의 시대적 상황과 연결해 그려보았다. 그 결과 마약은 시대를 담고 있었다. 각 시기 마약이 어떻게 인식되고 규제되어왔는지 살펴보는 과정 속에서 근현대 한국의 사회상을 발견할 수 있었다.

해방 후 한국은 일제강점기 가려져왔던 식민지 조선의 사회문제들과 만나게 되면서 마약문제는 비로소 스스로 극복해야 할 현실의 문제로 등장했다. 하지만 한반도의 분단과 체제 경쟁이라는 남북 간 치열한 대결 구도 속에서 한국 사회는 마약중독이라는 병을 제대로 돌보지 못했다. 모든 사회적 관심과 비용이 상대 진영과의 이데올로기 경쟁, 경제개발과 독재체제 유지에 집중되어야 했기 때문에, 마약중독은 치료의 대상이 되지 못한 것이다.

그 대신 정부는 마약문제를 당면한 국가적 과제 해결에 이용하고자 했다. 국민들이 마약을 상대 진영, 즉 북한의 도구로 생각하고 통일민족국가 수립이라는 시대적 과제 해결을 방해하는 것으로 인식하게 된다면, 그것은 북한에 대한 부정적 인식을 증폭시켜주는 동시에 당대 체제의 집권 이유를 마련해줄 수 있는 여러모로 편리한 선택이었다. 이에 따라 마약은 우리 근현대사 속에서 내내 '국가 건설을 방해하고' '우리의 전력을 갉아먹어' '적을 이롭게 하는' '적색의 도구'이자, '국가경제 발전을 저해하고' '국가보위를 위협하는' '반국가', '반사회', '반민족'의 이미지로 그려져왔다.

마약은 근현대 한국 사회에서 시대에 따라 종을 달리하며 유행해왔다. 그리고 그 사용과 중독의 문제는 당대 사회의 제도적 허점을 뚫고 이어져왔다. 이 책은 그러한 시대 흐름 속에서 크게 세 가지를 주의 깊게 살폈다. 첫째는 한국 사회가 변화하는 과정에서 마약이 어떻게 형상화되어왔는가 하는 점이고, 둘째는 그 과정에서 마약 통제 방식이 갖는 특성을 평가하는 것, 셋째는 마약에 대한 국가와 민간 사이 권리와 책임의 이동 관계를 살펴보는 것이었다. 세 가지는 단절적으로 분석되기보다는 각 시대별로 마약이 사회문제가 되어가는 과정을 따라가다 보면 자연스럽게 연결되는 문제였다.

마약의 형상화 과정을 추적하면서는 마약의 사용과 중독 문제를 대하는 정부 당국의 인식과 태도를 통해 한국의 사회상이 변화하는 모습을 엿볼 수 있었다. 근현대 한국에서 마약은 꾸준히 사회문제로 지목되어왔지만, 시대적 환경에 따라 이 문제를 사회문제로 생각하는 이유와 관점은 각기 달랐다. 전통사회에서 관용의 대상이었던 마약에 대한 인식은 해방 이후 점차 '반민족적'이고 '비국민적'인 것으로 전환되었다. 일제강점기를 거치며 내재되기 시작한 마약에 대한 부정적인 인식이 해방이라는 특수한 정치적 상황을 맞아 증폭되어 나타난 결과였다. 정부수립 이후, 마약을 통제하는 일은 각 정권의 존립과 집권 명분을 확보하기 위한 도구이자 당대 처한 시대적 과제나 위기를 타개하기 위한 수단으로 활용되었다. 그러면서 마약은 국민의 건강과 위생의 문제보다는 정치·경제·사회적 현안들과 깊이 연동되어 이해되었다.

따라서 마약에 대한 사회적 인식은 국가의 주도 아래 해방 직후에는 '국가와 민족의 앞날을 망치고 도둑질하는' 도구로, 전쟁기에는 '전력을 소진시키고 적을 이롭게 하는' 도구로, 경제개발 과정에서는 '국가 경제를 좀먹고 사회악을 조장하는' 도구로, 군부의 사회장악 과정에서는 '국가보위'를 위협하는 '반국가적이고 반사회적인' 도구이자 '사회정화와 사회기강 확립'을 위한 '건전한 사회, 국민안전을 위협'하는 도구 등의 이미지로 그려지게 되었다. 이렇게 마약은 민족과 국민, 국가와 사회라는 공공의 키워드에 반하는 형태로, 안보와 경제개발과 같은 국가적 문제에 직접 대치되는 것으로 대중에게 각인되어갔다. 이에 따라 관련자들도 점차 '국민' 바깥으로 밀려났다.

마약에 대한 당국의 인식은 마약 통제 방식이 갖는 특성과도 연결된다. 한국 사회는 개항 이후 식민지 경험과 해방, 분단과 전쟁, 급속한 경제성장, 독재와 민주화 등 사회변화를 비교적 빠른 시간 동안 압축적으로 겪어왔다. 그 때문에 마약으로 인해 벌어지는 문제들은 의료, 보건 측면의 개별 사안으로 다루어지기보다는 당대의 시대적 과제나 시급한 사회적 현안들과 연결되어왔다는 특징이 있다. 해외의 경우 반전운동이나 청년문화와 같은 사회적 분위기에 따라 대마초를 비롯한 연성마약의 사용을 허가하는 해금 정책을 취하기도 하면서 마약의 사용을 개인의 선택권과 자율성에 기초해 인식하는 경향이 있다. 반면에 한국은 마약의 사용을 개인의 차원을 넘어 국가와 사회, 민족적 차원의 공동체 문제로 인식했기 때문에 사회적으로 마약에 대한 보다 경직된 관념이 형성되었다.

흥미롭게도 이렇게 형성된 마약에 대한 사회적 공포심과 비판적 인식은 현재까지 한국이 마약에 있어 비교적 안전한 국가로 평가받는 데 긍정적인 역할을 하기도 했다. 엄벌주의에 기초한 정부의 마약 대책과 수직적 통제 방식은 한국인들의 의식 속에 마약에 대한 공포심과 부정적·비판적 인식을 보다 강하게 각인시켰고, 자연스럽게 마약에 접근하는 대상층을 축소시키는 데 기여했던 것이다. 하지만 그 과정에서 마약에 대한 경직된 인식이 굳어지면서 마약중독자가 넘어야 할 사회적 경계의 벽은 더욱 높아졌다. 마약에 대한 악마적인 이미지가 강하게 각인된 나머지 마약중독자의 치료와 재활 노력을 왜곡하고 사회복귀에 커다란 어려움을 주었으며, 관련자들을 음지로 더욱 숨어들게 했다는 점도 간과할 수 없다.

마지막으로 살펴본 지점은 마약에 대한 국가와 민간 사이 권리와 책임의 이동 관계였다. 근대국가의 탄생 이후 '국가'는 마약의 생산과 사용에 대한 민간의 권리를 위임받는 대신, 그 피해로부터 '국민'을 보호해야 할 책임을 갖게 되었다. 한국도 마찬가지였다. 전통사회 민간이 누려왔던 마약 채취와 사용에 대한 자율성과 권리는 근대 이후 일제강점기와 정부수립, 「마약법」 제정을 거치며 점차적으로 국가에 위임되었다. 한국에서 마약 통제 과정은 신종 마약이 등장하면 이를 막기 위한 국가의 법률 개정과 규제법 신설이 이어지는, 포섭과 탈주의 연속이었다. 결과적으로 정부의 역할과 책임 및 권위는 더욱 확대되어갔으며, 마약문제는 그에 정당성을 부여해주는 가장 좋은 사회 현안으로 기능했다. 이는 국가의 역할이 강화되는 한편으로 자생적 마약 이용에 대한 민간의 전통적 권리가 소멸되는 과정이었다.

이 책에서는 그간 한국사에서 주목과 관심을 받지 못했던 '마약'이라는 주제로 근현대 한국의 사회상을 살펴보았다. 마약으로 인해 벌어진 다양한 현상들을 역사적 상황과 사회적 환경의 맥락에서 추적하고, 한국 사회에서 마약이 부정과 비판의 대상이 되어 간 과정과 그 의미를 분석해보았다. 이를 분석하는 과정에서 새롭게 소개된 구체적 사례나 자료가 적지 않았다. 하지만 이 책의 한계 또한 언급하지 않을 수 없다. 조각나 있는 각 시기 자료들을 복원하는 과정에서 관계 사료와 통계자료의 부족으로 당시의 모습들을 더욱 명료하게 이해하거나 그 원인을 적극적으로 해석하는 데 어려움이 따랐다. 이러한 한계를 극복하기 위한 적극적인 사료 발굴과 체계적인 자료 정리는 향후에도 계속 이루어져야 할 작업이다. 향후 인문학을 비롯한 다양한 분야에서 마약에 대한 관심과 연구가 확대되기를 바라며, 그간 마약에 대한 연구 성과들을 부록을 통해 정리하면서 글을 마친다.

한국에서 마약은 얼마나 연구되었나

지금까지 국내에서 마약에 대한 연구는 대부분 자연과학과 사회과학 분야의 관심 주제였다. 따라서 마약에 대한 성분 검토나 중독·오남용 피해 및 치료 등 주로 현재적 의미의 연구들이 이루어져온 반면, 이 문제에 대한 인문학 분야의 연구 성과는 아직 매우 부족한 상황이다.

마약에 대한 자연과학과 사회과학 분야의 객관적인 자료들과 연구 성과들은 한국의 마약문제를 현상적으로 이해하는 데 중요한 도움을 준다. 마약의 환각성을 분석하고 있는 약학계의 연구 성과들과 각 시기 마약중독자 문제의 처리 현황을 담은 자료들, 그리고 그것을 포괄하는 한국 보건의료 체제의 방향과 관련한 연구 등이 그것이다. 주왕기는 한국 사회에서 남용되었던 각각의 마약류에 대해 그 유해성을 상세히 분석한 바 있고, 중독자에 대한 처치와 치료 방법, 남용자 확인 방법 등을 체계적으로 정리해 각종 마약류에 대한 일반적 이해를 돕는 데 크게 기여했다.[1] 이창기는 국립과학수사연구소, 국립보건원, 보건사회부 등에서 얻은 약무 행정에 대한 경험을 토대로 약물중독과 의존으로 인한 피해와 마약류 남용 실태 및 현황 등을 생생히 보여주기도 했다.[2]

한국의 형사법적 측면에서 마약 사용과 중독 문제에 접근하는 한국형사정책연구원 발간의 보고서와 관련 연구 성과들은 마약 사용 실태의 과거와 현재를 비교하는 데 좋은 자료가 된다.[3] 또 인류 역사 속에서 마약의 활용과 규제 과정을 정리한 조성권의 연구 성과도 매우 주목된다. 그는 원시시대부터 현재까지 국제사회에서 마약이 중요한 범죄이자 새로운 위협으로 등장해 자리 잡는 과정을 테러리즘과 조직범죄, 국제 안보의 관점에서 구체적으로 그려냈다. 그리고 이를 통해 "인류가 공산주의라는 '적색유령'에서 벗어난 순간 마약이라는 새로운 '백색유령'을 마주하게 되었다"[4]고 정의했다. 역대 한국에서 실시된 마약 정책과 향후 전망을 제시한 연구 성과도 있었다. 비슷한 맥락에서 박정희 정부와 전두환 정부에서의 마약 정책을 형사법적 시각으로 다루는 이성재의 연구와 김동인의 연구는 공통적으로 향후 한국의 마약 정책이 단속 일변도에서 나아가 치료와 관리 부문에 대한 적극적 투자로 확대되어야 한다는 점을 강조했다.[5]

한편 마약 정책을 직접 다루고 있지는 않지만 한국 보건의료

체계의 성립과 관련한 연구도 살펴볼 필요가 있다. 신좌섭은 한국의 보건의료가 식민지 보건의료 체계에서 시작해 해방을 거치면서 미군정의 시스템을 기반으로 한 미국식 의료 체계로 재편되는 과정을 분석했다.[6] 또 신규환은 이러한 과정에서 1953년 「약사법」이 제정되면서 비로소 한국에 근대적 약물 관리에 대한 제도적 기반이 마련되었다고 평가했다.[7] 이러한 접근은 1957년 국내에서 최초로 제정된 「마약법」의 도입 맥락과도 연결해볼 수 있다는 점에서 주목된다.

한국에서 마약이 사회적 문제로 부각되는 모습에 대한 역사학계의 연구는 19세기 후반에서 20세기 초 일본의 아편 정책을 다룬 연구 속에서 조선의 역할이 관심을 받게 되면서 시작되었다. 박강은 개항기 조선의 아편 문제를 청국 상인들의 활동과 연결지어 분석하면서 일제강점기 일본의 아편 정책에 관한 일련의 연구 성과를 발표했다. 이를 통해 조선 내 아편 흡연 피해가 임오군란 이후 막강한 영향력을 행사하게 된 청국 상인들의 활동에 의해 발생하게 되었다는 점과 청일전쟁과 러일전쟁을 거쳐 조선을 식민지로 강점한 일본에 의해 조선이 식민지 재원 확보를 위한 아편 생산지이자 모르핀 수요지로 기능하게 되었다는 점 등이 밝혀졌다.[8]

일제강점기 아편 근절에 대한 종교계의 계몽운동을 다룬 연구가 진행되기도 했다. 윤은순은 1920~1930년대 기독교계에서 추진한 절제운동을 살펴보았다. 당대 식민지 조선의 급속한 도시화 과정 속에서 일제의 공창 설치와 주류 제조의 공장화, 담배·아편의 정략적 살포가 조선인 아편중독자 증가에 크게 기여했고, 기독교계의 아편 절제운동은 교화로써 중독자들을 적극적으로 구제한다는 교회의 사회적 역할이 강조되는 과정 속에서 진행된 결과였다고 평가했다.[9] 윤정란 또한 한국의 기독교 선교사들이 술·담배·아편을 보건의 차원을 넘어 윤리·도덕적으로도 매우 경계해야 할 대상으로 인식하고 있었다고 보았다. 따라서 한국의 기독교인들도 이를 수용해 계몽운동으로서 금주·금연, 아편 추방, 공창 폐지, 소비 절약 운동 등 절제 운동을 전개했고, 이러한 활동은 또 다른 형태의 민족운동이었다고 평가했다.[10] 김다솜 역시 이러한 종교계의 노력과 지역사회 차원에서 전개된 아편·모르핀 근절 활동이 가진 민족·사회운동으로서의 의미를 강조했다.[11]

한편, 국내 소설 속에 등장하는 아편중독의 사례나 이미지 등을 다룬 몇 개의 연구가 발표되기도 했다. 김학균은 염상섭의 『사랑과 죄』라는 소설 속에서 아편중독자인 여주인공이 사회적 타자가 되어 죽음을 맞이하는 상황을 분석했다. 조선에 아편중독자가 증가하게 된 것은 일제가 조선에서 아편을 정책적으로 재배하고 이를 불법으로 유통했기 때문이지만, 소설에서는 아편중독의 책임을 개인에게 돌려 일제의 이중적인 아편 정책을 은폐하는 효과를 낳는다고 평가했다.[12] 박장례는 1930년대 경성을 배경으로 하는 문학작품들을 중심으로 아편중독자가 표상되는 양상을 추적하면서 당대 아편중독자들의 주거지가 밀집한 경성 북촌의 사직공원에 주목했다. 이러한 공간은 민족적 정체성이 붕괴된 식민지의 역사적 현실을 극명하게 보여주는 곳으로, 조선의 식민성을 표상하는 단초를 제공해준다고 평가했다.[13]

일본과 미국을 중심으로 해외에서도 일본이 조선에서 시행한 아편 정책에 주목한 연구 성과가 발표된 바 있다. 구라하시 마사나오倉橋正直는 20세기 초 일본이 동아시아 지역에서 실시한 아편 정책을 살펴보면서 근대 일본의 자본축적에 아편·모르핀 매매를 통한 이익이 크게 기여했다고 평가했다. 그리고 일본이 제국주의의 길로 들어서 여러 식민지를 경영하면서 실시한 아편·모르핀 정책을 일본 정부와 생산자, 소비자의 관점에서 다양하게 살펴보았다.[14] 오사다 긴야長田欣也는 같은 시기 조선 내부의 상황에 주목해 조선의 아편 생산과 공급, 일본 정부의 아편 보상가격 변동에 따른 수납량의 변화에 대해 분석했으며,[15] 존 제닝스John M. Jennings는 일본의 아편 생산과 식민지 조선의 아편·모르핀중독 현황을 다루었다. 그는 대정제약주식회사에 주목해 1920년대부터 조선인 아편류 중독자 급증에 따른 범죄율 증가와 노동생산성 저하, 이에 대한 일본 당국의 대응을 살펴보았다.[16]

앞선 연구들은 대부분 한국의 마약문제를 문학이나 종교 등 특정 분야의 주제를 분석하는 과정에서 드러나는 단편적인 모습으로 조명하거나, 식민지라는 특수한 조건 속에서 나타나는 하나의 상황 정도로 주목했다. 또 시기적으로도 일제강점기에 한정해 한국의 마약 확산이 일본이 추진한 마약 정책의 부정적인 결과물이었다는 데까지만 주목하고 있어, 마약문제를 식민지와 해방, 정부수립과 전쟁 등으로 이어지는 한국 근현대의 역사적 맥락과 적극적으로 연결하는 데 관심을 두지는 않았다. 더구나 해방 후에 드러나는 마약문제라는 사회현상은 정치사에 편중된 한국 현대사의 연구 경향 속에서 전혀 주목받지 못한 주제였던 것이 사실이다. 그 때문에 해방 이후부터의 시기에 주목해 한국 사회와 마약의 관계를 직접적으로 다룬 연구 성과는 없었다.

그래서 필자는 이 문제에 대한 관심을 구체화해 몇 편의 학술논문을 발표했다.[17] 해방 직후부터 정부수립 초기까지 한국 사회에서 벌어진 마약의 사용과 중독 문제, 이후 사법적 규제 기준이 마련된 1957년 「마약법」 제정과 이후 전개된 마약문제의 양상, 1970년대 경제성장기 청년층을 중심으로 하나의 사회현상으로 나타났던 대마초 흡연 문제, 아시안게임·올림픽 등 대규모 국제행사를 앞둔 1980년대 새롭게 확산된 필로폰의 유통과 소비 문제 등을 주제로 쓴 글들이 그것이다.

연구를 진행하는 과정에서 반갑게도 다른 연구자들에 의해 해방 후 한국의 마약문제를 다룬 몇 편의 연구 성과가 발표되었다. 박지영은 1950년대 마약문제에 대한 한국 정부와 언론의 인식과 대응에 나타난 반공주의적 성격을 살펴봄으로써 1950년대 한국 정부를 둘러싼 정치·이념적 환경이 마약문제에 반영되어가는 모습을 추적했고,[18] 이영미는 1970년대 사회문제로 불거진 '대마초 파동'에 주목해 이 사건의 이면에 드러난 당대 정부의 사회통제 모습과 의도를 분석하기도 했다.[19]

그간 필자가 발표한 논문들을 토대로 관련 사료와 연구 성과들을 종합적으로 검토해 만든 결과물인 이 책이 한국 근현대사 연구의 관심과 주제가 보다 넓어지는 데 조금이나마 기여할 수 있기를 기대한다.

| 감사의 글 |

이 책은 필자의 연구 성과들을 종합해 수정·보완한 결과물이다. 특별한 것도, 뛰어난 것도 없는 필자는 역사학을 공부하면서 많은 분의 도움을 받았다. 지면을 통해 인사드리고자 한다.

먼저, 부족한 필자에게 학문적으로, 정신적으로 기댈 수 있는 큰 나무가 되어주신 지도교수 이영학 선생님께 감사드린다. 그리고 언제나 따뜻한 격려와 가르침으로 필자를 이끌어주신 반병률 선생님께도 감사를 전한다. 두 분은 필자에게 학문적 가르침은 물론, 역사학을 공부하는 마음가짐과 자세에 이르기까지 많은 영향을 주셨다.

또한 필자가 연구자로 성장할 수 있도록 학문적 양분과 관심을 주신 한국외국어대학교 사학과의 김상범, 노명환, 여호규, 이근명 선생님께도 감사 인사를 전한다. 한편 필자의 글이 더욱 의미 있는 글이 될 수 있도록 실질적인 조언을 해주신 KAIST 고동환, 한국외국어대학교 김태우, 고려대학교 배석만 선생님, 불안한 필자의 학문적 방향성을 다잡아주신 국민대학교 김영미 선생님, 공부와 일을 병행하던 필자를 인간적으로 이끌어주신 국사편찬위원회 한긍희, 한국학중앙연구원 박용만, 한국외국어대학교 김민형 선생님께도 감사의 마음을 전한다.

자주 뵙지는 못해도 항상 마음으로 건승을 바라는 국사편찬위원회, 한국학중앙연구원의 선생님들과 한국외국어대학교, 신한대학교의 동료 선생님들까지, 돌이켜보면 지면에 모두 거명하기 어려울 정도로 은인과 같은 분들이 많았다.

마지막으로 필자와 역사학 공부의 길을 동행하며, 행복한 순간과 힘들고 어려운 순간들을 함께한 선배 나영남, 이세진, 이숙화, 임동현, 정동민 선생님, 그리고 늘 부족한 선배를 믿고 따라준 후배 서상현, 최형석 선생님, 부족한 필자의 글에 관심을 가지고 출판을 제의해준 허원 편집자님을 비롯한 현실문화 관계자분들께도 지면을 빌려 감사를 표한다.

항상 공부에 전념할 수 있도록 배려해주는 필자의 가족들에게 무한한 사랑을 보내며 이 책을 바친다. 언제나 건강하고 행복하길.

2021년을 맞이하며
조석연

들어가며

1   그간의 마약 관련 연구 동향에 대해서는 부록을 참조하라.

2   마약에 대한 통제 방식은 크게 공급 억제와 수요 억제의 부문으로
    나눌 수 있다. 공급 억제 부문은 마약의 제조·유통·사용에 대한 처
    벌이 중심이고, 수요 억제 부문은 마약에 대한 충분한 교육과 치료·
    보호 정책을 통해 피해를 선제적으로 예방하거나 재발을 막는 방식
    이다. 전자는 비교적 적은 인력과 비용으로 마약을 통제할 수 있지
    만, 필연적으로 강제력을 동반한 수직적 방식의 '단속 정책'일 수밖
    에 없다. 후자는 교육·홍보·보호·재활·치료 등을 위해 상당한 인력
    과 비용이 발생하지만, 피해 이전과 이후 대책이 모두 고려된 수평적
    방식의 '복지 정책'이라고 할 수 있다. 책임 있는 마약 통제를 위해서
    는 두 방향의 통제 방식이 균형을 이룰 필요가 있다.

1부 조선, 아편과 만나다

1장 전통사회의 가정상비약

1   『향약구급방(鄕藥救急方)』의 부록인 「방중향약목초부(方中鄕藥目草
    部)」는 '마자(麻子)'의 성질과 채취에 대해 "맛이 달고 기는 평하며 독
    이 없다. 9월에 꽃이 피면 맛이 쓰고 미열이 있으며 독은 없다"고
    적고 있다. 이덕봉, 「향약구급방의 방중향약목 연구」, 《아세아연구》
    6-1, 고려대학교 아세아문제연구소, 1963, 345쪽.

2   『세종실록』「지리지」 제148권, 경기; 제152권, 황해도; 제150권, 경상
    도; 제153권, 강원도; 제154권, 평안도; 제155권, 함길도.

3   세종은 「지리지」를 완성해 각 지역의 특성과 특산물, 약재의 재배와
    생산 등을 상세히 기록해 좋은 약재를 생산·관리토록 하고 『향약채
    취월령(鄕藥採取月令)』, 『향약집성방(鄕藥集成方)』, 『의방유취(醫方類聚)』
    등 많은 의서를 발간·배부해 서민층의 의료혜택에 관심을 갖는 등
    적극적인 향약정책을 시행했다. 배향자, 「고려 및 조선역사에 나타난
    마약관련 기록에 관한 연구: 고려사와 조선왕조실록을 중심으로」,
    한성대학교 국제대학원 국제마약학과 석사학위논문, 2007, 20~21쪽.

4   『향약집성방』은 전 85권으로 1~75권에는 병 증상에 따른 처방과 의
    약 이론, 침구법이 적혀 있으며, 76~85권인 「향약본초(鄕藥本草)」에는
    조선에서 생산되는 본초를 정리해 수록했다. 「향약본초」에 실린 약
    물의 가짓수는 703종으로 알려져 있는데, 같은 품종을 하나로 묶으
    면 모두 623종으로 파악된다. 강연석·안상우, 「향약집성방 중 향약
    본초의 특성과 성취」, 《한국한의학연구원 논문집》 8-1, 한국한의학
    연구원, 2002, 18~20쪽; 남풍현, 「향약집성방의 향명에 대하여」, 《진

단학보》87, 진단학회, 1999, 172~173쪽.

5 「일본 국왕의 사자(使者) 정구(正球) 등 22인이 하직하므로, 선정전(宣政殿)에서 그들을 인견(引見)하다」, 『성종실록』, 성종 5년(1474년) 12월 15일.

6 허준, 『동의보감: 탕액편』, 양승엽 옮김, 물고기, 2011, 159쪽.

7 「중국의 주변국의 공물, 아편의 영향, 사치 풍조에 대한 수역(首譯)의 별단」, 『헌종실록』, 헌종 6년(1840년) 3월 25일.

8 미국에서는 1880년대 말부터 열악한 노동환경에서 일하는 흑인들을 중심으로 코카인이 사용되었다. 고용주들은 흑인들의 노동생산성을 높이고 그들을 통제할 수단으로 정기적으로 이들에게 코카인을 제공했다. 코카인은 1880년대 점막의 국소마취제로 사용되기 시작하며 의료용으로도 매매되기 시작했다. 조성권, 『마약의 역사』, 인간사랑, 2012, 166~167쪽; 21세기연구회, 『세계의 민족지도』, 박수정 옮김, 살림, 2001, 247쪽; 피에르 제르마, 『만물의 유래사』, 김혜경 옮김, 하늘연못, 2004, 107쪽.

9 아편 흡연 풍습이 중국에 알려진 때는 16세기경으로 추정된다. 아편이 말라리아에 특효가 있다고 알려져 대만인들이 처음으로 담배에 섞어 흡연하기 시작한 이후, 남쪽 해안인 푸젠성(福建省)을 거쳐 중국에 전파되었고, 18세기에는 중국 전역에서 유행했다고 전해진다. 계명대학교 교재편찬위원회, 『문명의 교류와 충돌』, 계명대학교출판부, 2008, 236쪽.

10 「박희영의 사형을 감면하고 추자도로 보내 종으로 삼도록 하다」, 『헌종실록』 헌종 14년(1848년) 5월 9일. 박희영의 사례는 처음 발생한 유형으로 조선의 『경국대전』과 그 바탕이 되었던 『대명률(大明律)』에도 처벌 조항이 없었다. 한편 『대청률(大淸律)』에는 아편에 관한 상세

한 처벌 조항이 있었지만, 박희영의 죄목에 맞는 조항을 찾을 수 없었다. 그럼에도 박희영에 대한 조선 정부의 처벌 의지는 확고했다. 박강, 「개항기(1876~1910) 조선의 아편확산과 청국상인」,《한국민족운동사연구》80, 한국민족운동사학회, 2014, 9~10쪽.

11 쉬훙씽, 『천추흥망: 청나라』, 정대웅 옮김, 따뜻한손, 2010, 234~235쪽.

12 박강, 「개항기(1876~1910) 조선의 아편확산과 청국상인」, 10쪽.

13 「조일수호조규 부록과 조선의 여러 항구들에서 일본인들의 무역규칙을 체결하다」, 『고종실록』, 고종 13년(1876년) 7월 6일.

14 「조미조약(朝美條約)」, 『고종실록』, 고종 19년(1882년) 4월 6일.

15 「조청상민수륙무역장정(朝淸商民水陸貿易章程)」, 『고종실록』, 고종 19년(1882년) 10월 17일.

16 박강, 「개항기(1876~1910) 조선의 아편확산과 청국상인」, 13~16쪽.

17 외국인 거주지에 대한 조선 정부의 행정력 한계 역시 단속을 어렵게 했다. 박강, 「개항기(1876~1910) 조선의 아편소비와 확산」,《한국민족운동사연구》76, 한국민족운동사학회, 2013, 8~9쪽.

18 「아편까닭」,《제국신문》, 1899년 5월 9일.

19 「아회가통금(鴉廻可痛禁)」,《황성신문》, 1901년 8월 12일; 「아편연 금흘의론」,《제국신문》, 1902년 6월 14일.

20 박강, 「개항기(1876~1910) 조선의 아편소비와 확산」, 19쪽.

21 「군국기무처에서 외국인 고문을 초빙하는 것, 돈을 주조하는 것, 아편 금지 등의 의안을 올리다」, 『고종실록』, 고종 31년(1894년) 8월 6일.

22 「아편연금계조례(鴉片烟禁戒條例)」(1894.10.1.), 『한말근대법령자료집』 I, 국회도서관, 1970~1972, 110~111쪽.

23 「내무아문에서 각 도에 제반규례를 훈시하다」, 『고종실록』, 고종

32년(1895년) 3월 10일.

24 「아편금지법 제정 통보」(1898.8.19), 『각사등록(各司謄錄) 근대편』, 사법
품보(司法稟報) 을(乙).

25 김홍륙(金鴻陸)은 함경도 출신으로 연해주를 출입하며 러시아어를
익혔고, 1894년과 1895년 조로통상조약(朝露通商條約)이 체결될 당
시 통역관이었다. 1896년 아관파천 때 비서원승(祕書院丞)이 되었고,
이후 학부협판(學部協辦)이 되면서 승승장구했으나, 1898년 친러시아
파가 몰락하면서 관직에서 사퇴했고, 같은 해 8월 러시아와의 교섭
에서 사리를 취했다는 죄목으로 전라남도 흑산도로 유배되었다. 「김
홍륙이 탐오한 것을 추궁하여 유배하라고 명하다」, 『고종실록』, 고종
35년(1898년) 8월 23일; 「김홍륙을 흑산도에 귀양보내다」, 『고종실
록』, 고종 35년(1898년) 8월 25일.

26 「황제와 태자의 건강이 나빠진 원인을 경무청에서 규명하게 하다」,
『고종실록』, 고종 35년(1898년) 9월 12일; 「이세진 등이 죄인을 처벌
할 것을 청하다」, 『고종실록』, 고종 35년(1898년) 9월 18일; 「반역 음
모죄인 김홍륙 등 3명을 교형에 처하도록 하다」, 『고종실록』, 고종
35년(1898년) 10월 10일; 「김소사의 태형을 속죄시키고 유배지로 보
내게 하다」, 『고종실록』, 고종 35년(1898년) 10월 12일.

27 「아편연은 나라를 망하고 몸을 망함」, 《공립신보》, 1908년 8월 19일;
「아편만면」, 《대한매일신보》, 1905년 2월 13일. 또 《황성신문》에는
1901년 5월 11일부터 1902년 10월 30일까지 아편 치료제가 며칠
간격으로 연속해서 게재되고 있는데, 오랫동안 큰 광고비를 들여가
며 이 광고를 게재한 것을 보더라도 치료제를 찾는 수요가 상당했음
을 짐작할 수 있다. 박강, 「개항기(1876~1910) 조선의 아편소비와 확
산」, 24~25쪽.

1   1909년 상하이에서 국제아편회의(Shanghai Opium Conference)가
    개최되면서 아편으로 인한 피해가 처음 국제 문제로 부각되었다. 이
    는 마약에 대한 최초의 국제공조였다. 이후 1912년 회의에서는 미국,
    영국, 독일, 프랑스, 이탈리아, 네덜란드, 포르투갈, 터키, 일본, 러시
    아, 중국, 태국 등 12개국이 참여한 가운데 「헤이그아편협약(Hague
    Opium Convention)」이 제정되었고, 이로써 아편전쟁 이래 국가 간
    공식적 아편 무역은 금지되었다. 조성권, 『마약의 역사』, 166쪽.

2   박강, 「조선에서의 일본 아편정책」, 《한국민족운동사연구》 20, 한국민
    족운동사학회, 1998, 308~309쪽.

3   「검사국경찰관서세관훈령(檢事局警察官署稅關訓令)」, 《조선총독부관보》,
    1914년 9월 21일.

4   「아편전매 이유」, 《매일신보》, 1914년 1월 25일; 「아편전매의 이유」,
    《매일신보》, 1914년 1월 31일; 「아편전매 연기」, 《매일신보》, 1914년
    3월 19일; 「아편전매 심의」, 《매일신보》, 1914년 3월 21일.

5   일제의 아편 전매제 추진은 제1차 세계대전 발발과 함께 조선에서의
    아편 생산을 위해 폐기되었다. 중독자가 만연한 지역에서 실시되는
    점금정책에 근거한 전매제를 아편 생산지에서 실시할 경우 국제사회
    로부터 비판받을 우려가 있었기 때문이었다. 일제의 아편 전매제 추
    진과 폐기 과정에 대해서는 다음의 글을 참고하라. 박강, 「1910년대
    조선총독부 아편정책의 실상」, 《한국민족운동사연구》 84, 한국민족
    운동사학회, 2015, 55~86쪽.

6   조선총독부 전매국, 『조선전매사(朝鮮專賣史)』 제3권, 1936, 483쪽.

7   일본에서는 아직 아편으로부터 모르핀 등 의약품을 추출해내는 기
    술이 개발되지 않았다. 일본은 제1차 세계대전으로 외국산 마약

의 수입이 어렵게 되자 1915년 내무성 위생시험장에서 모르핀, 헤로인의 추출제조법을 개발했다. 박강, 「조선에서의 일본 아편정책」, 307~311쪽.

8 「조선아편취체령·조선아편취체령시행규칙(朝鮮阿片取締令及朝鮮阿片取締令施行規則)」, 《조선총독부관보》, 1919년 6월 11일; 「일본은 한국에서 아편농사를 장려」, 《신한민보》, 1919년 8월 16일.

9 「앵속재배구역고시(罌粟栽培區域告示)」, 《조선총독부관보》, 1919년 8월 2일; 「앵속재배구역추가고시(罌粟栽培區域追加告示)」, 《조선총독부관보》, 1920년 2월 2일.

10 아편을 재료로 탄생해 상업화된 모르핀은 1803년 독일의 약학자 제르튀르너(Friedrich W. A. Sertürner)에 의해 의료용으로 추출되어 사용되기 시작했다. 이후 1898년 독일 바이엘(Bayer AG)사는 모르핀으로 헤로인을 제조해 발매했다. 헤로인은 모르핀에 비해 10배 이상의 환각성을 보였지만, 금단증상 역시 심각해 1940년대 후반부터는 의료용 사용도 금지되었다. K. 메데페셀헤르만·F. 하마어·H-J. 크바드베크제거, 『화학으로 이루어진 세상』, 권세훈 옮김, 에코리브르, 2007, 395쪽.

11 제1차 세계대전 당시 1파운드에 1000엔 이상으로 폭등했던 가격은 전쟁 이후 400엔으로, 이후 200엔까지 폭락했다. 박강, 「1910년대 조선총독부 아편정책의 실상」, 75~76쪽.

12 이와 함께 조선은 타이완, 관동저우 지역 전매 아편의 절대적인 공급지로도 기능하며 일본 식민지 국가들의 전매제 유지를 위한 대표적 아편 공급지가 되었다. 박강, 「조선에서의 일본 아편정책」, 321~325쪽.

3장 모르핀의 등장

1 「제약회사 중심으로 모히 밀매사건 발각」, 《동아일보》, 1927년 9월 8일.

2 「전 조선을 중독시킨 대정사(大正社) 밀수입단의 공판」, 《동아일보》, 1927년 10월 1일.

3 「대정제약과 해약(解約) 관영으로 '모히' 제조」, 《동아일보》, 1928년 6월 23일.

4 여성들의 아편 오용은 그 피해가 아동들에게까지 이어질 수 있었기 때문에 매우 위험한 문제였다. 피해가 잇따르자 종교계에서는 여성들을 대상으로 아편 추방운동을 벌이기도 했다. 윤정란, 「1930년대 기독교 여성들의 농촌계몽운동과 절제운동」, 『한국기독교 여성운동의 역사: 1910~1945년』, 국학자료원, 2003, 190~194쪽.

5 「점증하는 아편중독자 전 조선에 2만 수천」, 《동아일보》, 1927년 2월 27일.

6 1908~1909년 통감부의 한국 내 의료인 조사와 자격 부여 과정을 통해 전국의 의약인들은 의사와 약 판매자 두 부류로 수렴되는 과정을 거쳤다. 그 과정에서 궁중 의사뿐 아니라도 시골에서 약을 파는 사람도 신고를 하면 의사가 될 수 있었다. 신동원, 『한국근대보건의료사』, 한울, 1997, 416쪽.

7 전봉관, 「30년대 조선을 거닐다: 모르핀(모루히네) 권하는 사회」, 《조선일보》, 2005년 11월 26일.

8 「법률이 공허한 아편중독자 치료소」, 《별건곤》 67, 1933년 11월 1일.

9 「33명의 중독자」, 《동아일보》, 1921년 7월 21일.

10 「의사증명만 있으면 아편주사 자유」, 《동아일보》, 1930년 2월 7일.

11 강원도 속초시 김○○ 씨의 구술기록, 1936년생, 동명동 자택, 2008년

3월 22일, 국사편찬위원회 소장.

12 일본의 아편 정책 연구가 구라하시 마사나오(倉橋正直)는 일본의 아편·모르핀 정책 속에서 조선인은 첫째 앵속 재배자로서, 둘째 모르핀 소비자로서 활용되었다고 지적했다. 구라하시 마사나오, 『아편제국 일본』, 박강 옮김, 지식산업사, 1999, 166~168쪽, 176~177쪽.

13 김준연은 1921년 조선에 약 1만 명 이상의 모르핀중독자가 있다고 주장했고, 당시 일본인 학자로 활동하던 기쿠치 유지(菊地西治)는 1928년 약 7만여 명의 모르핀중독자가 있는 것으로 보았다. 구라하시 마사나오는 1927년 일본 도쿄에 있는 4만여 명의 조선인 중 모르핀중독자가 이미 3000여 명에 이른다는 점을 들어 한반도 전역에 약 70만 명 정도의 중독자가 있을 것으로 추정하기도 했다. 구라사시 마사나오, 『아편제국 일본』, 183~185쪽.

14 전봉관, 「30년대 조선을 거닐다: 모르핀(모루히네)권하는 사회」.

15 「아편굴의 대토벌」, 《동아일보》, 1921년 7월 5일; 「안동현 아편굴」, 《동아일보》, 1926년 12월 13일; 「부산 아편굴」, 《동아일보》, 1927년 3월 19일; 「순사 출현으로 아편굴 활극」, 《동아일보》, 1929년 11월 30일; 「아편굴을 소탕 20명 야반도주」, 「아편굴 발각 서대문서 활동」, 《동아일보》, 1933년 6월 30일; 「중국인 도박단 용산서 체포」, 《동아일보》, 1933년 10월 7일; 《동아일보》, 1934년 3월 16일; 「부산수상서원 출동 심야에 아편굴 습격」, 《동아일보》, 1934년 4월 15일; 「아편굴 또 발각」, 《동아일보》, 1935년 9월 3일; 「아편굴을 소탕 또다시(又復) 밀수단 체포」, 《동아일보》, 1938년 6월 30일; 「아편굴 소탕하고 밀매범을 검거」, 《동아일보》, 1938년 8월 7일.

16 「전 조선의 아편굴 속에 신음하는 4600명」, 《동아일보》, 1934년 3월 11일.

17 한민, 『울지 못해 웃고 간 한국의 거인들』, 청년정신, 2001, 45쪽; 금
    장태, 『현대 한국유교와 전통』, 서울대학교출판부, 2003, 17쪽.

18 오천(梧泉) 김석진(1843~1910)은 안동 김씨인 김상헌의 후손으로,
    1860년(철종 11년) 정시문과에 병과로 급제, 종친부(宗親府) 벼슬을
    거쳐 사과(司果)·전적(典籍) 등을 역임했으며, 홍문관(弘文館)의 관직
    을 지내고, 지평(持平)·장령(掌令)·사성(司成)·사간(司諫) 등 요직을 두
    루 지냈다. 금장태, 『현대 한국유교와 전통』, 44쪽.

19 국가보훈처, 『독립유공자공훈록』, 공훈전자사료관(e-gonghun.mpva.
    go.kr).

20 「항일지사 오천(梧泉)선생 순국 50주기에 즈음하여」, 《동아일보》,
    1960년 10월 27일.

21 오강표(1848~1910)는 자결 실패 이후 1910년 명강산에 있다가 한
    일강제병합의 사실을 전해 듣고 절명사(絶命詞)를 짓고, 공주향교의
    명륜당에 들어가 벽에 글을 붙이고 대성통곡을 한 후, 10월 16일
    밤 강학루에서 마침내 목을 매 자결했다. 국가보훈처, 『독립유공자공
    훈록』.

22 을사조약과 한일강제병합 전후 음독자결은 조병세(1827~1905),
    홍만식(1842~1905), 이상철(?~1905), 이명재(1838~1905), 송병선
    (1839~1912), 이학순(1843~1910), 최우순(1832~1911) 등 많은 우국
    지사들에 의해 결행되었다. 국가보훈처, 『독립유공자공훈록』.

23 윤은순, 「1920·30년대 한국기독교의 절제운동: 금주·금연운동을
    중심으로」, 《한국기독교와 역사》 16, 한국기독교역사연구소, 2002,
    183쪽.

24 「사랑이 병 되어서 청춘남녀 음독」, 《동아일보》, 1930년 11월 6일; 「연
    애=황금=실직! 음독한 정남연녀(情男戀女)」, 《동아일보》, 1931년 5월

23일; 「무녀(巫女)에게 신수보고 애인 없다 자살」, 《동아일보》, 1934년 1월 15일; 「창부와 정든 청년 음독」, 《동아일보》, 1935년 1월 1일; 「횡설수설」, 《동아일보》, 1933년 12월 5일; 「청년이 음독」, 《동아일보》, 1934년 5월 27일; 「세파에 부대껴 남자가 음독」, 《동아일보》, 1935년 4월 13일; 「양가에 축출 정부와 음독자살」, 《동아일보》, 1928년 12월 1일; 「70 노부 두고 생활난 자살 30세 청년이」, 《동아일보》, 1931년 10월 17일; 「생활난 음독」, 《동아일보》, 1934년 8월 28일; 「24세 청년이 생활고로 음독」, 《동아일보》, 1935년 8월 2일; 「무자(無子) 비관하고 자살한 인처(人妻) 남편 박대도 원인」, 《동아일보》, 1930년 11월 20일; 「남편 배척받고 비관 끝에 음독」, 《동아일보》, 1933년 6월 18일; 「소부(少婦) 자살 가정불화 비관」, 《동아일보》, 1936년 5월 12일.

25 김선학, 『한국현대문학사』, 동국대학교출판부, 2001, 228쪽; 김태준, 『한국의 고전을 읽는다』, 휴머니스트, 2006, 29쪽.

26 「김소월이 왜 아편했을까…'진달래꽃' 초판은 왜 2개일까」, 《동아일보》, 2012년 5월 31일.

27 「익산 백만장자 독살사건」, 《동아일보》, 1929년 12월 22일; 「백만장자 독살사건 애첩(愛妾)과 애자(愛子) 기소」, 《동아일보》, 1929년 12월 22일; 「백만금 속에서 골육전(骨肉戰) 법정에 공개된 그 진상」, 《동아일보》, 1934년 3월 13일; 「시부범(弑父犯)? 이수탁(李洙倬)에게 1심 대로 사형판결」, 《동아일보》, 1934년 4월 17일; 「엽기적 공판 앞두고」, 《동아일보》, 1934년 2월 23일; 「살부범(殺父犯) 이수탁」, 《동아일보》, 1934년 4월 3일; 「이수탁 생모가 고등법원에 탄원」, 《동아일보》, 1934년 6월 11일; 「사실 심리(審理)케 된 결정서 이유」, 《동아일보》, 1934년 7월 10일; 「구형은 또 사형! 최후의 판결은 아떠케?」, 《동아일

보》, 1935년 6월 14일; 「판결문 전문」, 《동아일보》, 1935년 6월 21일.

28 「모히로 본부(本夫) 독살」, 《동아일보》, 1926년 11월 21일; 「사형구형」, 《동아일보》, 1927년 7월 9일; 「모르히네로 친고(親故)를 독살」, 《동아 일보》, 1927년 11월 22일.

29 「아편마굴(阿片魔窟) 희생자 문제」, 《동아일보》, 1928년 10월 14일.

30 1910년대 설립되기 시작한 금주·금연회는 1920년대 이후 활동이 본격화되었다. 금주·금연 운동은 민족개량주의자들과 기독교계 등 여러 계층에서 사회운동의 한 방안으로 행해졌다. 이영학, 『한국 근 대 연초산업 연구』, 신서원, 2013, 284쪽.

31   김다솜, 「일제식민지시기 아편문제의 실태와 대응」, 부산대학교 교육 대학원 역사교육과 석사학위논문, 2016, 35~36쪽.

32 「평양결백회강연회(平壤潔白會講演會)」, 《동아일보》, 1921년 11월 2일.

33 「새로운 종교의 교의(2)」, 《동아일보》, 1925년 7월 8일.

34 「기독교 여자의 금주금연선전」, 《동아일보》, 1924년 8월 31일.

35 조선여자기독교절제회는 여성 기독교인들이 결성한 초교파적 단체 로, 본격적인 여성 절제운동을 시작했다고 평가된다. 한편 조선기독 교절제운동회는 장로교 직속의 절제운동 기관이라고는 할 수 없었 지만 임원 대부분이 장로교인이었고, 장로교 총회에서 공인을 받고 적극적인 후원을 얻었다. 윤은순, 「1920·30년대 한국기독교의 절제 운동: 금주·금연운동을 중심으로」, 188~191쪽.

36 윤은순, 「1920~30년대 기독교 절제운동의 논리와 양상」, 《한국민족 운동사연구》 59, 한국민족운동사학회, 2009, 158~159쪽; 윤은순, 「초 기 한국기독교의 금주금연 문제」, 《한국기독교와 역사》 32, 한국기독 교역사연구소, 2010, 20~22쪽.

37 김다솜, 「일제식민지시기 아편문제의 실태와 대응」, 37쪽.

38 각 도에서 전개된 아편 흡연 및 모르핀 방독운동은 전남 지역에서 가장 두드러지게 나타났다. 전남지역 방독운동은 광주 지구를 본사로 두고, 나주, 구례, 담양, 함평 등 전역에서 선전 및 강연, 모금, 중독자 치료 및 구제, 관련자 처벌 등 다양한 방식으로 전개되었다.

39 「아편독(阿片毒)의 박멸운동」, 《동아일보》, 1921년 6월 30일.

40 「안성 아연방독(阿煙防毒) 강연」, 《동아일보》, 1921년 8월 12일.

41 실제로 1921년 5월 함평경찰서는 해당지역 청년회와 연합해 함평군 내 거주하는 모르핀중독자를 조사해 검거하는 활동을 벌였고, 밀매 및 중독 혐의로 10여 명이 검거되었다. 그중 6명은 목포지청 검사국으로 압송되었고, 2명은 40일, 나머지 2명은 일주일간의 구류 처분을 받았다. 「아편중독자 다수검거」, 《동아일보》, 1921년 5월 14일.

42 1922년 3월 담양청년회는 아편중독 근절을 위해 경찰과 연합해 아편 흡연자 15명을 검거하고 청년회 임시회관 내에 수용치료소를 설치해 이들을 수용했다. 또 각 면 단위로 아편 근절 순회강연을 실시하고 선전문 수만 매를 제작해 담양군 내 시장을 중심으로 배포했다. 「아편박멸선전강연」, 《동아일보》, 1922년 3월 16일.

43 「33명의 중독자」, 《동아일보》, 1921년 7월 21일.

44 아편 및 모르핀 근절운동은 조선사회 각층이 참여한 사회운동이었다. 이 운동은 기업운영을 관리하던 상무회(商務會)와 종교 및 지역청년회, 각 신문지국 등 사회각계의 연합으로 강연회·토론회, 언론홍보, 치료소 개소, 직업알선, 법률 개정 청원 등 다양한 방식으로 전개되었다. 김다솜, 「일제식민지시기 아편문제의 실태와 대응」, 40~41쪽.

45 「조선마약중독예방협회발회」, 《동아일보》, 1934년 9월 23일; 「전북마약중독예방협회창립」, 《동아일보》, 1934년 10월 18일; 「평북마약중독예방협회발회」, 《동아일보》, 1934년 12월 22일; 「중독자 근치(根治)

연천서(永川署) 대활동(大活動)」,《동아일보》, 1935년 5월 22일;「황해
도마약중독예방협회발회식」,《동아일보》, 1934년 10월 6일;「마약중
독예방협회 개성지부 설치」,《동아일보》, 1935년 9월 24일;「마약중
독예방협회 마산지부 설립」,《동아일보》, 1935년 2월 6일;「선천 중독
자협회」,《동아일보》, 1935년 4월 23일.

46 「통의부(統義府) 군비 확장, 자금 만여 원이 새로 생기엿다고」,《동아
일보》, 1925년 8월 23일.

47 이 수치는 중국인(55%)과 러시아인(20%) 다음으로 많은 수치로 파
악된다. 박강,「'만주사변' 이전 일본과 재만한인의 아편·마약 밀매
문제」,『1930년대 예술문화운동』, 한국민족운동사학회, 국학자료원,
2003, 321~322쪽.

48 「봉천성장(奉天省長)이 재만한국인을 배척하기 위하여 한교단체(韓僑
團體)의 밀명을 각 현 지사에게 발(發)함」,《동아일보》, 1928년 9월
6일.

49 「일본의 악행 날로 폭로」,《국민보》, 1938년 6월 15일.

50 「독립군 침입준비」,《동아일보》, 1922년 9월 10일.

51 「니주바시(二重橋) 폭탄범인은 의열단원(義烈團員) 김지섭(金祉燮)」,《동
아일보》, 1924년 4월 25일.

52 「김좌진 부하 피착(被捉)」,《동아일보》, 1925년 10월 2일.

53 「조선○○군 5년 구형」,《동아일보》, 1936년 6월 12일.

54 일제강점기 동북아 지역 이주 조선인 아편 관련 문제에 대해서는 다
음의 연구를 참고하라. 박강,『20세기 전반 동북아 한인과 아편』, 선
인, 2008, 249~256쪽.

55 일제는 당국의 행정력이 미치지 못하던 상해지역 조선인들의 아편
밀매 문제에 대해서는 강력히 경계했다. 박계주,「상해시보(上海時報)

총경리(總經理) 최경수(崔敬洙)씨와 상해의 조선인 제문제(諸問題)를 어(語)함」,《삼천리》13-4, 1941.4.1.

56 박강,「'만주사변' 이전 일본과 재만한인의 아편·마약 밀매문제」, 331쪽; 박강,『20세기 전반 동북아 한인과 아편』, 163쪽.

2부 해방과 정부수립, 마약문제의 현실

4장 해방과 함께 찾아온 보건 위기

1 전 조선총독부 재무국장 미즈다 나오마사(水田直昌)는 아편을 밀매하고 증거가 될 만한 서류들을 인멸한 혐의로 체포되었다. 「전 조선총독부 재무국장 아편부정혐의 투옥」,《매일신보》, 1945년 9월 25일.

2 1945년 8월 하순부터 9월 상순 미군 입경 이전 동양방적(東洋紡績)의 면포를 강탈해 고가로 방매한 사건으로 체포된 인물 중 경기도 경제과 차석 오노데라 간지(小野寺完爾)의 경우 조사 과정에서 경제과 창고의 아편을 절취한 혐의가 추가로 드러났다. 「경성종로보안서, 일본인 경찰간부 공갈, 강탈, 아편절취 등으로 구속」,《매일신보》, 1945년 10월 5일.

3 이 대규모 아편 밀매단은 전 일본검사국 이토(伊藤) 검사와 일본헌병대 니시오카 노다(西岡野田), 하야시구미(林組)의 청부업자 하야시 히데오(林秀夫) 등이 결탁해 조직되었다. 1945년 10월 8일 자에는 밀매량이 총 4800kg, 10월 15일 자에는 밀매량이 총 4836kg으로 보도되었다. 「일본인 판검사가 연루된 아편밀매단 검거」,《매일신보》, 1945년 10월 8일; 「종로보안서, 청량리 전매국 창고 아편탈취 사건의

아편 압수」,《매일신보》, 1945년 10월 15일.

4 미군정 보좌관 서기로 있던 하라다 지로(原田二郞)는 전매국 창고의
아편을 내오는 것을 조건으로 부당이득을 취해 사기 혐의로 구속되
었다. 「전 일본인 경찰간부 사기로 구속」,《매일신보》, 1945년 10월
20일.

5 Headquarters, USAFIK, 「No. 158(1946.2.21.)」, 「No. 174(1946.3.
13)」; 「No. 175(1946.3.14)」, G-2 Periodic Report. 주한 미육군사
령부 정보참모부,『미군정 정보보고서』 2(주한 미육군사령부 정보참
모부 일일보고서, 1946.2~8), 일월서각, 1986, 71~74, 138~139, 141~
142쪽.

6 「서울시내 아편중독자 숫자」,《조선일보》, 1947년 6월 19일; 「아편중
독환자」,《동아일보》, 1947년 6월 18일.

7 당시 보건후생부가 발표한 마약중독자들은 대부분이 식민지 시기
부터 일제 당국의 무분별한 의료용 마약 남용으로 발생한 환자들이
었다. 당시 보건후생부 마약과장 이무영은 "조사된 중독 원인의 약
70%가 무분별한 의료용 마약의 남용에 있다"며, "중독환자 치료를
위한 시설이 필요한데 아직은 그 성안이 없다"고 밝혔다. 「아편중독
환자」,《동아일보》, 1947년 6월 18일.

8 「아편중독자 남조선에 5만명」,《경향신문》, 1947년 6월 19일.

9 강원도 속초시 신○○ 씨의 구술기록, 1935년생, 영랑동 카페, 2007년
11월 25일.

10 「경기도에만 마약중독자 4만 5000명 마약중독 사회문제화」,《동아
일보》, 1949년 6월 20일.

11 「전국 한지의사(限地醫師) 대회, 군정에 마약중독자 근절 등을 건의」,
《조선일보》, 1946년 2월 19일.

12 「귀환동포 270만」, 《동아일보》, 1946년 12월 10일; 「참담한 전재민의 실정」, 《동아일보》, 1947년 1월 11일; 「요구호자(要救護者) 200여만 명」, 《경향신문》, 1947년 10월 4일.

13 「전진한 사회부 장관, 제1회 83차 국회 본회의에서 시정방침을 보고」, 《시정월보》 창간호, 1949년 1월, 29~42쪽.

14 해방 직후 일본인들이 퇴거한 후 서울의 인구는 약 85만여 명이었다. 이후 해외 귀환 동포와 북한에서 남하한 월남인들이 대거 서울로 들어오면서 1949년 서울 인구는 140만여 명으로 증가했다. 「통계로 본 8·15 광복 전후」, 《한겨레》, 1993년 8월 14일; 한국구술사학회, 『구술사로 읽는 한국전쟁』, 휴머니스트, 2011, 21쪽. 또 서울시는 마약 통제 인력과 경비의 부족을 토로했는데, 실제 당시 서울시청 마약취체반원의 수는 10여 명에 불과했다. 「서울시내 마약중독자 5만여 명으로 추산」, 《조선일보》, 1949년 1월 15일; 「서울시내 마약환자 5~10만으로 추정」, 《한성일보》, 1949년 9월 6일.

15 「한심한 마약중독 경기도만 무려 4만 5000」, 《동아일보》, 1949년 6월 20일; 「전라남도내 아편중독자 5000명 초과」, 《동광신문》, 1948년 9월 10일; 「경상남도 도민 20%가 질병에 감염」, 《자유민보》, 1949년 12월 10일.

16 「아는가 모르는가? 아편굴 서소문동에만 57개처」, 《경향신문》, 1948년 10월 26일.

17 「밀무역만 6억원」, 《동아일보》, 1949년 4월 9일; 「중국인 불법입국과 밀무역에 대한 조치 필요」, 《조선일보》, 1948년 7월 9일. 1949년 4월 한 달 동안 춘천 지역에서 적발된 마약중독자 20명 중 중국인은 5명이었으며, 이 밖에 달아나거나 너무 심한 중독으로 급히 치료가 필요해 돌려보낸 중독자들도 상당수였다.

18 「아편의 90% 이상이 북한에서 밀반입」,《평화일보》, 1948년 9월 12일; 「남북교역 대상에 아편 밀수입 경기도 후생국서 철저 단속」,《동아일보》, 1948년 11월 14일.

19 1949년 4월 당국에 등록된 중독환자 수는 5124명으로 파악되며, 전체 중독자 수는 미등록 추정환자 수에 따라 차이를 보인다. 「당국의 속수무책으로 아편쟁이는 격증」,《동아일보》, 1949년 6월 10일; 「폐결핵·아편·나병·성병의 실태와 대응책 마련의 필요성」,《경향신문》, 1949년 12월 2일; 「마약중독 15만」,《동아일보》, 1949년 1월 14일; 「보건부, 전국 마약중독자를 12만 명으로 추산」,《조선일보》, 1950년 1월 31일(게재일 1950년 2월 8일); 「마약중독자, 전국에 12만 명으로 추정」,《연합신문》, 1950년 2월 8일.

20 「대한민국내정에 관한 미 국무부 문서 I(Records of the U.S. Department of State: Relating to the Internal Affairs of Korea)」, 1951.12.26, 『남북한관계사료집』 16, 국사편찬위원회, 845~846쪽.

21 적발된 인원 중 여성의 비율이 남성을 상회하고 있는 점에서 볼 때, 당시 표기된 무직자군 중 상당수는 윤락가나 유흥가 주변에서 활동하던 여성들로 추정된다. 실제 당시 언론들은 유흥업 종사 여성의 경우 대부분 무직으로 표기하고 있었다. 「악(惡)의 꽃 "밤의 여인"」,《경향신문》, 1950월 3월 22일.

22 부산에서는 한국전쟁 중인 1950년 11월부터 12월까지 불과 1개월간 총 150명의 마약 사범 및 중독자들을 적발했고, 압수한 아편의 가격은 무려 1억 3000여만 원에 달했다. 남성 60명, 여성 90명이었고, 이들 중 최고령자는 63세, 최연소자는 16세였으며, 최장기간 중독자는 14년이었다. 당시 이러한 마약 입수 경로는 서울에서 중계되어 부산으로 들어오는 것이 일반적이었다. 「부산경찰서, 아편 사용자

검거」,《민주일보》, 1950월 12월 4일.

23 「허물어지는 여인윤리—따뜻한 동정심으로 살길을 열어주자」,《경향신문》, 1951년 10월 28일.

24 「횡설수설」,《동아일보》, 1955년 1월 26일; 「망신(亡身)의 씨, 마약」,《동아일보》, 1955년 1월 25일.

25 「기류(氣流) 밑의 양지(陽地) 마약중독자 치료소편」,《경향신문》, 1957년 7월 29일.

26 통계청, 「한국의 사회지표」, 1955; 홍두승, 『한국의 중산층』, 서울대학교출판부, 2005, 70쪽; 「제2차 전국 문맹퇴치교육 실시계획안」, 『국무회의상정안건철』, 총무처 의정국 의사과, 1954, 국가기록원 소장 (BA0084198).

27 「무방비지대(6) 아편중독」,《동아일보》, 1955년 11월 30일; 「경찰관이 공갈행각」,《동아일보》, 1956년 9월 18일; 「현직형사가 관련」,《경향신문》, 1956년 9월 19일; 「시내에 변사사건」,《경향신문》, 1957년 1월 14일; 「사병들의 호소는 이렇다」,《경향신문》, 1957년 4월 5일.

28 「북한에서 온 아편」,《경향신문》, 1952년 10월 14일; 「적(敵) 교묘한 마약전술」,《경향신문》, 1953년 2월 4일.

29 남측 육군 특무대에 체포된 공작원들의 검거·수사 결과에 의하면, 1955년 1월부터 10월까지 10개월간 압수된 마약류는 생아편 14.359kg, 앵속고(罌粟膏) 1.285kg, 헤로인 552.559g, 모르핀 659.193g, 코카인 1.518g, 코데인 26.427g, 마약류 용액 972cc, 기타 위조 마약품 1.351kg 등 약 23.449kg에 달했다. 「가소(可笑) 적(敵)의 마약공세, 10개월간 2만여 그램 압수」,《약업신문》, 1955년 12월 13일.

30 「적(敵) 교묘한 마약전술」,《경향신문》, 1953년 2월 4일.

31 「괴뢰 아편공세 공작원 속속 검거」,《동아일보》, 1954년 12월 13일.

32 「신판(新版) 아편전쟁」,《동아일보》, 1953년 5월 23일.

5장 '비국민'이 된 마약중독자

1 안상훈·조성은·길현종,『한국 근대의 사회복지』, 서울대학교 출판부, 2006, 148~151, 164쪽; 이혜원·이영환·정원오, 「한국과 일본의 미군정의 사회복지정책 비교연구: 빈곤정책을 중심으로」,《한국사회복지학》36, 한국사회복지학회, 1998, 320쪽.

2 한국 정부의 복지에 대한 기본 태도는 적극적 비개입주의 또는 적극적 최소개입주의에 입각한 것으로, 성장 중심의 경제 논리에 따라 부차적으로 형성된 것으로 평가된다. 의료 정책의 측면에서 한국의 1945~1961년은 '혼란기'라고 정의된다. 고세훈,『국가와 복지―세계화 시대 복지한국의 모색』, 아연출판부, 2003, 127쪽; 유승흠,『의료 정책과 관리』, 기린원, 1990, 72~90쪽.

3 미군정 법령 「마약의 취체(取締)」는 조선총독부 전매국 마약통제과의 모든 기록을 이관받아 북위 38도 이남의 마약 생산과 이동을 취체하는 것을 목적으로 총 15조로 이루어져 있다. 미군정 법령은 이후 한국의 「마약법」 입안에도 주요한 참고 자료로 사용되었다. 실제로 보건사회부 차관 신효선은 1957년 제정된 「마약법」의 법안 구성 과정에서 "미군정기 법령 「마약의 취체」를 상당 부분 계승하고, 미국 및 기타 제 외국의 관계 법령에 규정되어 있는 제반 제한조건을 망라함에 주력했다"고 밝혔다. 「마약의 취체」,『군정청법령』 제119호, Archer L. Lerch(1946.11.11.); 「법령 제119호, 마약의 취체」,『미군정법령집 1945-1948』, 내무부 치안국, 1956, 228~232쪽; 「제3대 국회 제24회 제10차 국회 본회의 회의록」, 대한민국 국회, 1957년 4월 2일.

4 「보건후생부령 3호 '마약규칙' 공포」, 《군정청관보》, 1947년 6월 24일,
   국사편찬위원회, 『자료대한민국사』 4, 1971; 「형법」(법률 제293호) 제
   17장 '아편에 관한 죄', 법제처, 1953.9.18. 제정(시행 1953.10.3.)

5 「민정장관 안재홍, 제반 시정문제에 대해 기자회견」, 《서울신문》,
   1947년 12월 11일; 《동아일보》, 1947년 12월 11일; 「마약취체를 강
   화」, 《경향신문》, 1947년 12월 12일.

6 이 조치는 1948년 초 유엔 총회 마약통제위원회에서 극동 지방 마
   약시설 연구차 파견할 사절단 방문에 대비하기 위한 것이기도 했다.
   「보건후생부, 마약취체관 증원계획 입안」, 《조선일보》, 1947년 10월
   4일.

7 「서울시 보건위생국장, 공창폐지대책 등 제반 보건위생문제 언명」,
   《서울신문》, 1948년 1월 18일; 「마약중독자, 전국에 12만 명으로 추
   산」, 《연합신문》, 1950년 2월 8일.

8 「아편쟁이 버려둘 셈? 각 도 마약계 폐지」, 《동아일보》, 1949년 9월
   25일.

9 「경기도에만 마약중독자 4만 5000명 마약중독 사회문제화」, 《동아
   일보》, 1949년 6월 20일.

10 「법률 제5호 '입법의원대의원선거' 공포」, 《군정청관보》, 1947년 9월
   3일. 선거권 및 피선거권은 정부수립 후인 1948년 12월 법률 제17호
   로 발포된 「국회의원선거법」 제1조에서 3조까지의 조항을 통해 재조
   정되었다. 이 법에서 선거권은 만 21세 이상의 국민, 피선거권은 만
   25세 이상의 국민으로 조정하고, 선거권 및 피선거권 제한에 대해서
   는 금치산 또는 준금치산 선고를 받은 자, 자유형의 선고를 받고 집
   행을 받지 않은 자, 일본 정부로부터 작위를 받은 자, 일본 제국의회
   의 의원이었던 자 등으로 규정했다. 이에 따라 마약 관련자의 선거권

및 피선거권 제한은 사실상 폐지되고 금치산 선고를 받은 자로 한정 되었으며, 부일협의자와 민족반역자에 대한 제한 조항은 그대로 유 지되었다. 하지만 이후 1950년 4월 법률 제121호로 「국회의원선거법」 이 개정되면서 친일 관련자에 대한 선거권 및 피선거권 제한 역시 폐 지되었다. 다음을 참고하라. 「국회의원선거법」 법률 제17호, 법제처, 일부개정 1948.12.23; 「국회의원선거법」 법률 제121호, 법제처, 일부 개정 1950.4.12.

11 「제1회 66차 국회 본회의, 일반사면법안 등 일부 수정하여 통과」, 《서 울신문》, 1948년 9월 16일.

12 「제1회 66차 국회본회의, 일반사면법의 '사면 제외 죄' 선정에 대한 백관수 의원의 보고」, 『제1회 국회속기록』 제66호(1948. 9. 15), 90~ 91쪽.

13 「마약범 만연에 엄중 단속이 시급히 요청됨」, 《동아일보》, 1947년 11월 27일; 「비인도범죄 제외」, 《경향신문》, 1948년 9월 16일; 「인술(仁 術)의 간판 아래 마약굴」, 《경향신문》, 1948년 9월 15일; 「마약을 단 속! 서울시서 단행」, 《경향신문》, 1949년 7월 9일; 「아편 밀수단속이 간요(肝要)」, 《경향신문》, 1949년 12월 2일.

14 사회주의를 강하게 경계하던 일제강점기 문학작품 속에서도 '마약'은 사회주의자의 것으로 표현되었다. 최명익의 「심문」(1939)에서는 아편 에 빠진 사회주의자의 비극을 그리고 있으며, 1930년대 말 식민지 지 식인의 정신적 공황상태를 보여주는 채만식의 「냉동어」(1940)에서는 남녀 주인공이 과거 빠져들었던 사회주의 사상에 대한 표현이 한 번 도 '사회주의'라는 단어로 등장하지 않고, 일관되게 '아편'이라는 명 칭으로 간접 표현된다. 채호석, 『한국현대문학사』, 두리미디어, 2009, 160쪽; 이영재, 『제국 일본의 조선영화』, 현실문화, 2008, 272쪽.

15   김말봉, 「장편, 카인의 시장」 23: 속죄의 대가 3, 《부인신보》, 1947년 8월 17일.

16   조두영, 『목석의 울음: 손창섭 문학의 정신분석』, 서울대학교출판부, 2004, 148쪽.

17   「마약 밀매업자와 아편중독자 단속 촉구」, 《대구매일》, 1951년 2월 9일; 「적(敵) 교묘한 마약전술」, 《경향신문》, 1953년 2월 4일.

18   이러한 모습은 20세기 초 미국 사회가 마약의 근절을 인종주의와 결합시켰던 모습에서도 찾을 수 있다. 인종차별에 대한 인식이 확고히 자리 잡고 있던 당시 미국 사회는 마약의 사용을 특정 인종의 도구로 연결시킴으로써 마약에 대한 부정적 인식과 사회적 경계의식을 강화하고자 했다. 당시 백인들은 이러한 마약에 의한 피해를 인종적 문제로 비화해 책임을 회피하고자 했다. 코카인을 '흑인들의 마약'으로 표현하며 1910년대 코카인에 중독된 흑인들이 백인 여성을 강간하고 있다는 유언비어를 대대적으로 확산시켰고, 아편에 대해서는 중국 이민자들이 미국으로 아편을 수입해 백인 여성을 아편에 중독되도록 만들고 있다고 비난하기도 했다. 이는 해방과 정부수립을 거치면서 한국 정부가 마약을 공산주의와 연결하고 그 사용을 민족의 생존과 대치해 형상화함으로써 마약에 대한 비판적 인식을 강하게 부각시키고자 했던 모습과도 닮아 있다. 즉, 마약을 당대 사회에서 가장 경계하고 혐오하는 대상들의 도구로 이미지화함으로써 그 부정적 인식을 보다 강하게 각인시키고자 했던 의도를 읽을 수 있다. 조성권, 『마약의 역사』, 149쪽을 참고하라.

19   「나라를 좀먹는 마약환자」, 《경향신문》, 1955년 1월 22일; 「약주고 병 주는 탈선 인술 의사가 마약 암매」, 《경향신문》, 1953년 8월 31일.

20   「사회악과 윤리」, 《국민보》, 1959년 8월 5일.

21　이러한 방식은 사회구성원 모두를 '잠재적 범죄자'로 간주해 통제 범위 안에 포괄하고, 스스로를 경계하도록 하는 것이었다.

22　「아편중독 피의자 입소에 관한 건」, 대전지방검찰청 천안지청 사무과, 1956, 464쪽.

23　「마약법 시행령(안)」, 『국무회의록』, 총무처 의정국 의사과, 1958.

6장 「마약법」의 탄생

1　「한국경제 원조계획에 관한 대한민국과 국제연합한국재건단과의 협약」, 재정경제부 국고국 국유재산과, 1954, 국가기록원 소장 (BA0028980).

2　1955~1956년의 회계 기간은 1955년 7월부터 1956년 12월까지이다. 1950년대 보건사회부 예산 총액은 아래 표와 같다(단위: 백만원). 한국사회복지협의회·한국사회복지연구소, 『한국사회복지연감』, 농원문화사, 1972; 남찬섭, 「1950년대의 사회복지」 2, 《복지동향》 81, 참여연대사회복지위원회, 2005, 34쪽에서 재인용.

연도	정부 예산	보건사회부 예산(보건비)	비율(보건비)
1955	28,144	1,665	5.91%
1956	–	–	–
1957	35,003	1,536	4.38%
1958	41,097	1,706	4.15%
1959	40,022	1,517	3.78%

3　같은 시기인 1959년 문교 예산이 전체의 약 14.9% 수준이었던 사실과 비교해 보더라도 전쟁 직후 보건에 관한 정부의 관심과 투자가 상대적으로 부족했음이 드러난다. 강인철, 「한국전쟁과 사회의식 및 문

화의 변화」, 『근대를 다시 읽는다』 1, 역사비평사, 2006, 358~359쪽.

4 「자살, 살인, 변사 등 전화(戰禍)와 '인푸레' 탓인가」, 《동아일보》, 1952년 8월 27일; 「두 아편중독자 변사」, 《경향신문》, 1955년 9월 26일; 「변사」, 《경향신문》, 1956년 8월 2일; 「시내에 변사사건」, 《경향신문》, 1957년 1월 14일; 「마약중독자치료소 20일 개소 강제치료」, 《경향신문》, 1954년 10월 14일.

5 「아편중독 피의자 입소에 관한 건」, 대전지방검찰청 천안지청 사무과, 1956, 464쪽.

6 「1953년 6월 23일, 뉴욕 채택 아편의정서 한국 측 비준서」, 외무부 조약국 조약과, 국가기록원 소장(CA0003365), 1963.

7 공산주의 국가들의 마약 공세에 대응해야 한다는 미국의 주장에 입각해 구상된 「아편의정서」는 엄격한 무역통제를 꺼리던 당사국 간의 견해 차이로 비준이 미루어졌으며, 1961년 비로소 발효 조건이 충족되었다. 하지만 이때는 이미 더욱 완화된 조건의 「마약에 관한 유엔 단일협약(Single Convention on Narcotic Drugs, 1961)」이 채택되고 '국제마약통제위원회(International Narcotics Control Board)' 또한 창설된 시점이었기 때문에, 「아편의정서」는 단일협약에 의해 폐지되었다. 박지영, 「'적색마약'과의 전쟁: 한국의 마약정책과 반공주의, 1945~1960」, 《의사학》 25-1, 대한의사학회, 2016, 98~99, 103쪽.

8 보건사회부 차관 신효선, 「제3대 국회 제24회 제10차 국회 본회의 회의록」, 대한민국 국회, 1957년 4월 2일.

9 「국회법(개정안) 심의 착수」, 《동아일보》, 1957년 4월 5일; 「마약법을 23일자 법률 제440호로 공포」, 《동아일보》, 1957년 4월 25일.

10 「마약법(안) 입법취지서」 입법취지, 총무처 의정국 의사과, 1955, 1쪽.

11 「마약법」, 법률 제440호, 법제처, 1957.4.23. 제정(시행 1957.6.23.)

12 박지영, 「'적색마약'과의 전쟁: 한국의 마약정책과 반공주의, 1945~1960」, 100쪽.

13 「마약법 시행령(안)」, 『국무회의록』, 총무처 의정국 의사과, 1958.

14 「마약법(안) 입법취지서」 제6장 감독과 단속 제55조 마약감시원, 총무처 의정국 의사과, 1955, 20쪽.

15 보건사회부 차관 신효선, 「제3대 국회 제24회 제10차 국회 본회의 회의록」, 대한민국 국회, 1957년 4월 2일.

16 당시 보건사회부 발표에 따르면, 남한 내 공식적으로 파악된 마약중독자를 약 1만 2300명에서 2만여 명으로 추산하고 있다. 이는 각 지방 장관들의 보고를 집계한 수치로, 실제보다 상당히 축소된 수였을 것으로 추정된다. 신행용 의원, 「제3대 국회 제24회 제10차 국회 본회의 회의록」, 대한민국 국회, 1957년 4월 2일.

17 박영종 의원, 「제3대 국회 제24회 제10차 국회 본회의 회의록」.

18 박영종 의원, 같은 곳.

19 박영종 의원, 「제3대 국회 제24회 제12차 국회 본회의 회의록」.

20 재석 118인, 가 65, 부 1표. 「제3대 국회 제24회 제12차 국회 본회의 회의록」, 대한민국 국회, 1957년 4월 4일.

21 「마약단속 새 방침」, 《경향신문》, 1958년 3월 22일; 「마약중독자수용소서 탈주소동」, 《경향신문》, 1958년 4월 25일; 「졸렬한 마약환자의 퇴치대책」, 《동아일보》, 1959년 3월 23일.

7장 정치적 악에서 경제적 악으로

1 「특정범죄 처벌에 관한 임시특례법」은 1961년 7월 1일 제정되었고, 같은 해 12월 8일 첫 법률 개정에서 마약 사범을 처벌 대상에 포함했다. 이 법에서 "마약의 취급량이 100g 이상일 때, 집단적 또는 상습적으로 「마약법」을 위반한 경우에는 법정형의 최고를 사형으로 한다"고 명시했다. 「특정범죄처벌에관한임시특례법」(법률 제640호), 법제처, 1961.7.1.제정(시행 1961.7.1.); 「특정범죄처벌에관한임시특례법」(법률 제818호), 법제처, 1961.12.8. 일부개정(시행 1961.12.8.)

2 정부는 1961년 「마약 임시조치법」의 제안 이유를 "국가경제를 좀먹고 사회악을 조장하는 마약 사범을 근절시키기 위해 현행 마약법에 의한 벌칙을 대폭 강화해 그 단속을 철저히 하고자 임시조치법을 제정하려는 것"이라고 설명했다. 「마약 임시조치법」, 『국무회의록』, 총무처 의정국 의사과, 1961, 481쪽.

3 대한민국 정부, 「제1차 경제개발 5개년 계획의 목표와 방침」 4-2, 『제1차 경제개발 5개년 계획(1962~1966)』, 1962, 15~16쪽.

4 「혁명정부의 사명」, 『최고회의보』 창간호, 국가재건최고회의, 1961년 8월 15일, 5쪽.

5 「세계는 주시한다 한민족의 재생을」, 『최고회의보』 창간호, 2~3쪽.

6 「1962년도 시정방침」, 『최고회의보』 5, 국가재건최고회의, 1962년 2월 16일, 3쪽.

7 「횡설수설」, 《동아일보》, 1961년 8월 25일; 「혁명 1년의 시정비판 6, 사회」, 《경향신문》, 1962년 5월 12일.

8 「박 의장, 관기해이(官紀解弛)에 경고」, 《동아일보》, 1961년 6월 1일.

9 Telegram from the Commander in Chief, U.S. Forces Korea (Magruder) to the Chairman of the Joint Chiefs of Staff (Lemnitzer), Seoul, May 17, 1961, Foreign Relations of United States, 1961~1963, Vol.XXⅡ, p.458.

10 「선박에 의한 아편운송취체규칙 폐지법률안」, 제66회 제82차 회의록, 대한민국 국회, 1961년 12월 8일.

11 「마약사범 일소에 책임제 각 부락단위로 단속」, 《경향신문》, 1962년 6월 19일.

12 「3대 사회악을 몰아낸다(5) 마약 상(上)」, 《경향신문》, 1965년 1월 9일.

13 강원도 속초시 신○○ 씨의 구술기록, 1935년생, 영랑동 카페, 2007년 11월 25일.

14 1948년 11월 내무부 치안국 감식과 산하의 법의학계·이화학계는 1955년 3월 「국립과학수사연구소직제」가 제정·공포된 후 내무부 산하 국립과학수사연구소로 독립해 법의학 및 이화학적 감식 사무를 관장하게 되었다. 1991년 7월에는 이화학과를 모태로 마약분석과가 신설되었다. 이후 2006년 1월 책임운영기관(정부 부처에 소속되어 있으나 인사·예산 등의 운영에 있어 대폭적인 자율성을 갖는 행정기관)으로 전환되었고, 2010년 8월 행정자치부 소속의 국립과학수사연구원으로 승격되었다. 국립과학수사연구소, 『과학수사 50년사, 1955~2005』, 2005. 262~272쪽; 「국립과학수사연구소직제」[대통령령 제1021호], 법제처, 1955.3.25. 제정(시행 1955.3.25.)

15 이창기, 『마약이야기』, 서울대학교출판부, 2004, 48~49쪽.

16 「기류(氣流) 밑의 양지(陽地) 마약중독자 치료소편」, 《경향신문》,

1957년 7월 29일.

17 한국은행에 따르면, 평균 6.63명이 속한 전국의 농가 가구별 농업소
    득은 연간 49만 5300환으로 집계되어 가구별 월 농업 소득은 4만
    1275환이었다. 이를 1인당으로 환산하면 월 6225환의 소득이 발생
    한 것으로 파악된다. 또 1962년 중앙교육연구소는 각 직종 피고용자
    의 평균 임금을 약 4만 1000환 정도로 파악했다. 경제기획원, 『경제
    백서, 1962년도』, 부표92, 1961년 중 농가소득, 1962, 452쪽; 「취업자
    의 월수입은 얼마?」, 《동아일보》, 1962년 3월 24일.

18 「4.19 이후에 부쩍 는 마약환자」, 《경향신문》, 1960년 11월 13일.

19 「혁명 1년의 시정비판(6) 사회」, 《경향신문》, 1962년 5월 12일.

20 「3대 사회악을 몰아낸다(1) 폭력 상(上)」, 《경향신문》, 1965년 1월 4일;
    「3대 사회악을 몰아낸다(2) 폭력 하(下)」, 《경향신문》, 1965년 1월 5일;
    「3대사 회악을 몰아낸다(3) 공무원 범죄 상(上)」, 《경향신문》, 1965년
    1월 6일; 「3대사 회악을 몰아낸다(4) 공무원 범죄 하(下)」, 《경향신문》,
    1965년 1월 7일; 「3대 사회악을 몰아낸다(5) 마약 상(上)」, 《경향신
    문》, 1965년 1월 9일; 「3대 사회악을 몰아낸다(완) 마약 하(下)」, 《경향
    신문》, 1965년 1월 11일.

21 마약중독의 피해가 많은 지역이라고 알려진 경기도 내 1960년부
    터 1962년까지의 부정 의료업자 단속 실적도 1960~1961년 300%,
    1961~1962년 200%씩 증가하는 모습을 보이며 매년 큰 폭으로 늘
    어갔다. 「1960~62 부정 의료업자 및 마약사범 단속현황」, 경기도 기
    획관리실 정책기획관실, 통계청.

22 반대로 중독자 수의 하락은 중독 위험의 저하라는 측면에서 해석할
    여지도 있지만, 당국의 느슨해진 단속 강도를 반영한 것은 아닌지 염
    두에 둘 필요가 있다.

23 군사정부가 중독치료를 아주 외면했다고 볼 수는 없다. 군사정변 직
후인 1961년 8월 보건 당국의 협조 아래 '마약 환자 갱생협회'가 발
족되기도 했다. 이 단체는 마약중독 환자의 수용과 치료, 교화는 물
론, 밀경작과 밀조 행위를 예방하는 활동을 벌여나가고 있었다. 또
1962년 8개이던 마약중독자 치료소는 1963년 9개, 1964년 10개로
증설되었다. 그 결과 마약중독자에 대한 입원치료도 완만하게나마
늘어갔다. 경기도의 마약중독자 수용 상황을 보면, 연중 입원자 수
는 1963년 218명(송치 90명)에서, 1964년 295명(송치 141명), 1965년
364명(송치 188명)으로 매년 완만한 증가세가 확인된다. 보건사회부,
『보건사회통계연보』 1964, 1968 각 연도; 「모임」,《경향신문》, 1961년
8월 17일; 「횡설수설」,《동아일보》, 1961년 8월 24일; 「1963~1969년
경기도 마약중독자수용상황」, 경기도 기획관리실 정책기획심의관실,
통계청.

8장 '메사돈 파동'과 사회악으로의 공식화

1 「정부검정 의약품 속에서 마약성분을 캐내」,《동아일보》, 1965년 5월
8일; 「마약든 제약원료 금수(禁輸) 건의」,《동아일보》, 1965년 5월
8일; 「법정파문 일으킨 '메사돈' 판·검사의 형량시비」,《동아일보》,
1966년 6월 14일.

2 당시 언론에서는 제조회사 및 제품명을 공시하고, 이를 유해 약품으
로 규정해 불매를 권장했다. 「이 유해약품 사지맙시다」,《동아일보》,
1966년 3월 29일.

3 이창기, 『마약이야기』, 170~171쪽.

4 「부정의약품 원료수입에 관한 보고 및 질문」, 『제6대 국회 상임위원

회 회의록』보건사회위원회 제50회 제2차, 대한민국 국회, 1965.6.3.

5 「메사돈을 정식수입」,《동아일보》, 1965년 5월 25일; 「메사돈 원료를 10개 상사서 수입」,《동아일보》, 1965년 6월 3일.

6 유니온 제약회사에서 만든 약물 '설파 디메독신'이라는 주사약에서 중독성 이물질이 검출되고, 이것을 수사하는 과정에서 8개 제약회사 제품에서 동일하게 '메사돈'이 검출되었다. 이 사건이 사회적인 물의 를 빚자 검찰은 합동수사본부를 구성하고 본격적인 수사에 착수했 다. 1964년 6월 3일부터 한 달에 걸친 조사에서 합성 마약 '메사돈' 을 제약해 시판한 16개 회사를 적발했다. 임영태, 『대한민국50년사』 1, 들녘, 1998, 402쪽.

7 「그 사건과 그 사람: 메사돈 파동」,《경향신문》, 1965년 12월 7일; 「법 정파문 일으킨 '메사돈' 판·검사의 형량시비」,《동아일보》, 1966년 6월 14일.

8 「부정의약품 '메사돈'문제에 관한 건」, 『제6대 국회 상임위원회 회의 록』보건사회위원회 제51회 제1차, 대한민국 국회, 1965.7.22.

9 「이미 5년 전에 '메사돈' 유입」,《경향신문》, 1965년 11월 6일.

10 「차원 높은 청구동 '정담'」,《경향신문》, 1965년 6월 7일; 「의약품 제 도와 제약산업 5, 국내외 품목허가 제도」,《헬스코리아》, 2015년 4월 8일; 「마약퇴치운동과 약사」,《약사공론》, 2017년 6월 6일.

11 「부정의약품에 관한 보고 및 질문」, 『제6대 국회 상임위원회 회의록』 보건사회위원회 제50회 제3차, 대한민국 국회, 1965.6.9; 「사회문제된 약의 건강성」,《경향신문》, 1965년 5월 29일; 「메사돈 질의종결」,《경 향신문》, 1965년 8월 3일.

12 「영세농어촌과 광산지구 메사돈 중독자 많아」,《경향신문》, 1965년 6월 15일; 이창기, 『마약이야기』, 53쪽.

13 1961년 간편 마약감정구가 실용특허를 받기도 했지만, 실질적 효과를 거두지는 못했다. 「실용특허(1192호): 간편마약감정구」, 특허청 관리국 등록과, 1961.

14 「부정의약품에 관한 보고 및 질문」, 『제6대 국회 상임위원회 회의록』 보건사회위원회 제50회 제1차, 대한민국 국회, 1965.5.31.

15 「판결원본(1): 아편에 관한 죄 마약법위반」, 춘천지방검찰청 강릉지청, 1961, 169~171쪽; 「형사판결원본(8.21~31)」, 아편판매법령 제5호 위반, 서울지방검찰청, 1961, 6~9쪽; 「형사판결원본(11.1~10)」, 상습 몰핀판매, 몰핀소지, 아편소지 마약법위반, 서울지방검찰청, 1962, 968~1000쪽; 「수사종결철: 마약법위반 아편흡식」, 경상북도지방경찰청 영양경찰서 수사과, 1972, 77~85쪽; 「의견서: 정신병자 및 마약환자 수배보고통보 하달」, 서울지방경찰청 용산경찰서 수사과, 1974, 73~83쪽.

16 「심각한 마약 화(禍)」, 《한국일보》, 1965년 6월 27일.

17 「부정의약품에 관한 보고 및 질문」, 『제6대 국회 상임위원회 회의록』 보건사회위원회 제50회 제3차, 대한민국 국회, 1965.6.9.

18 「부정의약품에 관한 보고 및 질문」, 『제6대 국회 상임위원회 회의록』 보건사회위원회 제50회 제1차, 대한민국 국회, 1965.5.31.

19 식품의약품안전처, 『마약류관리에관한법률 해설서』, 2006, 7쪽.

20 수사 초기 청주 국도제약사 사장 박인선이 긴급 구속된 이후, 조사 과정에서 메사돈 약품의 제조 주범은 서울대학교 약학대학 출신의 임국선이었음이 밝혀졌다. 또 충청북도 약무계장 이재욱 등 보건사회부 관리들과 공화당 소속 국회의원 신관우가 수뢰 혐의로 입건되었다. 보건사회부 약정국장 전병수는 제약회사로부터 받은 200여 만원을 신관우 의원에게 전달했다고 진술했다. 하지만 이후 공화당은

당무회의에서 "신관우 의원은 조사 결과 메사돈 사건과 전혀 관련이 없음이 밝혀졌고, 조사결과 제약회사로부터 받은 200여 만 원도 메사돈 사건과는 무관하다"고 발표하며 경고 처분을 내렸다. 다음을 참조하라. 「약품수입 외화배정 국회의원 등 거액 수회(收賄)」, 《경향신문》, 1965년 6월 19일; 「국회의원의 추문」, 《경향신문》, 1965년 6월 26일; 「흐지부지(…)망국약(亡國藥) 메사돈 특별수사반이 '메스' 댄지 2개월」, 《동아일보》, 1965년 8월 3일; 「1965년 그 사건과 그 사람 6, 메사돈 파동」, 《경향신문》, 1965년 12월 7일; 「김정근 의원에 1개월간 정권(停權)」, 《동아일보》, 1965년 12월 25일.

21 「불호령 속에 가지만 꺾인 그 화근 마약 메사돈 빙산의 일각 중간 정리」, 《동아일보》, 1965년 7월 6일; 「용두사미격인 메사돈 사건」, 《동아일보》, 1965년 8월 5일.

22 「부정의약품에 관한 보고 및 질문」, 『제6대 국회 상임위원회 회의록』 보건사회위원회 제50회 제1차, 대한민국 국회, 1965.5.31.

23 「5대 사회악을 일소하는 길」, 《경향신문》, 1966년 2월 10일; 「뿌리뽑힐까 5대 사회악」, 《경향신문》, 1968년 6월 24일.

24 「사회악을 뿌리뽑자(밀수, 탈세, 도벌행위, 마약사범, 폭력 등의 사회악 퇴치)」, 국가기록원 소장(CEN0006023, 5-1), 1966.

25 「폐기약품을 판매 전국서 300여 업소 적발」, 《동아일보》, 1966년 3월 29일.

26 「오(吳) 장관 자퇴(自退)요구」, 《경향신문》, 1966년 3월 18일; 「각료 일부 경질」, 《매일경제》, 1966년 4월 14일; 「일부 개각을 보고」, 《동아일보》, 1966년 4월 18일.

27 「약국 및 의약품 등의 제조업·수출입업과 판매업의 시설기준령」(대통령령 제2170호), 법제처, 1965.7.1 제정(시행 1965.7.1.); 식품의약품

안전처, 『마약류관리에관한법률 해설서』, 7쪽; 「52개 제약업소 폐쇄」, 《동아일보》, 1966년 6월 23일; 「52개 제약사 폐쇄」, 《경향신문》, 1966년 6월 23일.

28 「마약법시행령중개정의건안(제30회)」, 『국무회의안건철』, 총무처 의정국 약정과, 1966; 「마약법중개정공포안(제21회)」, 『국무회의안건철』, 총무처 의정국 의정과, 1967; 「마약법시행령개정령안(제84회)」, 『국무회의안건철』, 총무처 의정국 약정과, 1969.

29 1970년 「마약법」 개정에서 신고자의 보상금 지급 신청은 수사기관장의 명의로 소재지 도지사를 거쳐 보건사회부 장관에게 신청하던 것에서, 범죄의 통보자 또는 검거자가 직접 보건사회부 장관에게 신청하도록 개정해 행정적으로 신고자의 편의를 도왔다. 그리고 상금의 지급은 기존 「마약법」 제58조에 의거해 해당사건으로 부과된 벌금, 몰수품 가격 또는 추징금 총액의 25%로 재규정했다. 「마약법시행령중개정령(제51회)」, 『국무회의안건철』, 총무처 의정국 의정과, 1970.

30 「습관성의약품관리법」(법률 제2230호), 법제처, 1970.8.7. 제정(시행 1970.11.8.)

31 대검찰청에 따르면, 1968년 기준 마약 암거래 가격은 '메사돈 파동'이 발생한 1965년에 비해 약 400~500% 이상 증가했다. 마약의 유통·매매에 대한 위험부담이 늘어난 만큼, 그 부담이 가격 상승에 반영된 것이었다. 1965~1969년 마약 암시세 현황은 아래 표와 같다(단위: 원). 999·생아편·헤로인은 g당 가격, 모르핀·메사돈은 cc당 가격이며, 1962년 6월 10일 단행된 통화개혁으로 통화단위가 10분의 1로 절하되고, 화폐 호칭이 '환'에서 '원'으로 변경되었다. 대검찰청, 『범죄백서』 1968-1969, 1969, 402쪽에서 발췌.

연도	999	생아편	헤로인	모르핀	무표시 주사액·(메사돈)
1965	700	100	700	70	15
1966	900	140	1,000	90	25
1967	2,000	250	2,000	150	35
1968	3,800	500	4,000	250	50
1969	−	400	5,500	250	100

9장 청년, 대마초와 만나다

1   1929년부터 시작된 세계대공황 아래 세계 각국은 점차 고관세 장벽을 마련, 본국과 식민지 간 배타적 블록경제 구축과 함께 역내에서의 자급자족적 경제체제를 강화해갔는데, 이러한 블록경제 상황은 일본으로 하여금 식민지 조선에 직물 생산을 장려하게 했다. 배종하, 「WTO와 세계무역질서」, 『현장에서 본 농업통상 이야기』, 지니릴레이션, 2006, 18쪽; 김무진, 「일제의 식민지배와 마을문화의 해체」, 『한국 전통사회의 의사소통체계와 마을문화』, 계명대학교출판부, 2006, 209쪽.

2   「농가자가용(農家自家用)으로 소비되던 대마방적 원료도 승격」, 《동아일보》, 1938년 12월 6일; 「청마(靑麻) 재배상황」, 《동아일보》, 1920년 6월 11일; 「조선직물 현황과 생산진흥책」, 《동아일보》, 1923년 8월 3~13일; 「저마(苧麻) 증산장려 마포(麻布) 자급책」, 《동아일보》, 1931년 6월 16일; 「중소공업의 생산품 현황1, 마포·직물」, 《동아일보》, 1934년 6월 13일; 「격증하는 수요에 대응코저 아·저·대마(亞·苧·大麻) 증산계획」, 《동아일보》, 1939년 1월 11일; 「대마(大麻)·

저마(苧麻)·아마(亞麻)」,《동아일보》, 1940년 6월 11일.

3 「대마수급조정규칙」 조선총독부 고시 제828호,《조선총독부관보》 제4063호, 1940년 8월 6일; 「대마수급조정규칙 6일부 공포즉일 실시」,《동아일보》, 1940년 8월 6일; 「대마수급조정 규칙을 제정」,《동아일보》, 1940년 8월 6일; 「산조(産組), 금조(金組) 중심으로 대마의 수급조정」,《동아일보》, 1940년 8월 7일.

4 「조선마약취체령」 제1조 11항,《조선총독부관보》 제2483호, 1935년 4월 25일.

5 1966년 당국은 파주에 주둔 중인 미 보병사단 등 미군부대 장병 다수가 대마를 흡연하고 있으며, 이들이 흡연하던 대마에 마약 성분이 있어 그 출처를 수사 중이라고 밝혔다. 「대마에 마약성분」,《동아일보》, 1966년 7월 9일.

6 해피스모크는 일반 담배에 환각 성분이 든 대마를 섞어 미군부대 주변을 중심으로 10개비들이 한 갑에 약 500원의 가격으로 공공연히 거래되었다. 「마약성분이 든 담배 미군부대 주변에 해피스모크」,《경향신문》, 1968년 5월 27일; 「대마섞인 담배밀매」,《동아일보》, 1968년 5월 27일.

7 1966년까지는 보건 당국과 학계 모두 한국산 대마의 환각성에 대한 정확한 근거를 찾지 못하고 있었다. 1966년 7월 서울대학교 생약연구소에 따르면 한국의 삼나무가 인도산 대마와 동속식물(同屬植物)이기 때문에 식물생리가 같아 동일 성분이나 유사 성분을 갖고 있을지도 모르지만, 아직까지는 과학적인 반증이 없는 단계라는 점을 밝히고 있다. 같은 시기 약리학계의 다른 전문가들 또한 한국산 대마의 성분 분석과 약리작용의 임상적 연구가 필요함을 밝히고 있다. 「한국 삼의 성분」,《경향신문》, 1966년 7월 11일; 「인도산과 성분 같아」,

《경향신문》, 1966년 7월 11일; 「대마와 마약」, 《동아일보》, 1966년 7월 14일.

8 「한국산 대마 속에 마약성분 미(美)서 중간분석 후 보사부에 통보」, 《동아일보》, 1967년 1월 10일.

9 이창기, 「한국산 대마의 성분에 관한 연구」, 《대한약학회지》 17-1, 대한약학회, 1973, 21~26쪽.

10 「한국산이 으뜸, 세계 13개국 대마속의 마약성분」, 《경향신문》, 1970년 11월 2일.

11 일제강점기와 마찬가지로 당시 「마약법」상에는 인도산 대마만이 마약으로 규정되어 있어, 한국산 대마에 대한 규제, 단속의 근거가 없었다. 「대마에 마약성분」, 《동아일보》, 1966년 7월 9일.

12 「마구 나도는 해피스모크 단속 법규 없어」, 《경향신문》, 1970년 6월 9일; 「환각제 사용을 속히 막아라」, 《경향신문》, 1970년 6월 10일.

13 1970년 3월에는 동두천 주한미군 주군지 근처에서 한국인 부부가 목이 잘린 채 무참히 살해당한 사건이 발생했는데, 수사 결과 미군의 대마 흡연이 원인이었던 것으로 밝혀졌다. 채포된 제임스 E. 월터 상병과 존 W. 브라운트 하사는 1970년 12월 4일 한국 법정에서 강도살인죄가 적용되어 한미행정협정 발효 후 처음으로 사형이 선고되었다. 이후 1971년 6월 10일 무기징역으로 감형되었다. 「미군 월터 상병 구속」, 《경향신문》, 1970년 3월 9일; 「동두천 살인사건 미병(美兵) 한명 더 구속」, 《동아일보》, 1970년 3월 10일; 「동두천 부부 살해 두 미군 사형 선고」, 《경향신문》, 1970년 12월 4일; 「두 미군 피고에 무기징역 선고, 동두천 부부 살해」, 《매일경제》, 1971년 6월 11일.

14 「담배에 대마초」, 《매일경제》, 1970년 3월 19일.

15 「대학가에까지 번진 해피스모크 파동」, 《경향신문》, 1970년 6월 11일.

16　「30여 마약밀매소 적발」,《매일경제》, 1970년 4월 16일.

17　「마약류 단속 입법을 미군측서 요청」,《매일경제》, 1970년 6월 19일.

18　「습관성의약품관리법」 법률 제2230호, 법제처, 1970.8.7. 제정(시행 1970.11.8.);「미온적인 습관성약 규제」,《경향신문》, 1970년 9월 10일.

19　대마초 흡연 혐의로 구속자가 처음 나온 것은 1975년이었다.「대학생 등 모두 27명 해피스모우크 흡연자 첫 구속」,《동아일보》, 1975년 12월 3일;「대마초 파동 30년 청년문화 '해피스모크'에 데다」,《한겨레》, 2006년 3월 23일.

20　「여적(餘滴)」,《경향신문》, 1974년 4월 10일;「재수생이 대마초 피우다 덜컥」,《경향신문》, 1975년 6월 20일;「횡설수설」,《동아일보》, 1975년 12월 6일;「교육주간 심포지움 건강한 사회를 위한 교육」,《동아일보》, 1976년 5월 7일;「자주문화의 재정립(3) 통기타·생맥주 방향 잃은 청년문화」,《경향신문》, 1978년 1월 6일.

21　「검찰 대마초 단 1회 흡연도 구속」,《동아일보》, 1976년 12월 1일.

22　주왕기·허문영,「한국지방대학생들의 마리화나흡연실태, 1974」,《학생생활연구》7, 강원대학교 학생생활연구소, 1982, 115~123쪽; 주왕기,「약물남용과 한국의 마약류 실태」,《사법행정》31-3, 한국사법행정학회, 1990, 42~49쪽.

23　「탈선 10대를 막자」,《경향신문》, 1975년 8월 25일;「고교생 2명 검거 대마초 흡연혐의」,《경향신문》, 1976년 1월 30일;「교복차림 흡연·심야 고고 왜 늘어나나 밤의 10대 탈선지대」,《경향신문》, 1976년 10월 7일.

24　「대학가에까지 번진 해피스모크 파동」,《경향신문》, 1970년 6월 11일.

25　주창윤,「1970년대 청년문화 세대담론의 정치학」,《언론과 사회》14-3, 성곡언론문화재단, 2006, 74쪽.

26 「경범죄처벌법」 법률 제2504호, 법제처, 1973.2.8. 일부개정(시행 1973.3.11.)

27 한완상, 「현대 청년문화의 제문제」, 《신동아》, 1974년 6월.

28 허수, 「1970년대 청년문화론」, 『논쟁으로 읽는 한국사』, 역사비평사, 2011, 366~373쪽.

29 김홍신, 「서울(54), 대마초가수」, 《동아일보》, 1987년 12월 22일.

30 1966~1980년 전문대 이상 학력자 증가 추이를 살펴보면, 대졸 이상 학력을 가진 인구는 1966년 78만여 명에서 1970년 105만여 명, 1975년 143만여 명, 1980년 228만여 명으로 약 192% 증가했다. 또 1965~1979년 20~39세 청년층 경제활동 인구를 살펴보면, 1965년 400만여 명에 불과하던 수가 1979년 700만여 명으로 약 75% 증가했다. 「총 조사인구: 학력 별」, 통계청, 1966~1980; 「연령별 경제활동 인구 총괄」, 통계청, 1965~1979.

31 마이클 폴란, 『욕망하는 식물』, 이경식 옮김, 황소자리, 2007, 219쪽; 배리 글래스너, 『공포의 문화』, 연진희 옮김, 부광, 2005, 208쪽.

32 '히피(Hippie) 문화'라고 불리던 청년 세대의 사회저항적 문화로 인해 1970년대 미국의 대마 흡연 경험자는 상습자 200만여 명을 포함해 5600만여 명에 달했고, 그중 청년층이 60%를 점하고 있었다. 영국도 미국의 영향으로 같은 시기 젊은 세대의 대마 흡연 문제가 심화되었는데, 1980년에는 전체 마약 사범 중 87%가 대마 사범으로 집계되었다. 미국의 히피 문화가 유럽 각지에 차례로 흘러들어가 독일 역시 마찬가지 현상을 보였다. 이창기, 『마약이야기』, 36~42쪽.

33 조성권, 『마약의 역사』, 166~169, 207~212쪽; 박찬욱 외, 『21세기 미국의 거버넌스』, 서울대학교출판부, 2004, 323쪽.

34 이선미, 「1950년대 미국유학 담론과 '대학문화'」, 《상허학보》 25, 상허

학회, 2009, 237쪽.

10장 대마초를 바라보는 국가의 눈

1 이인성, 「문 밖의 바람」, 『강 어귀에 섬 하나: 이인성 소설집』, 문학과
지성사, 1999, 81~82쪽.

2 「자주문화의 재정립, 통기타·생맥주 방향 잃은 청년문화」, 《경향신
문》, 1978년 1월 6일.

3 「습관성의약품관리법」 법률 제2230호, 법제처, 1970.8.7. 제정(시행
1970.11.8.); 「습관성의약품관리법」 법률 제2613호, 법제처, 1973.3.13.
일부개정(시행 1973.6.14.); 「습관성의약품관리법시행령」 대통령령 제
6806호, 법제처, 1973.8.9. 일부개정(시행 1973.8.9.) 비교.

4 1974년까지 주로 조직 단위의 대마초 밀매를 단속하던 당국은
1975년 후반부터 대마 흡연에 대한 단속을 대대적으로 실시했고,
12월 첫 구속자가 나왔다. 「대학생 등 모두 27명 해피스모우크 흡연
자 첫 구속」, 《동아일보》, 1975년 12월 3일.

5 「이장희, 윤형주, 이종용 가수 3명 구속」, 《경향신문》, 1976년 12월
4일; 「연예계 자성 움직임. 협회, 대마초 흡연 자체 규제 결의」, 《경향
신문》, 1975월 12월 8일; 「연예인협회 대마초 가수 5명을 제명」, 《동
아일보》, 1975월 12월 20일.

6 유신헌법에 대한 찬반을 묻는 국민투표는 1975년 2월 12일 실시되
었고, 정부는 그 결과를 투표율 79.84%, 찬성 73.1%로 발표했다. 송
건호, 『송건호 전집』 1, 한길사, 2002, 146쪽; 안철현, 『한국현대정치
사』, 새로운사람들, 2009, 175쪽; 이재오, 『한국학생운동사』, 파라북
스 2011, 342쪽.

7 「신민서 성명 총리 찬성운동 부당」, 《동아일보》, 1975년 2월 11일.

8 「긴급조치 제7호」로 1975년 4월 8일 17시를 기해 고려대학교가 휴교되었으며, 집회나 시위에 가담한 자는 3년 이상 10년 이하의 징역에 처하도록 하는 조치가 내려졌다. 「대통령긴급조치 제7호」, 법제처, 1975.4.8. 제정(시행 1975.4.8.)

9 유신체제는 긴급조치에 의해 지탱되었다고 평가된다. 「긴급조치 9호」는 "유신헌법의 부정·반대·왜곡·비방·개정 및 폐기의 주장이나 청원·선동 또는 이를 보도하는 행위를 일절 금지하고 위반자는 영장 없이 체포한다"는 내용으로 1975년 5월 선포되었다. 10·26사태 직후 폐기될 때까지 무려 4년 이상 지속되며 유신체제와 헌법, 대통령, 국가, 정부에 대한 비판과 정치적 논의를 원천적으로 봉쇄시켰다. 조희연은 이 시기를 '극단의 시대'라고 평가했다. 조희연, 『박정희와 개발독재시대』, 역사비평사, 2007, 186쪽.

10 조희연, 『박정희와 개발독재시대』, 170쪽.

11 한완상, 「청년문화의 특성과 그 윤리적 기반」, 《신학사상》 5, 한신대학교 신학사상연구소, 1974. 296쪽.

12 「나의 젊음, 나의 사랑: 대중음악 거장 신중현」, 《경향신문》, 1995년 12월 30일; 「김작가의 음담악담(音談樂談): 록의 대부 기타 소리 진한 감동」, 《주간동아》, 2012년 12월 17일.

13 「한국 팝의 사건·사고 60년: 일순 연기처럼 사라진 통기타·록 울림」, 《한겨레》, 2005년 11월 30일.

14 이영미는 이른바 '대마초 연예인 단속'이 실제 위법의 심각성에 비해 크게 과장되었으며, 요란하게 울린 경종과 같다고 지적했다. 또한 당시 대중예술인이 대마초를 단순 흡연한 것이 구속까지 될 정도로 엄청난 사안이었는지에 대해서도 의문을 제기했다. 이영미, 「대마초

사건, 그 1975년의 의미」,《역사비평》 112, 역사비평사, 2015, 206~
213쪽.

15 구속된 44명의 직업을 살펴보면 가수와 악사 19명, 판매책 9명, 직업
여성 8명, 대학생 2명, 유흥업소 종업원 2명, 배우와 다방 디제이가
각각 1명, 무직이 2명이었다. 「깊이 스며든 환각의 매연 해피스모우크
정체와 수사 언저리」,《동아일보》, 1975월 12월 10일; 「마리화나 연
기를 꺼라 연협 비상」,《경향신문》, 1975월 12월 12일.

16 이 가운데 구속자는 20명, 불구속 11명, 수용 중 13명, 훈방 10명이
었다. 「대마초 파동 30년 청년문화 '해피스모크'에 데다」,《한겨레》,
2005년 11월 30일.

17 이영미, 「대마초사건, 그 화려한 '스리쿠션'」,《인물과 사상》 219, 인물
과사상사, 2016, 147~149쪽.

18 「가요계에 대류(對流) 현상」,《경향신문》, 1976년 5월 6일; 「횡설수
설」,《동아일보》, 1977년 8월 22일; 「유해성과는 별개로 '사회적 낙
인'」,《경향신문》, 2005월 3월 3일.

19 최인호, 「깊고 푸른 밤」,『견습환자: 최인호 대표 중단편선』, 문학동
네, 2014, 408쪽.

20 최인호, 같은 글, 404~406, 445쪽.

21 당시 대중예술계에서 가장 큰 인기를 누리던 연예인들이 '대마초 파
동'에 연루되어 하루아침에 TV에서 깨끗이 사라져버린 모습을 두고
이용우는 "문화적 벌목"이라 표현했다. 오영진, 「금지를 금지하라(4):
'무죄'였던 대마초, 박정희 정부 '중형' 세계는 합법화 추세」,《경향신
문》, 2017년 6월 11일에서 재인용.

22 「홍보문예 시책의 강화」,《동아일보》, 1976년 2월 6일.

23 「10월 유신은 곧 새마을운동이요, 새마을운동은 곧 10월 유신이다」

1972년 1월 12일 연두기자회견, 『박정희 대통령 연설문 선집』, 대통령비서실, 1978, 319쪽.

24 「사회악 소탕과 도의(道義) 재건」, 《경향신문》, 1972년 11월 16일.

25 「대학가에까지 번진 해피스모크 파동」, 《경향신문》, 1970년 6월 11일; 「76년 3월 경찰에 압수된 대마초」, 《경향신문》, 1977년 1월 12일.

26 「마약사범은 사회의 공적—유출 루트부터 발본색원 되어야 한다」, 《경향신문》, 1972년 10월 30일.

27 「전국 수사과장회의 각서에 부조리 고발센터」, 《경향신문》, 1976년 3월 10일; 「박대통령, 대마초 흡연자 최고형을」, 《경향신문》, 1977년 2월 2일; 「반시국·반사회 행위 엄단」, 《경향신문》, 1977년 2월 4일; 「법무부 보고 공명선거 저해사범 엄단」, 《매일경제》, 1978년 2월 7일; 「반국가·반사회사범 근절 법무부 보고」, 《동아일보》, 1978년 2월 7일.

28 「나는 어떤 사건보다 대마초문제에 관심」, 《경향신문》, 1976년 2월 3일.

29 「서민권익 침해 엄단」, 《동아일보》, 1976년 2월 2일; 「박대통령, 대마초 흡연자 엄단토록」, 《매일경제》, 1976년 2월 3일.

30 「박대통령, 새해에도 서정쇄신 더욱 박차」, 《경향신문》, 1975년 12월 27일; 「박대통령, 부조리 일소 박차」, 《동아일보》, 1975년 12월 27일; 「서정쇄신 더 강화」, 《매일경제》, 1975년 12월 27일.

31 「대마초 소지에 사형까지」, 《경향신문》, 1976년 3월 3일; 「대마관리법안 보사위 통과」, 《경향신문》, 1976년 3월 20일.

32 「대마관리법」 법률 제2895호, 『대한민국 관보』 제7315호, 총무처, 1976년 4월 7일; 「대마관리법」 법률 제2895호, 법제처, 1976.4.7. 제정(시행 1977.1.1.)

11장 올림픽 유치와 필로폰 시대의 개막

1   1980년대를 마감하면서, 언론은 1980년대 중요 사회 현안 5가지 중 하나로 마약문제를 지목하고, 8회에 걸쳐 당대 마약문제의 현황과 결과를 정리하는 특집기사를 연재하기도 했다. 「도전과 극복, 89 사회과제」 마약 1~8, 《경향신문》, 1989년 1월 30일~2월 18일.

2   한국형사정책연구원, 『메스암페타민 사범의 실태와 대책: 연구보고서』, 1989, 42~43쪽; 「히로뽕은 어떤 것인가, 합성마약… 오래 먹으면 뇌조직 파괴」, 《경향신문》, 1980년 3월 5일; 「여적(餘滴)」, 《경향신문》, 1982년 10월 28일.

3   요지시약(要指示藥, Ethical Drugs)은 반드시 의사의 지시하에 이용하지 않으면 위험이 생길 우려가 있는 약으로, 처방전 또는 의사의 지시가 없는 경우에는 판매 또는 수여해서는 안 된다.

4   일본의 경우 1950년대 전후 혼란한 시기 아편류와 필로폰의 남용이 확산되어 1960년대부터 대도시를 중심으로 암매가 성행하게 되었다. 1966년에는 전국부인회, 청년회, 약사회, 의사회 등 민간단체와 제약회사, 언론 등 사회 각계각층이 참여한 삼악(三惡: 마약·성병·매춘) 추방 국민운동이 대대적으로 전개되었다. 이창기, 『마약이야기』, 43~46쪽.

5   「초현대식 장비 갖춘 한국판 마피아」, 《경향신문》, 1980년 3월 20일; 「36%가 환각상태서 범죄 저질러, 히로뽕 사범 실태와 대책」, 《한겨레》, 1990년 2월 22일.

6   한국형사정책연구원이 3208명의 「향성신성의약품관리법」 위반 사

범에 대한 검찰 기록과 재소자 817명, 필로폰중독자 260명을 대상으로 한 4개월의 동안 조사 결과를 분석한 자료에 따르면, 1970년대까지 국내의 필로폰 소비 수요는 많지 않았고, 대부분 일본으로 제조·수출되었다. 한국형사정책연구원, 『메스암페타민 사범의 실태와 대책: 연구보고서』, 52~56쪽.

7 「한일세관실무회의 "밀수정보 알려주자"」, 《동아일보》, 1981년 10월 29일.

8 「마약 및 암페타민류(각성제) 문제에 관한 한·일 대책회의」 제1차(1982.7.22-23.) 서울, 동북아1과, 대한민국 외교부 외교사료관(17556); 「마약범죄 단속 한일실무회의」, 《동아일보》, 1982년 7월 22일.

9 「한일 마약 대책회의」, 《동아일보》, 1982년 7월 23일.

10 「마약 및 암페타민류 문제에 관한 한·일 대책회의」 제2차(1984.2. 28.) 도쿄, 동북아1과, 대한민국 외교부 외교사료관(20651-20652); 「마약 및 암페타민류 문제에 관한 한·일 대책회의」 제3차(1985.11.20.) 서울, 동북아1과, 대한민국 외교부 외교사료관(22226).

11 「마약 및 암페타민류 문제에 관한 한·일 대책회의」 제2차(1984.2. 28.)

12 조갑제, 「코리언 커넥션」, 《조선일보》, 2003년 7월 10일.

13 한국 정부로서는 1984년 대통령의 방일을 통해 올림픽 유치 과정에서 상대국으로 경쟁했던 일본의 서울 올림픽 지지와 재일한국인들의 법적 지위 문제에 대한 논의 진전 등 가시적 성과가 필요했던 상황이었다. 대통령 방일 직전 열린 한일협력위원회 총회와 한일의원연맹 총회 등에서도 이러한 문제가 중요 의제로 논의되었다. 실제로 1984년 9월 6일에서 8일까지 한일 정부는 2차례 정상회담을 개최했

으며 외교협력, 산업기술협력, 재일한국인의 법적 지위 문제 등이 주요 안건으로 토의되었다. 그리고 9월 8일 일본의 '88 서울 올림픽 지지, 무역 확대, 산업 협력 등과 함께 재일한국인들의 법적 지위 향상을 내용으로 하는 12개 항의 공동성명이 발표되었다. 「한일협력위 총회 재일한국인들 법적지위 토의」,《매일경제》, 1984년 7월 30일; 「교포 법적지위 향상 등 논의」,《경향신문》, 1984년 8월 3일; 「'한일 새 시대 개막' 선언 성숙한 우방으로 협력강화」,《경향신문》, 1984년 9월 8일; 「재일한국인의 현황과 과제」,《국회보》 제265호(1988.11.), 국가기록원소장(C12M35089); 「재일한국인의 지문날인제도」(1985), 법무부, 국가기록원소장(C11M09558).

14 「종합대책 마련 '개방' 악용사범 모두 구속수사」,《경향신문》, 1982년 12월 15일.

15 「마약밀수 외환사범 조직·상습범 최고형 대검 단속방안」,《매일경제》, 1983년 2월 18일.

16 국가별 일본 내 반입 필로폰 압수 현황은 아래 표와 같다(압수량: kg, 구성비: %). 대검찰청, 「일본 경찰청 각성제 등 약물사범 통계자료」,『마약류범죄백서, 1990』, 1991, 257쪽에서 발췌.

연도	총계		국가별				
			대만	한국	홍콩	필리핀	기타
1982	압수량	76.9	0	67.9	4.3	0	4.7
	구성비	100	0	88.3	5.6	0	6.1
1983	압수량	67.4	16.1	47.3	0	0	4.0
	구성비	100	23.9	70.2	0	0	5.9
1984	압수량	165.3	144.4	8.6	3.3	0	9.0
	구성비	100	87.4	5.2	2.0	0	5.4

연도	구분						
1985	압수량	265.2	168.1	55.1	8.0	24.3	9.7
	구성비	100	63.4	20.8	3.0	9.2	3.6
1986	압수량	317.7	176.4	110.7	0	0	30.6
	구성비	100	55.5	34.8	0	0	9.6
1987	압수량	592.4	463.4	62.8	0	9.2	57
	구성비	100	78.2	10.6	0	1.6	9.6
1988	압수량	185.4	112.0	69.5	1.8	0	2.1
	구성비	100	60.4	37.5	1.0	0	1.1
1989	압수량	199.6	168.3	24.3	2.0	0	5.0
	구성비	100	84.3	12.2	1.0	0	2.5
1990	압수량	249.0	227.6	0	0	0	21.4
	구성비	100	91.4	0	0	0	8.6

17 대만산 필로폰은 상대적으로 저렴했으며, 일부 국내 필로폰 제조기
술자들이 대만으로 건너가기도 했다. 이후 대만산 필로폰의 질이 크
게 향상되었다고 알려졌다. 그 때문에 부산에는 일본 수출용으로 제
조되었다가 선적되지 못한 필로폰이 1980년대 후반까지 상당량 감
춰져 있었다. 이정수 외, 「메스암페타민 사범의 전망과 대책」, 《형사정
책연구》 1-2, 한국형사정책연구원, 1990, 70쪽.

18 국내에서 거래되는 필로폰은 전량이 국내에서 제조된 것이었다. 한
편 일본으로의 밀수출 단속이 강화되자 밀수출 방법 또한 더욱 교
묘하고 다양해졌다. 1988년 1월 일본 후쿠오카현 경찰은 한국으로
부터 냉동 마른오징어를 수입하면서 30개의 오징어 상자에 필로폰
1kg씩을 넣어(합계 30kg) 밀수입하려던 폭력단을 검거하기도 했으
며, 1988년 4월에는 대만인이 나무로 만든 공예품인 달마상 12개

안에 필로폰 19kg을 넣어 일본으로 들여오려는 것을 검거하기도 했
다. 「36%가 환각상태서 범죄 저질러, 히로뽕 사범 실태와 대책」, 《한
겨레》, 1990년 2월 22일.

19 「향정신성의약품관리법」 법률 제3216호, 법제처, 1979.12.28 제정(시
행 1980.4.1.); 박계순·이한준, 『보건학』, 대경북스, 2008, 171쪽; 한국
형사정책연구원, 앞 보고서, 1989. 1~13쪽; 「마약사범 갈수록 늘어」,
《한겨레》, 1988년 7월 21일.

20 보건사회부, 「마약류 사범의 실태 및 대책」, 『보건사회』, 1988, 159쪽.

21 1988년 향정신성의약품 사범 지역별·송치관서별 분포는 아래 표와
같다(단위: 명(%)). 한국형사정책연구원, 『메스암페타민 사범의 실태
와 대책』, 1989, 57쪽에서 발췌.

	경찰	검찰	보건사회부	합계
부산	1,517 (78.7)	448 (45.2)	1 (0.3)	2,006 (60.4)
서울	63 (3.3)	157 (14.6)	310 (97.7)	530 (16.0)
대구·경북	196 (10.2)	100 (9.3)	–	296 (8.9)
마산·경남	116 (6.0)	146 (13.5)	–	262 (7.9)
인천·경기	10 (0.5)	76 (7.0)	–	86 (2.6)
충남	5 (0.3)	40 (3.7)	–	45 (1.4)
강원	5 (0.3)	22 (2.0)	–	27 (0.8)
광주·전남	5 (0.3)	21 (1.9)	–	26 (0.8)
제주	0 (0.0)	19 (1.8)	–	19 (0.6)
충북	10 (0.5)	4 (0.4)	–	14 (0.4)
전북	1 (0.1)	6 (0.6)	–	7 (0.2)
합계	1,928 (58.1)	1,079 (32.5)	311 (9.4)	3,318 (100.0)

12장 풍요 속의 빈곤: 유흥업의 성장과 필로폰 소비

1   이수길, 『현대인의 Leisure Life』, 한울, 2003, 43쪽; 김문겸, 「한국
    유흥문화의 대전환과 그 의미」, 《한국민속학》 제57권, 한국민속학회,
    2011, 240~241쪽; 「어제의 오늘: 1945년, 야간 통행금지 발동」, 《경
    향신문》, 2009년 9월 6일.

2   「서울올림픽조직위원회및지원위원회설치안」, 정무장관(제2실)장관,
    1981년 10월 31일, 대통령기록관소장(HA0003762).

3   이 장에서 언급되는 '유흥업소'의 범위는 당대 '특별소비세부과 사치
    성 유흥업소'로 지정된 사업장으로 한정한다. 구체적으로 카바레, 나
    이트클럽, 요정, 외국인 전용 유흥음식점 및 디스코클럽, 고고클럽,
    스탠드바, 비어홀, 가라오케, 룸살롱, 전자유기장(오락실)으로 등록된
    사업장이다.

4   「도시계획시설기준에관한규칙」 건설부령 제344호, 법제처, 1982.
    11.22. 일부개정(시행 1982.11.22.); 「유흥업소·일반용 등 용도구분
    폐지 주류도매상 확대」, 《매일경제》, 1982년 1월 5일; 「오늘부터 자율
    에 맡겨 이미용·목용탕·다방·유흥업소 정기휴일제 폐지」, 《동아일
    보》, 1982년 1월 7일; 「강남 상업지역 확대」, 《경향신문》, 1982년 11월
    20일; 「도시계획 규칙개정 유원지 내 유흥업소 허용 카바레 등 스포
    츠 시설도」, 《경향신문》, 1982년 11월 22일.

5   「가전품·유흥업소 등 외형 작년보다 급증 국세청 입회조사」, 《동아
    일보》, 1983년 5월 14일; 「현황과 실태, 안마·사우나 4년 새 2배로」,
    《경향신문》, 1984년 5월 30일.

6   「과소비문화(6) 인·허가의 "함정"」, 《경향신문》, 1984년 6월 12일.

7   「유흥업 과표 크게 올려」, 《매일경제》, 1986년 12월 30일; 「공장·유
    흥시설 등 급증」, 《경향신문》, 1987년 8월 21일.

8 주장건, 『한국 관광산업 육성전략』, 문지사, 1999, 16쪽.

9 보고서는 유흥접객업소 중 성매매 및 이를 유도하는 필로폰 취급 업장을 '향락업소'로 분류해 조사했다. 전국의 41만 5244개 향락업소 중 마약류 취급 가능성이 있는 사업장은 약 17만 1207개로, 종사자는 약 65만 8003명으로 추정하고 있다. 보고서는 이 수치의 339명을 표본으로, 관련 사업장 종사자가 경험한 필로폰 사용자 수에 대입해 여기에 사업장 종사자 본인의 필로폰 사용 비율을 더했다. 계산 방식은 다음과 같다. [전국 성 접대 가능 업소의 종사자 수]×[업소종사자가 한 달 동안 접대한 손님 중 필로폰 사용자 수]÷30+[업소종사자 중 필로폰 사용자 수]=최저치. [전국 성 접대 가능 업소의 종사자 수]×[업소종사자가 접대한 손님 중 필로폰 사용자 추정비율]+[업소종사자 중 필로폰 사용자 수]=최대치. 김경빈, 『유흥업소 주변의 습관중독성 물질 오남용 실태 연구』, 1990, 164~165쪽.

10 「환각범죄와 히로뽕」, 《경향신문》, 1989년 5월 23일; 「마약 비상 농민 주부로 중독 확산」, 《동아일보》, 1989년 4월 25일; 「주부 농민까지 파고든 '히로뽕 공포'」, 《동아일보》, 1989년 5월 22일; 「도전과 극복 89 사회과제 15, 마약 8」, 《경향신문》, 1989년 2월 18일.

11 대검찰청, 『마약류범죄백서, 1990』, 1991, 238쪽.

12 「히로뽕 등 마약사범 크게 늘어」, 《동아일보》, 1988년 7월 20일.

13 「도전과 극복, 89 사회과제 13, 마약 6」, 《경향신문》, 1989년 2월 11일.

14 1980년대 후반 이후 필로폰이 국내 마약 시장의 주류로 자리 잡게 된 상황 속에서 소설은 주로 1990년대 마약 세계의 어두운 일면을 조명하고 있다. 저자는 소설 속 실화의 비중은 약 70% 정도이고, 출간 전 여러 차례 사건의 사실성에 대한 감수와 법률적 검토를 거쳤다고 밝혔다.

15 전동하, 『천국놀이』, 나남, 2012, 54~77쪽.

16 한국형사정책연구원, 『메스암페타민 사범의 실태와 대책』, 1989, 60쪽; 김경빈, 『유흥업소 주변의 습관중독성물질 오남용 실태 연구』, 한국형사정책연구원, 1990, 151쪽.

17 필로폰 사용자의 성별과 연령 구성을 살펴보면 성별로는 남자가 84.7%, 여자가 15.3%였으며, 연령별로는 20~30대가 전체의 51.2%, 10대를 포함한 30대 이하는 62.3%로 절반 이상을 차지했다. 투약 방법으로는 팔뚝 등 정맥에 주사기로 투약한 경우가 89.8%로 가장 많았고, 술, 커피 등 음료에 타서 마시는 방법이 4.6%, 코를 통해 흡입한 사람이 2.2%로 나타났다. 그 밖에 열을 가해 가스를 마시거나 상처를 내어 바르는 사례도 있었다. 또 중독자의 36.1%가 절도, 폭력, 강간 등의 범죄를 저지른 것으로 나타났는데, 특히 김천 소년교도소에 있는 20세 미만의 필로폰 사범 11명은 모두 소매치기범으로, 조직에서 소매치기를 시키기 전 범죄에 대한 공포심을 없애기 위해 투약시켜 중독된 것이었다. 「36%가 환각상태서 범죄 저질러, 히로뽕 사범 실태와 대책」, 《한겨레》, 1990년 2월 22일.

18 「히로뽕 농촌까지 번지다」, 《동아일보》, 1990년 12월 7일.

19 「습관성의약품관리법」은 습관성이 없는 의약품으로서 중추신경계에 작용하는 약품에 대해서는 규제할 법적 근거가 없었다. 따라서 당국은 규제받지 않고 있는 중추신경계에 작용하는 의약품도 함께 규제하기 위해 이 법을 폐지하고, 「향정신성의약품관리법」을 제정·공포했다. 「습관성의약품관리법」 타법폐지, 법률 제3216호, 법제처, 1979.12.28.; 「향정신성의약품관리법」 법률 제3216호, 법제처, 1979.12.28. 제정(시행 1980.4.1.)

20 신의기·강은영·이민식, 『마약류사범 처리실태』, 한국형사정책연구

원, 2002, 55쪽; 「학생 주부 확산 마약사범 연 40% 증가」,《매일경제》, 1988년 7월 21일; 「히로뽕사범 해마다 60% 늘어」,《한겨레》, 1990년 2월 22일.

21 「히로뽕 밀조·제조 판매 2개파 14명 구속」,《경향신문》, 1988년 1월 21일; 「히로뽕 80억원대 제조업자 2명 목장서 검거」,《동아일보》, 1988년 12월 21일; 「대규모 히로뽕 밀조단 적발」,《동아일보》, 1989년 12월 8일; 「번지는 중독인구, '3차 마약기'」,《한겨레》, 1989년 6월 8일; 「히로뽕 밀조·판매 17명 구속」,《한겨레》, 1989년 12월 9일; 「히로뽕 300억어치 밀조」,《경향신문》, 1989년 8월 14일; 「히로뽕 밀조직 적발 국내 단속사상 최대」,《매일경제》, 1989년 9월 28일; 「마약 확산 경계수위 이르렀다」,《동아일보》, 1989년 11월 18일; 「히로뽕 등 마약사범 크게 늘어」,《동아일보》, 1988년 7월 20일.

13장 마약을 통해 사회를 장악하라

1 「전두환 대통령의 취임」,《동아일보》, 1980년 9월 1일.

2 「도의(道義)정치·사회정의 구현목표, 국가기강 확립 구체화작업」,《동아일보》, 1980년 6월 13일; 「전면적인 사회개혁 착수」,《매일경제》, 1980년 6월 13일; 「광범한 개혁 정의사회 구현 전두환 장군 전역사(轉役辭) 전문」,《동아일보》, 1980년 8월 22일; 「전군 지휘관회의 복지, 정의사회 선봉다짐」,《동아일보》, 1980년 9월 16일.

3 '사회악'은 각 시기 사회상의 반영으로, 당대 사회의 문제점 및 시대적 과제와 목표 등을 함축적으로 나타낸다. 1980년 정부는 '유흥업 관련 폭력 행위'와 '사기', '마약 사범'을 대표적 사회악 사범으로 지정했고, 1983년에는 '마약', '공직자 부정', '권력형 사기', '외화 도피 및

밀수', '사법 교란' 행위를 5대 사범으로 지정했다. 새 정부가 출범한 1988년에도 '마약문제'는 '조직폭력', '가정파괴', '인신매매', '부정식품'과 함께 5대 사회악으로 규정되었다. 「공직자 부정·사건브로커 등 5대 사범 엄단」, 《매일경제》, 1983년 2월 16일; 「김 검찰총장 공직자 범죄 중벌주의로」, 《경향신문》, 1983년 2월 16일; 김정미, 「국민안전」, 국가기록원, 기록으로 만나는 대한민국(theme.archives.go.kr).

4 「국보위의 사회악 일소 특별조치 발표 전문」, 《경향신문》, 1980년 8월 4일; 「발표문 사회악 일소 특별조치 전문」, 《매일경제》, 1980년 8월 4일; 「사회악 일소 특별조치」, 《동아일보》, 1980년 8월 5일.

5 「사회악 일소」, 《대한뉴스》 제1293호, 국립영화제작소(국가기록원 소장, 1980, CEN0001131 2-1).

6 당시 검거된 인원과 처리 결과에 대해서는 정확한 자료가 공개되어 있지 않지만 대략 6~7만여 명이 검거되어, 그중 4만여 명 정도가 이른바 삼청교육대(三淸敎育隊)에 입소한 것으로 파악된다. 그리고 훈련 중 사망 50명, 후유증으로 인한 사망 397명, 신체장애 2768명 등 모두 3215명의 사상자가 발생했으며, 검거 과정에서 각종 사회악 사범과 시국 사범 외에도 무고한 시민들이 마구잡이로 검거되는 등 심각한 인권유린 문제가 제기되기도 했다. 「삼청교육, 언제까지 외면하려는가」, 《한겨레》, 1994년 4월 10일; 「대구고법 삼청교육 피해배상 판결 의미 대통령에 구상권 청구 길 열려」, 《한겨레》, 1994년 5월 14일.

7 「정화위 발표 사회악 모두 5만 7000명 검거」, 《경향신문》, 1981년 1월 8일.

8 김동인, 「한국 마약범죄와 마약정책에 대한 연구: 1980년대 5공화국을 중심으로」, 한성대학교 국제대학원 국제마약범죄학과 석사학위논문, 2002, 8쪽.

9 정부는 폭력, 강력, 재산, 조직, 마약 사범 등에 한해 재범의 경우 형
   집행 이후 보호감호 제도를 적용했다. 「사회보호법」 법률 제3286호,
   법제처, 제정 1980.12.18; 「범죄의 공포서 사회해방」, 《경향신문》,
   1980년 12월 6일; 「사회악 근절위해 폭력·불량배 등 격리검토」, 《경
   향신문》, 1980년 11월 18일.

10 「보건범죄단속에관한특별조치법」 법률 제3333호 일부개정, 법제
   처, 1980.12.31; 「마약감시원 주재규정 중 개정령(보건사회부 훈령 제
   428호)」, 『관보』 제8922호, 총무처, 1981년 8월 24일; 「마약감시원
   3배로 내달 일제단속」, 《동아일보》, 1981년 3월 30일; 「보사부 마약
   감시원 3배로 히로뽕 사용자 단속」, 《매일경제》, 1981년 3월 30일.

11 감시원의 감시 업무를 정기 감시와 수시 감시로 구분하고, 정기 감시
   의 대상을 연 1회 관내 전 대상 업자로 규정했다. 또 서울특별시, 각
   도 및 직할시, 보건소 소관 감시 대상 업종을 따로 선정해 연 2회 이
   상의 정기 감시를 받도록 했다. 수시 감시는 정보 입수 또는 신고가
   있는 경우에 행하도록 했으며, 정보조서와 수사계획서 등의 근거 서
   류를 갖추도록 했다. 「마약 및 향정신성의약품 감시업무 지침(보건사
   회부 훈령 제442호)」, 『관보』 제9110호, 총무처, 1982년 4월 10일.

12 「한일세관실무회의 "밀수정보 알려주자"」, 《동아일보》, 1981년 10월
   29일; 「종합대책 마련 '개방' 악용사범 모두 구속수사」, 《경향신문》,
   1982년 12월 15일; 「마약밀수 외환사범 조직·상습범 최고형 대검
   단속방안」, 《매일경제》, 1983년 2월 18일.

13 「마약사범 합동 단속」, 《경향신문》, 1986년 5월 29일; 「마약사범 특
   별 단속」, 《경향신문》, 1986년 10월 29일; 「마약 특별 단속」, 《동아일
   보》, 1986년 12월 16일.

14 「마약사범 뿌리 뽑는다」, 《경향신문》, 1987년 3월 28일; 「마약밀

수 최고 무기징역」,《한겨레》, 1988년 6월 3일; 「토막소식」,《한겨레》, 1989년 9월 5일.

15 「향정신성의약품관리법」 법률 제4125호, 1989.4.1. 일부개정(시행 1989.4.1.)

16 「마약사범 근절」,《매일경제》, 1987년 3월 28일; 「마약 유흥가 급속 확산」,《경향신문》, 1988년 6월 21일; 「히로뽕 등 마약사범 크게 늘어」,《동아일보》, 1988년 7월 20일.

17 「히로뽕 사범 첫 사형선고」,《동아일보》, 1989년 12월 1일; 「히로뽕에 내린 사형선고」,《경향신문》, 1989년 12월 2일; 「마약은 극형보다 치료와 예방으로」,《한겨레》, 1989년 12월 12일.

18 「경제·보건사범 사형폐지」,《경향신문》, 1990년 8월 13일; 「특가법 법정형량 대폭 낮춰」,《동아일보》, 1990년 8월 24일.

19 1988년 노태우 정부 출범 이후에도 마약문제는 여전히 사회 윤리적 차원에서 '우리의 공동체를 파괴하는', '민주사회의 기틀을 위협하는' 존재로 부각되며 사회로부터 분리되었다. 따라서 마약 사범은 1990년 대통령의 '10·13 특별선언', 이른바 '범죄와의 전쟁 선언' 때에도 주요한 처벌 대상이 되었다. 「새 질서·새 생활 실천에 모든 국민의 참여를 호소하며」, 『노태우 대통령 연설문집』 제3권 2호(대통령비서실, 1990.10.13.).

20 한국형사정책연구원, 『메스암페타민 사범의 실태와 대책』, 1989, 276쪽.

21 「마약중독자 치료대책 소홀」,《한겨레》, 1990년 6월 20일.

22 「도전과 극복, 89 사회과제 15, 마약 8」,《경향신문》, 1989년 2월 18일.

23 조성남, 「약물남용자의 법적 처우에 관한 연구」, 배제대학교 법무대학원 의료법학과 석사학위논문, 2001, 12쪽.

24 「백색악마 마약 비상, 전문교도소·병원설치 시급」유창종 대검 마약
   과장 인터뷰,《한겨레》, 1989년 6월 10일.

25 한국에서 마약에 대한 치료 및 재활 수행을 돕는 제도는 크게 보호
   관찰, 치료보호, 치료감호 제도로 나눌 수 있다. 1980년 제정된 「사
   회보호법」상에도 치료감호 제도를 두고 있었다. 하지만 중독자에 대
   한 강제 수용 자체도 그 대상이 중독자인지 여부를 엄격히 심사할
   수 있는 장치를 마련하고 있지 않아 인권침해의 소지도 크게 안고
   있었다. 김동인, 「한국 마약범죄와 마약정책에 대한 연구: 1980년대
   5공화국을 중심으로」, 46~48쪽.

26 「노대통령 국정연설」,《한겨레》, 1989년 10월 11일.

27 「"마약전문적 단속·체계적 계몽 시급" 평민 공청회 내용」,《경향신
   문》, 1989년 6월 20일; 「평민 중평(中評)관련 5공 청산 서명운동 고
   려」,《매일경제》, 1989년 6월 20일.

28 「사회분야 대정부질문 정부 측 답변」,《동아일보》, 1990년 3월 6일.

29 「마약류보상금지급규칙」법무부령 제341호, 법제처, 1990.3.19. 제정
   (시행 1990.3.19.); 「마약류중독자치료보호규정」대통령령 제13045호,
   법제처, 1990.7.6. 제정(시행 1990.7.6.)

30 「6월 항쟁 3년의 정치현실」,《한겨레》, 1990년 6월 14일; 「한국병 실
   체와 치유방안을 찾는다」,《매일경제》, 1991년 1월 1일; 「마약, 지금
   손을 써야한다」,《동아일보》, 1991년 4월 22일; 「향락문화 범람 속 민
   주화 의미없다」,《경향신문》, 1991년 6월 28일; 「황폐한 사회, 책임을
   나누자」,《매일경제》, 1991년 11월 14일.

부록: 한국에서 마약은 얼마나 연구되었나

1   주왕기, 『약물남용』, 세계사, 1999; 『환각제 이야기』, 신일상사, 1997;
    『마리화나 이야기』, 신일상사, 1998; 『헤로인 이야기』, 신일상사,
    1998; 『약물남용 어떻게 치료할 것인가』, 신일상사, 2000.

2   이창기, 「한국산 대마의 성분에 관한 연구」, 《대한약학회지》 17-1, 대
    한약학회, 1973; 『마약이야기』, 서울대학교출판부, 2004.

3   이종인, 「마약 관련 형사정책의 법경제학적 함의: 마약억제정책의 범
    죄유발효과를 중심으로」, 《형사정책연구》 21-1, 한국형사정책연구
    원, 2010; 조병인, 「마약류문제의 현황과 대책에 관한 연구」, 《형사정
    책연구》 20, 한국형사정책연구원, 1994; 이병기, 「마약류사범의 실태
    및 대책」, 《형사정책연구》 17, 한국형사정책연구원, 1994; 정희선, 「한
    국에서 남용되는 약물의 현황 및 분석에 대한 고찰」, 《형사정책연구》
    29, 한국형사정책연구원, 1997; 김한균, 「국가마약퇴치전략과 소년형
    사정책」, 연구보고서, 한국형사정책연구원, 2004; 신의기, 「마약류사
    범 처리 실태: 수사 및 재판기록을 중심으로」, 연구보고서, 한국형사
    정책연구원, 2002.

4   조성권, 『마약학의 이해』, 한성대학교출판부, 2007; 『21세기 초국가
    적 조직범죄와 통합안보』, 한성대학교출판부, 2011; 『마약의 역사』,
    인간사랑, 2012.

5   이성재, 「한국 마약범죄와 국가 마약정책에 대한 연구: 해방 후 박정
    희 정권을 중심으로」, 한성대학교 국제대학원 국제마약범죄학과 석
    사학위논문, 2002; 김동인, 「한국 마약범죄와 마약정책에 대한 연구:
    1980년대 5공화국을 중심으로」, 한성대학교 국제대학원 국제마약범
    죄학과 석사학위논문, 2002.

6   신좌섭, 「군정기의 보건의료정책」, 《의사학》 9-2, 대한의사학회, 2000.

7   신규환, 「해방 이후 약무행정의 제도적 정착과정: 1953년 '약사법' 제정을 중심으로」, 《의사학》 22-3, 대한의사학회, 2013.

8   박강, 「조선에서의 일본 아편정책」, 《한국민족운동사연구》 20, 한국민족운동사학회, 1998; 「개항기(1876~1910) 조선의 아편확산과 청국 상인」, 《한국민족운동사연구》 80, 한국민족운동사학회, 2014; 「1910년대 조선총독부 아편정책의 실상」, 《한국민족운동사연구》 84, 한국민족운동사학회, 2015.

9   윤은순, 「1920·30년대 한국 기독교 절제운동 연구」, 숙명여자대학교 사학과 박사학위논문, 2008; 「1920~30년대 기독교 절제운동의 논리와 양상」, 《한국민족운동사연구》 59, 한국민족운동사학회, 2009.

10   윤정란, 「1930년대 기독교 여성들의 농촌계몽운동과 절제운동」, 『한국기독교 여성운동의 역사: 1910~1945년』, 국학자료원, 2003.

11   김다솜, 「일제식민지시기 아편문제의 실태와 대응」, 부산대학교 교육대학원 역사교육과 석사학위논문, 2016.

12   김학균, 「'사랑과 죄'에 나타난 아편중독자 표상 연구」, 《국제어문》 54, 국제어문학회, 2012.

13   박장례, 「경성 배경 아편 서사의 인물과 공간 표상」, 《서울학연구》 53, 서울학연구소, 2013.

14   倉橋正直, 『日本の阿片戰略: 隱された國家犯罪』, 共榮書房, 1996; 구라하시 마사나오, 『아편제국 일본』, 박강 옮김, 지식산업사, 1999.

15   長田欣也, 「植民地朝鮮における阿片生産」, 『早稻田大學校大學院文學部紀要』 別冊20, 1994.

16   John M. Jennings, "The Forgotten Plague: Opium and Narcotics in Korea under Japanese Rule, 1910-1945," *Modern Asian Studies* 29-4, 1995.

17 조석연, 「해방 이후의 마약문제와 사회적 인식: 해방과 정부수립 초기를 중심으로」, 《사학연구》 108, 한국사학회, 2012; 「마약법 제정 이후 한국의 마약문제와 국가통제(1957~1976)」, 《한국근현대사연구》 65, 한국근현대사학회, 2013; 「1980년대 한국의 마약소비와 확산」, 《역사와 실학》 61, 역사실학회, 2016; 「1970년대 한국의 대마초문제와 정부 대응」, 《인문사회21》 8-1, 아시아문화학술원, 2017; 「한국 근현대 마약문제 연구」, 한국외국어대학교 사학과 박사학위논문, 2018; 「한국 마약문제 연구의 활용 기록과 자료」, 《기록과정보·문화연구》 8, 한국기록과정보·문화학회, 2019.

18 박지영, 「'적색마약'과의 전쟁: 한국의 마약정책과 반공주의, 1945~1960」, 《의사학》 25-1, 대한의사학회, 2016.

19 이영미, 「대마초사건, 그 1975년의 의미」, 《역사비평》 112, 역사비평사, 2015; 「대마초사건, 그 화려한 '스리쿠션'」, 《인물과 사상》 219, 인물과사상사, 2016.

사료

정부간행물

『세종실록』『성종실록』『헌종실록』『고종실록』

『조선총독부 관보』『미군정청 관보』『대한민국 관보』

조선총독부 전매국,『조선전매사』 3, 1936.

국가보훈처,『대한민국 독립유공인물록』, 1997.

내무부 치안국,『미군정 법령집 1945-1948』, 1956.

대한민국 국회,『국회회의록』, 1957~1965.

국가재건최고회의,『최고회의보』, 1961~1963.

대통령비서실,『박정희 대통령 연설문 선집』, 1978.

대통령비서실,『노태우 대통령 연설문집』 3-2, 1990.

보건사회부,『보건사회, 1988』, 1988.

외교통상부,『대한민국 조약집』 15, 외교통상부 국제협약과, 2001.

Headquarters, USAFIK, *G-2 Periodic Report*, 『미군정 정보보고서』 2(주한 미육군사령부 정보참모부 일일보고서, 1946.2~8), 일월서각, 1986.

Department of State, *Foreign Relations of the United States*, Vol. ⅩⅩⅡ, Korea, Washington, 1961~1963.

Department of State, *Foreign Relations of the United States*, Vol. XIX, Korea, Washington, 1969~1976.

연속간행물

《제국신문》《공립신보》《대한매일신보》《신한민보》《황성신문》《강원일보》《경향신문》《동광신문》《동아일보》《대구매일》《매일경제》《매일신보》《민주일보》《부인신보》《서울신문》《시정월보》《약사공론》《약업신문》《연합신문》《자유민보》《조선일보》《주간동아》《평화일보》《한성일보》《한국일보》《국민보》《별건곤》《삼천리》《신동아》《한겨레》

연감 및 통계자료

경제기획원, 『경제백서, 1962』, 1962.

대검찰청, 『범죄백서, 1968~1969』, 1969.

_____, 『마약류범죄백서, 1990』, 1991.

_____, 『마약류범죄백서, 2011』, 2012.

보건사회부, 『보건사회백서, 1964』, 1965.

보건사회부, 『보건사회통계연보』 1955~1957 合倂號, 1958, 1959, 1960, 1961, 1962, 1962, 1964, 1966, 1968, 1969, 1970, 1974.

국립과학수사연구소, 『과학수사 50년사, 1955~2005』, 2005.

관세청 마약조사과, 『마약류 밀수동향, 2003』, 2004.

식품의약품안전처, 『마약류관리에 관한 법률 해설서』, 2006.

통계청, 「죄명별 범죄 및 검거 건수」 국가통계포털, 1934.

_____, 「한국의 사회지표」 국가통계포털, 1955.

_____, 「부정의료업자 및 마약사범 단속현황」, 경기도 기획관리실 정책
기획관실, 1960~1962.

_____, 「경기도 마약사범 검거 건수」, 경기도 기획관리실 정책기획심의
관실, 1962~1976.

_____, 「경기도 마약중독자수용상황」, 경기도 기획관리실 정책기획심의
관실, 1963~1969.

_____, 「총 조사인구(1966): 시도/교육정도/연령/성별 인구(6세 이상)」,
1966.

_____, 「연령별 경제활동 인구 총괄」 국가통계포털, 1965~1979.

_____, 「총 조사인구(1970·1975·1980): 행정구역/성/연령/교육정도별
인구(6세 이상)」 국가통계포털, 1970·1975·1980.

한국사회복지협의회·한국사회복지연구소, 『한국사회복지연감』, 농원문화
사, 1972.

법령 및 공문서류

『수호조규부록·무역장정사서(修好條規附錄及貿易章程伺書)』, 재부산일본총
영사관, 1876.

「아편연금계조례(鴉片烟禁戒條例)」, 1894.10.1, 『한말근대법령자료집』 I, 국회
도서관, 1970~1972.

「아편금지법 제정 통보」, 1898.8.19, 『각사등록 근대편』 사법품보 을(乙).

「검사국경찰관서세관훈령(檢事局警察官署稅關訓令)」, 조선총독부, 1914.9.21.

「조선아편취체령·조선아편취체령시행규칙(朝鮮阿片取締令及朝鮮阿片取締令施

行規則))」, 조선총독부, 1919.6.11.

「앵속재배구역고시(罌粟栽培區域告示)」, 조선총독부, 1919.8.2.

「앵속재배구역추가고시(罌粟栽培區域追加告示)」, 조선총독부, 1920.2.2.

「조선마약취체령(朝鮮麻藥取締令)」, 조선총독부, 1935.4.25.

「대마수급조정규칙(大麻需給調整規則)」, 조선총독부, 1940.8.6.

「마약의 취체」, 『군정청 법령』 제119호, Archer L. Lerch, 1946.11.11.

「마약규칙」 보건후생부령 제3호, 미군정청, 1947.6.24.

「입법의원대의원선거」 법률 제5호, 미군정청, 1947.9.3.

「법령 119호 개정」 법령 219호, 미군정청, 1948.8.12.

「제1회 66차 국회본회의, 일반사면법의 '사면 제외 죄' 선정에 대한 백관
　　　수 의원의 보고」, 『제1회 국회속기록』 제66호, 1948.9.15.

「국회의원선거법」 법률 제17호, 법제처, 일부개정 1948.12.23.

「정부조직법개정 보건부독립에 관한 국회결의 법안에 관한 건」 제29회,
　　　『국무회의록』, 국무총리비서실, 국가기록원 소장(BA0182402), 1949.

「보건부독립과 예산병위에 관한 건」 제41회, 『국무회의록』, 국무총리비서
　　　실, 국가기록원 소장(BA0182402), 1949.

「국회의원선거법」 법률 제121호, 법제처, 일부개정 1950.4.12.

「대한민국내정에 관한 미 국무부 문서 I(Records of the U.S. Depart-
　　　ment of State: Relating to the Internal Affairs of Korea)」, 1951.12.
　　　26, 『남북한관계사료집』 16, 국사편찬위원회.

「제2차 전국 문맹퇴치교육 실시계획안」, 『국무회의상정안건철』, 총무처
　　　의정국 의사과, 국가기록원 소장(BA0084198), 1954.

「한국경제 원조계획에 관한 대한민국과 국제연합한국재건단과의 협약」,
　　　재정경제부 국고국 국유재산과, 국가기록원 소장(BA0028980), 1954.

「마약법(안) 입법취지서」, 총무처 의정국 의사과, 1955.

「국립과학수사연구소직제」 대통령령 제1021호, 법제처, 제정 1955.3.25.

「법령 제119호, 마약의 취체」, 『미군정 법령집 1945-1948』, 내무부 치안
　　국, 1956.

「아편중독 피의자 입소에 관한 건」, 대전지방검찰청 천안지청 사무과,
　　1956.

「제3대 국회 제24회 제10차 국회본회의 회의록」, 대한민국 국회, 1957.4.2.

「제3대 국회 제24회 제12차 국회본회의 회의록」, 대한민국 국회, 1957.4.4.

「마약법」 법률 제440호, 법제처, 제정 1957.4.23.

「마약법 시행령(안)」, 『국무회의록』, 총무처 의정국 의사과, 1958.

「마약 임시조치법」, 『국무회의록』, 총무처 의정국 의사과, 1961.

「실용특허(1192호) 간편마약감정구」, 특허청 관리국 등록과, 1961.

「판결원본: 아편에 관한 죄 마약법위반」, 검찰청 춘천지방검찰청 강릉지청,
　　1961.

「형사판결원본(8.21~31) 아편판매법령 제5호 위반」, 검찰청 서울지방검찰
　　청, 1961.

「1961년의 마약에 관한 단일협약의 비준(제86회)」, 『국무회의록(제
　　86-87회)』, 총무처, 대전국가기록정보센터 국가기록원 소장
　　(BA0085228), 1961.

「1961년의 마약에 관한 단일협약에 대한 비준의 건(제86회)」, 『각의상정
　　안건철(제83-86회)』, 총무처, 국가기록원 소장(BA0084284), 1961.

「1961년도 마약에 관한 단일협정비준동의안」, 『국회회의록』 제66회 제
　　72차, 대한민국 국회, 1961.11.21.

「특정범죄처벌에관한임시특례법」 법률 제640호, 법제처, 제정 1961.7.1.

「특정범죄처벌에관한임시특례법」 법률 제818호, 법제처, 일부개정
　　1961.12.8.

「선박에 의한 아편운송취체규칙 폐지법률안」,『국회회의록』제66회 제
82차, 대한민국 국회, 1961.12.8.

「형사판결원본(11.1~10) 상습몰핀판매, 몰핀소지, 아편소지 마약법위반」,
검찰청 서울지방검찰청, 1962.

「형사재판원본철 2-1, 공갈아편에 관한 죄」, 검찰청 대구지방검찰청 영덕
지청 사무과, 1962.

대한민국정부,「제1차 경제개발 5개년 계획의 목표와 방침」4-2,『제1차
경제개발 5개년 계획 (1962~1966)』, 1962.

「1953년 6월 23일, 뉴욕 채택 아편의정서 한국 측 비준서」, 외무부 조약
국 조약과, 국가기록원 소장(CA0003365), 1963.

「부정의약품에 관한 보고 및 질문」,『제6대 국회 상임위원회 회의록』보
건사회위원회 제50회 제1차, 대한민국 국회, 1965.5.31.

「부정의약품 원료수입에 관한 보고 및 질문」,『제6대 국회 상임위원회 회
의록』보건사회위원회 제50회 제2차, 대한민국 국회, 1965.6.3.

「부정의약품에 관한 보고 및 질문」,『제6대 국회 상임위원회 회의록』보건
사회위원회 제50회 제3차, 대한민국 국회, 1965.6.9.

「부정의약품 '메사돈' 문제에 관한 건」,『제6대 국회 상임위원회 회의록』
보건사회위원회 제51회 제1차, 대한민국 국회, 1965.7.22.

「약국 및 의약품 등의 제조업·수출입업과 판매업의 시설기준령」대통령
령 제2170호, 법제처, 제정 1965.7.1.

「마약법시행령중개정의건안(제30회)」,『국무회의안건철』, 총무처 의정국
약정과, 1966.

「사회악을 뿌리뽑자(밀수, 탈세, 도벌행위, 마약사범, 폭력 등의 사회악 퇴
치)」, 국가기록원 소장(CEN0006023, 5-1), 1966.

「마약법시행령중개정공포안(제21회)」,『국무회의안건철』, 총무처 의정국 의

정과, 1967.

「마약법시행령개정령안(제84회)」,『국무회의안건철』, 총무처 의정국 약정

과, 1969.

「마약법시행령중개정령(제51회)」,『국무회의안건철』, 총무처 의정국 의정과,

1970.

「의약용마약제조를위한기술도입계약인가」제55차 16호, 경제기획원 총무

과, 1970.

「습관성의약품관리법」법률 제2230호, 법제처, 제정 1970.8.7.

「수사종결철, 마약법위반 아편흡식」, 경찰청 경상북도지방경찰청 영양경

찰서 수사과, 1972.

「마약법중개정법률안」,『국무회의안건철』, 총무처 의정국 위정과, 1972.

「1961년의 마약에 관한 단일협약 개정의정서」(제93회),『차관회의록(제

1-100회)』, 총무처, 국가기록원 소장(BA0085347), 1972.

「1961년의 마약에 관한 단일협약 개정의정서」(제96회),『국무회의록(제

1-107회)』, 총무처, 국가기록원 소장(BA0085269), 1972.

「1961년의 마약에 관한 단일협약 개정의정서」(제96회),『국무회의안건철

(제96-98회)』, 총무처, 국가기록원 소장(BA0084689), 1972.

「1961년의 마약에 관한 단일협약 개정의정서」(제1회),『비상국무회의록(제

1-15회)』, 총무처, 국가기록원 소장(BA0085307), 1973.

「1961년의 마약에 관한 단일협약 개정의정서」(제1회),『비상국무회의안건

철(제1-4회)』, 총무처, 국가기록원 소장(BA0084701), 1973.

「마약법시행규칙중개정령」,『약무예규철』, 제주도 북제주군 보건소, 1973.

「경범죄처벌법」법률 제2504호, 법제처, 일부개정 1973.2.8.

「습관성의약품관리법」법률 제2613호, 법제처, 일부개정 1973.3.13.

「습관성의약품관리법시행령」대통령령 제6806호, 법제처, 일부개정

1973.8.9.

「의견서: 정신병자 및 마약환자 수배보고통보하달」, 경찰청 서울지방경찰청 용산경찰서 수사과, 1974.

「마약사범 검거현황 제출」, 수원지방검찰청 사무국 서무과, 1974.

「마약법시행령중개정령안(제101호)」,『경제장관회의안건(4)제18차-제23차』, 경제기획원 대외경제국 국제협력과, 1975.

「대통령긴급조치 제7호」, 법제처, 제정 1975.4.8.

「대마관리법」 법률 제2895호, 법제처, 제정 1976.4.7.

「1961년의 마약에 관한 단일협약 개정의정서」,『대한민국 관보』제7735호, 총무처 법무담당관, 국가기록원 소장(BA0193691), 1977.8.27.

「습관성의약품관리법」 법률 제3216호, 법제처, 타법폐지 1979.12.28.

「향정신성의약품관리법」 법률 제3216호, 법제처, 제정 1979.12.28.

「사회악일소」,《대한뉴스》제1293호, 국립영화제작소, 국가기록원 소장(CEN0001131 2-1), 1980.

「사회보호법」 법률 제3286호, 법제처, 제정 1980.12.18.

「보건범죄단속에관한특별조치법」 법률 제3333호, 법제처, 일부개정, 1980.12.31.

「마약감시원 주재규정 중 개정령」 보건사회부 훈령 제428호,『관보』제8922호, 총무처, 1981.8.24.

「서울올림픽조직위원회 및 지원위원회 설치안」, 정무장관(제2실)장관, 대통령기록관소장(HA0003762), 1981.10.31.

「마약 및 향정신성의약품 감시업무 지침」 보건사회부 훈령 제442호,『관보』제9110호, 총무처, 1982.4.10.

「도시계획시설기준에관한규칙」 건설부령 제344호, 법제처, 일부개정

1982.11.22.

「마약 및 암페타민류(각성제) 문제에 관한 한·일 대책회의」 제1차, 서울, 동북아1과, 대한민국 외교부 외교사료관(17556), 1982.7.22~23.

「마약 및 암페타민류 문제에 관한 한·일 대책회의」 제2차, 동경, 동북아 1과, 대한민국 외교부 외교사료관(20651-20652), 1984.2.28.

「마약 및 암페타민류 문제에 관한 한·일 대책회의」 제3차, 서울, 동북아 1과, 대한민국 외교부 외교사료관(22226), 1985.11.2.

「재일한국인의 지문날인제도」, 법무부, 국가기록원소장(C11M09558), 1985.

「재일한국인의 현황과 과제」, 《국회보》제265호, 국가기록원소장 (C12M35089), 1988.11.

「보건사회부직제」 대통령령 제12619호, 법제처, 일부개정 1989.2.13.

「보건사회부직제」 대통령령 제12883호, 법제처, 일부개정 1989.12.30.

「마약류보상금지급규칙」 법무부령 제341호, 법제처, 제정 1990.3.19.

「마약류 중독자치료보호규정」 대통령령 제13045호, 법제처, 제정 1990.7.6.

「마약류관리에관한법률」 법률 제6146호, 법제처, 제정 2000.1.12.

"Controlled Substances Act," The 91st United States Congress, Public Law 91-513-Oct. 27, 1970.

"Marijuana Tax Act 1937," The 75th United States Congress, October 1, 1937, Public law.

"The Harrison Narcotics Tax Act," The Sixty-third Congress of the United States, Suss.Ⅲ, 1914.

"United Nations Single Convention on Narcotic Drugs 1961," 1962/914(XXXIV)D, Preparations for the coming into force,

UN Economic and Social Council, 3 Aug. 1962.

구술자료 및 웹사이트

강원도 속초시 신○○ 씨의 구술기록, 1935년생, 영랑동 카페, 2007년 11월 25일.

강원도 속초시 김○○ 씨의 구술기록, 1936년생, 동명동 자택, 2008년 3월 22일, 국사편찬위원회 소장.

국가기록원(www.archives.go.kr).

국가보훈처(www.mpva.go.kr).

국립중앙도서관(www.nl.go.kr).

국사편찬위원회(www.history.go.kr).

국회도서관(www.nanet.go.kr).

대검찰청(www.spo.go.kr).

법제처(www.moleg.go.kr).

통계청(kostat.go.kr).

한국마약퇴치운동본부(www.drugfree.or.kr).

"Opium Throughout History", The Public Broadcasting Service, Frontline(www.pbs.org).

연구논저

단행본

계명대학교 교재편찬위원회, 『문명의 교류와 충돌』, 계명대학교출판부, 2008.

고세훈, 『국가와 복지: 세계화 시대 복지한국의 모색』, 아연출판부, 2003.

구라하시 마사나오, 『아편제국 일본』, 박강 옮김, 지식산업사, 1999.

국사편찬위원회, 『일제침략하 한국36년사』 11, 1976.

_____, 『신편한국사』 49, 2001.

_____, 『자료대한민국사』 4, 1971.

권이혁, 『인구·보건·환경』, 서울대학교출판부, 2004.

금장태, 『현대 한국유교와 전통』, 서울대학교출판부, 2003.

김경빈, 『유흥업소 주변의 습관중독성물질 오남용 실태 연구』, 한국형사정
책연구원, 1990.

김무진, 『한국 전통사회의 의사소통체계와 마을문화』, 계명대학교출판부,
2006.

김선학, 『한국현대문학사』, 동국대학교출판부, 2001.

김인환, 『기억의 계단: 현대문학과 역사에 대한 비평』, 민음사, 2001.

김정형, 『역사 속의 오늘』, 생각의나무, 2005.

김태준, 『한국의 고전을 읽는다』, 휴머니스트, 2006.

김한균, 『국가마약퇴치전략과 소년형사정책』 연구보고서, 한국형사정책연
구원, 2004.

마이클 폴란, 『욕망하는 식물』, 이경식 옮김, 황소자리, 2007.

메데페셀헤르만·하마어·크바드베크제거, 『화학으로 이루어진 세상』, 권세
훈 옮김, 에코리브르, 2007.

박강, 『20세기 전반 동북아 한인과 아편』, 선인, 2008.

박계순·이한준, 『보건학』, 대경북스, 2008.

박찬욱 외, 『21세기 미국의 거버넌스』, 서울대학교출판부, 2004.

방두연 외, 『공중보건학』, 동화기술, 2007.

배리 글래스너, 『공포의 문화』, 연진희 옮김, 부광, 2005.

배종하,『현장에서 본 농업통상 이야기』, 지니릴레이션, 2006.

상허학회,『반공주의와 한국문학』, 깊은샘, 2005.

송건호,『송건호 전집』1, 한길사, 2002.

쉬훙씽(徐洪興),『천추흥망: 중화의 황혼 청나라』, 정대웅 옮김, 따뜻한손, 2010.

신동원,『한국근대보건의료사』, 한울, 1997.

신의기,『마약류사범 처리 실태: 수사 및 재판기록을 중심으로』연구보고서, 한국형사정책연구원, 2002.

신의기·강은영·이민식,『마약류사범 처리실태』, 한국형사정책연구원, 2002.

안상훈·조성은·길현종,『한국 근대의 사회복지』, 서울대학교출판부, 2006.

안철현,『한국현대정치사』, 새로운사람들, 2009.

유승흠,『의료정책과 관리』, 기린원, 1990.

윤정란,『한국기독교 여성운동의 역사: 1910~1945년』, 국학자료원, 2003.

의성당 편집부,『신농본초경』, 의성당, 2003.

이상민,『백색의 수렁』, 더어울림, 2008.

이수길,『현대인의 Leisure Life』, 한울, 2003.

이영재,『제국 일본의 조선영화』, 현실문화연구, 2008.

이영학,『한국 근대 연초산업 연구』, 신서원, 2013.

이인성,「문밖의 바람」,『강 어귀에 섬 하나: 이인성 소설집』, 문학과지성사, 1999.

이재오,『한국학생운동사』, 파라북스, 2011.

이창기,『마약이야기』, 서울대학교출판부, 2004.

임영태,『대한민국50년사』1, 들녘, 1998.

전동하,『천국놀이』, 나남, 2012.

조두영,『목석의 울음: 손창섭 문학의 정신분석』, 서울대학교출판부, 2004.

조병희,『의료문제의 사회학: 한국의료체계의 모순과 개혁』, 태일사, 1999.

_____,『질병과 의료의 사회학』, 집문당, 2006.

조성권,『마약학의 이해』, 한성대학교출판부, 2007.

_____,『21세기 초국가적 조직범죄와 통합안보』, 한성대학교출판부, 2011.

_____,『마약의 역사』, 인간사랑, 2012.

조희연,『박정희와 개발독재시대』, 역사비평사, 2007.

주왕기,『약물남용』, 세계사, 1989.

_____,『환각제 이야기』, 신일상사, 1997.

_____,『마리화나 이야기』, 신일상사, 1998.

_____,『헤로인 이야기』, 신일상사, 1998.

_____,『약물남용 어떻게 치료할 것인가』, 신일상사, 2000.

주장건,『한국 관광산업 육성전략』, 문지사, 1999.

채호석,『한국현대문학사』, 두리미디어, 2009.

최인호,「깊고 푸른 밤」,『견습환자: 최인호 대표 중단편선』, 문학동네, 2014.

최향순,『복지행정론』, 신원문화사, 2000.

피에르 제르마,『만물의 유래사』, 김혜경 옮김, 하늘연못, 2004.

한국구술사학회,『구술사로 읽는 한국전쟁』, 휴머니스트, 2011.

한국마약퇴치운동본부,『한국의 마약퇴치정책 연구』, 2002.

한국민족운동사학회,『1930년대 예술문화운동』, 국학자료원, 2003.

한국사회복지협의회·한국사회복지연구소,『한국사회복지연감』, 농원문화사, 1972.

한국형사정책연구원, 『메스암페타민 사범의 실태와 대책: 연구보고서』, 1989.

한민, 『울지 못해 웃고 간 한국의 거인들』, 청년정신, 2001.

한완상, 『현대사회와 청년문화』, 법문사, 1973.

허준, 『동의보감 탕액편』, 양승엽 옮김, 물고기, 2011.

헤로도토스, 『헤로도토스 역사』 상, 박광순 옮김, 범우사, 1996.

홍두승, 『한국의 중산층』, 서울대학교출판부, 2005.

UN, 『마약에 관한 UN 단일협약(1961) 해설서』, 한국의약품법규학회, 2005.

21세기연구회, 『세계의 민족지도』, 박수정 옮김, 살림, 2001.

倉橋正直, 『日本の阿片戰略: 隱された國家犯罪』, 共榮書房, 1996.

隅谷三喜男, 『韓國の經濟』, 岩波新書, 1976.

高鳥學司, 『藥物犯罪 比較考察』, 有斐閣, 1983.

松本利秋, 『麻藥: 第4の戰略物資』, かや書房, 1988.

三木榮, 『朝鮮醫學史及疾病史』, 思文閣出版, 1991.

Booth, Martin, *Opium: A History*, St. Martin's Press, 1999.

Fischer, Axel · Quadbeck-Seeger · Hans-Jurgen, *Mit Der Chemie Durch Den Tag: Das Buch Zum Jahr Der Chemie*, John Wiley & Sons Inc, 2005.

Elsohly, Mahmoud A., *Marijuana And The Cannabinoids*, Humana Pr Inc, 2005.

Paust, Jordan J., *International criminal law documents supplement*, Carolina Academic Press, 2000.

Rudgley, Richard, *The Lost Civilisations of the Stone Age*, New

York: Free Press. ISBN 0-684-85580-1, 1998.

연구논문

강연석·안상우, 「향약집성방 중 향약본초의 특성과 성취」, 『한국한의학연구원 논문집』 8-1, 한국한의학연구원, 2002.

강인철, 「한국전쟁과 사회의식 및 문화의 변화」, 『근대를 다시읽는다』 1, 역사비평사, 2006.

김다솜, 「일제식민지시기 아편문제의 실태와 대응」, 부산대학교 교육대학원 역사교육과 석사학위논문, 2016.

김동인, 「한국 마약범죄와 마약정책에 대한 연구: 1980년대 5공화국을 중심으로」, 한성대학교 국제대학원 국제마약범죄학과 석사학위논문, 2002.

김문겸, 「한국 유흥문화의 대전환과 그 의미」, 《한국민속학》 57, 2011.

김준연, 「조선 모르핀(モルヒネ) 문제」, 《중앙법률신보》 1-9, 1921.

김학균, 「'사랑과 죄'에 나타난 아편중독자 표상 연구」, 《국제어문》 54, 국제어문학회, 2012.

남찬섭, 「1950년대의 사회복지」 2, 《복지동향》 81, 참여연대사회복지위원회, 2005.

남풍현, 「향약집성방의 향명에 대하여」, 《진단학보》 87, 진단학회, 1999.

박강, 「조선에서의 일본 아편정책」, 《한국민족운동사연구》 20, 한국민족운동사학회, 1998.

_____, 「개항기(1876~1910) 조선의 아편소비와 확산」, 《한국민족운동사연구》 76, 한국민족운동사학회, 2013.

_____, 「개항기(1876~1910) 조선의 아편확산과 청국상인」, 《한국민족운동사연구》 80, 한국민족운동사학회, 2014.

_____, 「1910년대 조선총독부 아편정책의 실상」,《한국민족운동사연구》 84, 한국민족운동사학회, 2015.

박계주, 「상해시보 총경리 최경수씨와 상해의 조선인 제문제(諸問題)를 어 (語)함」,《삼천리》 13-4, 1941.

박장례, 「경성 배경 아편 서사의 인물과 공간 표상」,《서울학연구》 53, 서울학연구소, 2013.

박지영, 「'적색마약'과의 전쟁: 한국의 마약정책과 반공주의, 1945~1960」, 《의사학》 25-1, 대한의사학회, 2016.

배향자, 「고려 및 조선역사에 나타난 마약관련 기록에 관한 연구: 고려사와 조선왕조실록을 중심으로」, 한성대학교 국제대학원 국제마약학과 석사학위논문, 2007.

신규환, 「해방 이후 약무행정의 제도적 정착과정: 1953년 '약사법' 제정을 중심으로」,《의사학》 22-3, 대한의사학회, 2013.

신영일, 「향약구급방에 대한 고증」,『한국한의학연구원 논문집』 2-1, 한국한의학연구원, 1996.

신의기, 「마약류 남용에 대한 법적대응-치료보호를 중심으로」,《생명연구》 5, 서강대학교 생명문화연구소, 2003.

신좌섭, 「군정기의 보건의료정책」,《의사학》 9-2, 대한의사학회, 2000.

윤은순, 「1920·30년대 한국기독교의 절제운동: 금주·금연운동을 중심으로」,《한국기독교와 역사》 16, 한국기독교역사연구소, 2002.

_____, 「1920~30년대 기독교 절제운동의 논리와 양상」,《한국민족운동사연구》 59, 한국민족운동사학회, 2009.

_____, 「초기 한국기독교의 금주금연 문제」,《한국기독교와 역사》 32, 한국기독교역사연구소, 2010, 20~22쪽.

이동욱, 「마약과 사회문제」,《고시계》 34-8, 1989.

이덕봉, 「향약구급방의 방중향약목 연구」, 《아세아연구》 6-1, 고려대학교 아세아문제연구소, 1963.

이명관, 「한국의 마약시장」, 《월간말》 55, 1991.

이병기, 「마약류 사범의 실태 및 대책」, 《형사정책연구》 17, 한국형사정책 연구원, 1994.

이선미, 「1950년대 미국유학 담론과 '대학문화'」, 《상허학보》 25, 상허학회, 2009.

이성재, 「한국 마약범죄와 국가 마약정책에 대한 연구: 해방 후 박정희 정 권을 중심으로」, 한성대학교 국제대학원 국제마약범죄학과 석사학위 논문, 2002.

이영미, 「대마초사건, 그 1975년의 의미」, 《역사비평》 112, 역사비평사, 2015.

_____, 「대마초사건, 그 화려한 '스리쿠션'」, 《인물과 사상》 219, 인물과 사상사, 2016.

이정수 외, 「메스암페타민 사범의 전망과 대책」, 《형사정책연구》 제1권 제 2호, 한국형사정책연구원, 1990.

이종인, 「마약 관련 형사정책의 법경제학적 함의: 마약억제정책의 범죄 유발 효과를 중심으로」, 《형사정책연구》 21-1, 한국형사정책연구원, 2010.

이창기, 「한국산 대마의 성분에 관한 연구」, 《약학회지》 17-1, 대한약학회, 1973.

이혜원·이영환·정원오, 「한국과 일본의 미군정의 사회복지정책 비교연 구: 빈곤정책을 중심으로」, 《한국사회복지학》 36, 한국사회복지학회, 1998.

정희선, 「한국에서 남용되는 약물의 현황 및 분석에 대한 고찰」, 《형사정책연구》29, 한국형사정책연구원, 1997.

조병인, 「마약류 문제의 현황과 대책에 관한 연구」, 《형사정책연구》 20, 한국형사정책연구원, 1994.

조석연, 「해방 이후의 마약문제와 사회적 인식: 해방과 정부수립 초기를 중심으로」, 《사학연구》 108, 한국사학회, 2012.

_____, 「마약법 제정 이후 한국의 마약문제와 국가통제(1957~1976)」, 《한국근현대사연구》 65, 한국근현대사학회, 2013.

_____, 「1980년대 한국의 마약소비와 확산」, 《역사와 실학》 61, 역사실학회, 2016.

_____, 「1970년대 한국의 대마초문제와 정부 대응」, 《인문사회21》 8-1, 아시아문화학술원, 2017.

_____, 「한국 근현대 마약문제 연구」, 한국외국어대학교 사학과 박사학위논문, 2018.

_____, 「한국 마약문제 연구의 활용 기록과 자료」, 《기록과정보·문화연구》 8, 한국기록과정보·문화학회, 2019.

조성남, 「약물남용자의 법적 처우에 관한 연구」, 배제대학교 법무대학원 의료법학과 석사학위논문, 2001.

주왕기·허문영, 「한국지방대학생들의 마리화나흡연실태, 1974」, 《학생생활연구》 7, 강원대학교 학생생활연구소, 1982.

주왕기, 「약물남용과 한국의 마약류사범 실태」, 《사법행정》 31-3, 한국사법행정학회, 1990.

_____, 「한국의 약물남용 실태와 마약류 공급 및 수요차단에서의 정부의 역할」, 『청소년범죄연구』 12, 법무부, 1994.

주창윤, 「1970년대 청년문화 세대담론의 정치학」, 《언론과 사회》 14-3, 성곡언론문화재단, 2006.

진선영, 「해방기 세태소설의 한 양상: 김말봉의 '가인의 시장'을 중심으로」, 《한국문화연구》 29, 이화여자대학교 한국문화연구원, 2015.

최동일, 「신간회 괴산지회의 조직과 활동」, 《충북사학》 15, 충북대학교사학회, 2005.

한완상, 「청년문화의 특성과 그 윤리적 기반」, 『신학사상』 5, 한신대학교 신학사상연구소, 1974.

허수, 「1970년대 청년문화론」, 『논쟁으로 읽는 한국사』 2, 역사비평사, 2011.

長田欣也, 「植民地朝鮮における阿片生産」, 『早稻田大學校大學院文學部紀要』別冊 20, 1994.

菊地西治, 「朝鮮に於ける阿片モヒ害毒問題」, 『社會事業』 12-3, 1928.

Alexander, Jeffrey W, "Japan's hiropon panic: Resident non-Japanese and the 1950s meth crisis," *International Journal of Drug Policy*, Vol.24 No.3, 2012.

Jennings, John M., "The Forgotten Plague: Opium and Narcotics in Korea under Japanese Rule, 1910-1945," *Modern Asian Studies* 29-4, 1995.

Khan, Inayat, "Convention on psychotropic substances, 1971," *Progress in Neuro-Psychopharmacology* Vol. 3 No. 1, 1971.

Kinch, Michael, "Dreams of Greatness: The Birth of the Pharmaceutical Industry," *A Prescription for Change: The Looming Crisis in Drug Development*, 2016.

Lande, Adolf, "The Single Convention on Narcotic Drugs," *International Organization*, Vol. 16 No. 4, World Peace Foundation, 1962.

Levinson, Martin H., "Opium: A History(Booth, Martin) Review," *ETC: A Review of General Semantics*, Vol.55(4), 1998.

Pates, Richard, "Japan's long association with amphetamines: what can we learn from their experiences," *Interventions for Amphetamine Misuse*, 2009.

Schmandt Besserat, Denise, "The Lost Civilisations of the Stone Age(Rudgley, Richard) Review," *ISIS*, Vol.91(3), 2000.

United Nations, "United Nations Convention on psychotropic substances, 1971," *International legal materials*, Vol. 10 No. 2, The American Society of International Law, 1971.

United Nations, "United Nations Protocol Amending the Single Convention on Narcotic Drugs, 1961," *International legal materials*, Vol. 11 No. 4, The American Society of International Law, 1972.

| 찾아보기 |

ㄱ

ㅈ

마약의 사회사

가정상비약에서 사회악까지, 마약으로 본 한국 근현대사

1판 1쇄 2021년 1월 15일

지은이 조석연
펴낸이 김수기

펴낸곳 현실문화연구
등록 1999년 4월 23일 / 제2015-000091호
주소 서울시 은평구 불광로 128, 302호
전화 02-393-1125 / 팩스 02-393-1128 / 전자우편 hyunsilbook@daum.net
ⓗ hyunsilbook.blog.me   ⓕ hyunsilbook   ⓘ hyunsilbook

ISBN 978-89-6564-260-2 (93910)

이 도서는 한국출판문화산업진흥원의 '2020년 출판콘텐츠 창작 지원 사업'의 일환으로
국민체육진흥기금을 지원받아 제작되었습니다.